ISBN 978-3-7757-4009-8

9 783775 740098

400 Seiten / pages
387 Abbildungen / illustra

NACHHALTIG DENKEN
IN ARCHITEKTUR UND KUNST
—
SUSTAINABLE THINKING
IN ARCHITECTURE AND ART

BOB GYSIN + PARTNER
BGP
—
GALERIE BOB GYSIN
GBG
—
Hrsg. / Ed.
Gerhard Mack

PROLOG
—
PROLOGUE

Gebaute Architektur ist öffentlich, kann gesehen, erlebt und benutzt werden, aber viele Projekte bleiben Papier, im Kopf der Verfasserinnen und Verfasser, und verschwinden irgendwo in den virtuellen Schubladen und Archiven. Doch beides ist wichtig: Zusammen bilden sie die Serie und Substanz von konzentrierten Denkprozessen.

Diese architektonischen Gedanken, Projektentwicklungen und realisierten Bauten von BGP werden in der vorliegenden Publikation im Sinne eines Werkverzeichnisses dargestellt, mit Fokus auf die letzten zehn Jahre. Es ist eine Gelegenheit, die gleichzeitige Praxis von Architektur und Kunst unter einem Dach, so wie sie seit vierzig Jahren gepflegt wird, zu thematisieren. Die ständige Konfrontation und Auseinandersetzung mit spezifischen Themen der Kunst hat es ermöglicht, die kulturellen und gesellschaftlichen Zusammenhänge von Architektur und Kunst besser zu verstehen. Kunst ist für uns ein inhaltliches Bezugssystem, das wir nutzen, um Architektur in einem größeren Kontext zu reflektieren und zu praktizieren. Im Mittelpunkt stehen nicht die formalästhetischen Parallelen, sondern das, was durch das Neben- und Miteinander von Kunst und Architektur in uns ausgelöst wird, welche Assoziationen geknüpft werden und welche mentalen Interaktionen dabei stattfinden. Denn die Art, wie wir die Welt sehen und projektieren, ist geprägt von den Bildern in unseren Köpfen, dem bereits Gesehenen und Erlebten.

Die Anforderungen an die Architektur sind in den letzten Jahren gestiegen, die eigentlichen Ziele aber sind geblieben und noch immer dieselben wie vor Langem schon formuliert. Der Weg dahin aber hat sich verändert: Die gesellschaftlichen Bedürfnisse, die Umweltbelastung verbunden mit der vermeintlichen Energiekrise erfordern neue Denkansätze, interdisziplinäres Arbeiten und ganzheitliche Sichtweisen. Die Gefahr, dass sich Architektur in diesem Dschungel von Forderungen verliert, technischen Möglichkeiten den Vorrang gibt, das Gebäude nicht mehr als Organismus und dessen Zusammenhänge versteht, ist groß. Aber wie können Architektinnen und Architekten, Planerinnen und Planer mit diesen neuen Anforderungen umgehen?

Sie als Anreiz und nicht als Hindernis zu verstehen, sie als Motor einzusetzen, ist möglicherweise eine der Erfolg bringenden Strategien.

BGP zeigt in diesem Buch Möglichkeiten auf, wie man dem Thema Nachhaltigkeit in der Architektur begegnen kann – ohne gestalterische,

Built architecture is public; it can be seen, experienced, and used. However, numerous projects remain on paper, in the minds of their designers, and disappear somewhere into virtual drawers and archives. Yet both are important: together, they form the series and substance of concentrated thought processes.

BGP's architectural concepts, project developments, and completed structures are shown in the present publication in the sense of a catalogue raisonné with a focus on the last ten years. It is an opportunity to address the theme of cultivating the concomitant practices of architecture and art under one roof, as we have been doing for forty years. The ongoing confrontation with and examination of specific artistic themes has made for a better understanding of the cultural and social relationships between architecture and art. For us, art is a content-based system of references that we use for the purpose of reflecting on and practicing architecture in a larger context. Emphasis is not placed on formal, aesthetic parallels but on what the juxtaposition and cohesion of art and architecture elicits in us, which connections are made, and what sort of mental interactions occur. For the way in which we see and project the world is influenced by the images in our minds, by things we have already seen and experienced.

The demands made on architecture have increased in recent years, but the actual goals remain and are the same ones that have been being formulated for a long time. Yet the path that leads to these goals has changed: society's needs, environmental pollution, and the supposed energy crisis necessitate new approaches, interdisciplinary work, and integrated perspectives. The danger is great that architecture will be lost in this jungle of demands, that technology will take precedence, that buildings will no longer be seen as coherent organisms. But how can architects and planners deal with these new demands?

Probably one of the most successful strategies is to see them as an inspiration, not as a hindrance, and to use them as a motor that drives innovation.

In this book, BGP draws attention to possible ways that one can approach the theme of sustainability in architecture without making creative, architectural, and economic compromises. In an exploratory way, we try to recognize the things that connect architecture, art, and sustainability, to transgress supposed boundaries, and to make the

Bob Gysin + Partner BGP

architektonische und wirtschaftliche Abstriche. Auf erkundende Weise versuchen wir Zusammenhänge zwischen Architektur, Kunst und Nachhaltigkeit zu erkennen, vermeintliche Grenzen zu überschreiten und Erkenntnisse produktiv zu machen. Es geht dabei nicht nur um die einzelnen Projekte und Werke, sondern um deren Nahtstellen, um das gesellschaftliche Engagement und die kulturelle Relevanz unseres täglichen Schaffens.

Der Verlag, die Autoren und Gestalter dieses Buches und das Team von BGP und GBG haben einen wesentlichen Beitrag zum Verständnis dieser Herangehensweise und zum Einblick in unser Wirken geleistet. Ihnen und unseren Auftraggebern, Fachplanern und Spezialisten danken wir für die vertrauensvolle Zusammenarbeit.

knowledge we have gained productive. It is not only a question of individual projects and works but of their interfaces as well, of commitment to society and the cultural relevance of our day-to-day creative work.

The publisher, authors, and designers of this book and the team at BGP and GBG have made a considerable contribution to understanding this approach and provided insight into our work. We would like to extend our thanks to them and our clients, consultants, and specialists for their trustworthy cooperation.

VERNETZT DENKEN, NACHHALTIG ENTWERFEN. ZUR ARCHITEKTUR VON BOB GYSIN + PARTNER BGP

—

NETWORKED THINKING, SUSTAINABLE DESIGNING: ON THE ARCHITECTURE OF BOB GYSIN + PARTNER BGP

Gerhard Mack

Nachhaltigkeit wurde zuerst von einem Künstler und seiner Partnerin bei Bob Gysin eingefordert, die ein Grundstück geerbt hatten und bauen wollten. Der Künstler wandte sich 1985 an den Architekten mit der Bitte um einen Entwurf und stellte zwei Bedingungen: Das Haus sollte sparsam im Energieverbrauch sein und nicht viel kosten. Bob Gysin reagierte mit einfachen Überlegungen, die heute selbstverständlich sind, ihn damals aber veranlassten, über Aspekte eines umweltschonenden Bauens nachzudenken. Zunächst einmal wurde das Grundstück besser ausgenutzt. Statt dem gewünschten Einfamilienhaus schlug Gysin ein Doppelhaus vor, das die Volumen spiegelte. Grundriss und Fassade bauten auf der Figur des Quadrats auf. Dieses war dem Galeristen von seiner Auseinandersetzung mit der konstruktiv-konkreten Kunst vertraut. Die Spiegelgeometrie erlaubte es im Innern, die Versorgung entlang der zentralen Trennwand in einem Schacht in der Mitte zu konzentrieren. Hier dockten alle Nasszellen an. Die langfristige Vermietung der zweiten Hälfte sicherte überdies die Finanzierung. Dann wurde das Haus nach Süden geöffnet und nach Norden geschlossen, wie es bei Bauernhäusern seit Jahrhunderten üblich ist. Darin speicherte schwarzer Steinboden Sonnenwärme. Die nördlichen Ateliers bildeten einen Hofraum und waren autonom zugänglich. Die Gasheizung war auf eine Grundleistung von 12 °C ausgelegt, für zusätzliche Wärme sorgte ein Holzofen. Bei der Arbeit würde der Künstler ohnehin viel Bewegung haben. Die klare Figur des Ateliers bot eine zurückhaltend kontrastierende Hülle, in welcher der Künstler seine sehr freie Kunst weiterentwickeln konnte.

Mitte der 1980er-Jahre war von Nachhaltigkeit noch nicht die Rede. Inzwischen ist sie zu einem Allerweltsbegriff geworden, der nur noch schillernde Konturen aufweist. Sie wird überall gefordert und ist häufig Anlass für schlechte Entwürfe. Oft wurde sie zur Energieeinsparung verkürzt und führte zu einem Verpackungswahn, der nicht selten schwitzende Fassaden und faulende Wände zur Folge hat. Einer neuen Industrie für energiesparende Maßnahmen trat eine Industrie für Zertifizierungen zur Seite, die beide bis auf die höchste politische Ebene Einfluss ausüben. Von Architektur ist dabei selten die Rede. Technische und energetische Überlegungen drängen die Frage nach einer sinnvollen Gestaltung von Raum und seiner Verwendbarkeit in den Hintergrund.

An artist and his partner who had inherited a piece of real estate and wanted to build a home there were the first to request sustainability from Bob Gysin. In 1985, the artist approached the architect and asked for a design that met two conditions: the house was to be energy-efficient and inexpensive. Bob Gysin responded with some simple ideas that are now a matter of course but which occasioned him to think about the problem of environmentally friendly building. To begin with, he realized that the property could be better utilized. Instead of building a single-family home as originally requested, Gysin suggested a duplex with handed volumes. The floor plan and the façade were based on the square. As a gallery owner, he was familiar with this concept from his dealings with constructive concrete art. The handed geometry made it possible to concentrate the supply systems along the central demising wall in a shaft in the middle. All of the bathrooms docked here. The long-term rental of the other half furthermore ensured the financing of the house. As has been common among farmhouses for centuries, this structure was also opened up to the south and closed to the north. Black stone floors stored the sun's heat. The northern studios formed a courtyard and could be accessed individually. The gas heating was set up based on a temperature of 12°C (54°F); additional warmth was provided by wood-burning stoves. The artist would in any case be moving around quite a bit while working. The studio's clear configuration provided an unobtrusive contrasting shell in which he was able to develop his very free art.

Sustainability was not yet an issue in the mid-eighties. It has meanwhile become a hackneyed concept and exhibits suspect contours. It is demanded everywhere and often occasions poor designs. In many cases it is downplayed to the level of energy saving, thus leading to a packaging madness that frequently results in excess surface moisture on façades and rotting walls. An industry for certifications now works in concert with a new industry for energy-saving measures that together exert influence on the highest political level. There is rarely talk of architecture. Technical and energy-saving considerations force questions concerning a meaningful configuration of space and its usability into the background.

Gerhard Mack

Gemischte Projektteams

Dem tritt Bob Gysin + Partner BGP entgegen. Unter der Leitung der drei Partner Bob Gysin, Marco Giuliani und Rudolf Trachsel wird vernetztes Denken gelebt, das ein Gebäude als ein umfassendes System analysiert und Aspekten der Nachhaltigkeit bereits von Anfang an einen angemessenen Stellenwert im Kaleidoskop planerischer Entscheidungen gibt. Das Büro arbeitet bereits in einem frühen Stadium des Entwurfs vom Bauphysiker bis zum Landschaftsarchitekten und Urbanisten mit Expertinnen und Experten vieler Felder zusammen und hat sich entsprechend aufgestellt. Unter den heute rund vierzig Architektinnen und Architekten sind Baubiologen, Umweltexperten und Nachhaltigkeitsspezialisten. 2008 hat man mit einem Ingenieur die Firma Energiekonzepte AG gegründet, die nachhaltige Konzepte entwickelt. Gemeinsam wird untersucht, wie Ressourcen geschont, ökonomische, ökologische, gesellschaftliche und gestalterische Aspekte zu einer Einheit verbunden werden können, die sich in den bestehenden Kontext einfügt, ihn profiliert und eine nachhaltige Nutzung verspricht. Die Beachtung lokaler Strukturen und die Wahl bekömmlicher und rückführbarer Materialien sind dabei ebenso wichtig wie Flexibilität in der Nutzung und Umnutzung von Räumen.

Seit der Errichtung des Gebäudes für die Eidgenössische Anstalt für Wasserversorgung, Abwasserreinigung und Gewässerschutz (Eawag) in Dübendorf 2006 – einer Außenstation der Eidgenössischen Technischen Hochschule ETH –, das immer noch unter den hundert nachhaltigsten Bauten weltweit rangiert, ist Bob Gysin + Partner BGP für sein nachhaltiges Denken bekannt und wird vermehrt zur Jurierung von Wettbewerben hinzugebeten. Dabei konnten die Architekten in den letzten Jahren wiederholt anstoßen, Nachhaltigkeit als ein Kernelement in der Planungsstrategie von Projekten zu implementieren. Beispielhaft ist hier die Europaallee beim Zürcher Hauptbahnhof. Der damalige Stadtbaumeister Franz Eberhard hatte Bob Gysin in die Jury für verschiedene Baufelder geholt. Die Schweizerischen Bundesbahnen wollten als Bauherr von Nachhaltigkeit zunächst wenig wissen. Sie argumentierten, dass die unmittelbare Nähe zum Bahnhof, das heißt die Erreichbarkeit der Bürotürme, Hotels und Wohnungen mit dem öffentlichen Verkehr, als Beitrag zur CO_2-Reduktion genüge. Gysins Werben für ressourcenschonende

Mixed Project Teams

Bob Gysin + Partner BGP countered this. Under the direction of the three associates Bob Gysin, Marco Giuliani, and Rudolf Trachsel, a networked approach is cultivated that analyzes a building as a self-contained system, giving appropriate consideration to aspects of sustainability from the very beginning within the kaleidoscope of planning decisions. Early in the design phase, the office collaborates with experts ranging from building physicists to landscape architects and urban planners, and is staffed accordingly. Building biologists, environmental experts, and sustainability specialists are among its approximately forty architects. In 2008 the office joined forces with an engineer to found Energiekonzepte AG, a company that develops sustainable concepts. Together they examine ways to conserve resources and merge economic, ecological, social, and design aspects into a unit that is integrated into the existing context, giving it a high profile and promising sustainable use. At the same time, paying attention to local structures and selecting beneficial and traceable materials are just as important as flexibility in the use and repurposing of spaces.

Since erecting the building for the Swiss Federal Institute of Aquatic Science and Technology (Eawag) in Dübendorf in 2006—a research institute within the Swiss Federal Institutes of Technology Domain ETH—which still ranks among the one hundred most sustainable buildings in the world, Bob Gysin + Partner BGP have been known for their sustainable thinking, and their senior staff are increasingly invited to participate as jurors in architectural competitions. In the process, the architects have in recent years repeatedly been able to institute sustainability as a central plank in the planning strategy of projects. A prime example in this respect is Europaallee at Zurich's main train station. The then municipal architect Franz Eberhard included Bob Gysin in the jury for various development blocks. Swiss Federal Railways were initially not particularly concerned about sustainability, arguing that the close proximity to the train station—which allowed the office towers, hotels, and apartments to be reached easily with public transportation— was a sufficient contribution to CO_2 reduction. Gysin's canvassing in favor of resource-conserving measures in the individual buildings themselves brought about a gradual change in attitude. In the second competition in which he served in the

Maßnahmen bei den einzelnen Bauten selbst führte zu einem langsamen Umdenken. Beim zweiten Wettbewerb, den er mitjurierte, prämierte man ein Passivhaus, ein drittes, das von Bob Gysin + Partner BGP entwickelt wurde, brachte ein Projekt an der Grenze zum Plusenergiehaus hervor.

Sensibilisierung durch Kunst

Dabei hat Bob Gysin immer wieder die Erfahrung gemacht: Nachhaltigkeit beginnt im Kopf, sie ist zunächst eine Frage der Sensibilisierung, nicht der Technologie. Die holt sich Bob Gysin + Partner BGP zu einem beträchtlichen Teil aus der Kunst. Fünf Jahre, bevor Bob Gysin sich als Architekt niederließ, eröffnete er 1971 eine eigene Galerie. Diese ist seither aktiv geblieben. Zunächst in Dübendorf, im Umland von Zürich, seit 2000 in der Stadt selbst. Seit diesem Wechsel wird sie von Kunsthistorikerinnen geführt. Mirjam Varadinis, heute Kuratorin für zeitgenössische Kunst am Kunsthaus Zürich, war die erste. Marion Wild leitet die Galerie seit 2010. Die Verbindung zu Bob Gysin + Partner BGP ist weder eng noch institutionalisiert. Aber wenn die Mitarbeiterinnen und Mitarbeiter des Architekturbüros zu ihren Arbeitsplätzen gehen, durchqueren sie den Ausstellungsraum. Der Dialog entwickelt sich spontan, subjektiv, in Form von Eindrücken und Gesprächen. Kunst macht Angebote, anders zu schauen und neu zu denken. Querbezüge stellen sich ein.

Diese gab es bereits früh. Quadratische Grundrisse mit leichten Irritationen wie bei der Schweizer Kreditanstalt 1993/94 zeigen eine Verehrung für Camille Graeser. Der Würfel des Landolf-Hauses in Opfikon-Glattbrugg war von einer Kiste Roman Signers beeinflusst. Von solchen einfachen motivischen Anklängen hat man sich gelöst.

Heute geht es eher um assoziative Sensibilisierungen, um mentale Bezüge zwischen Kunst und Architektur. Das gilt ganz allgemein im Sinne eines Künstlers wie George Steinmann, der sich seit Jahrzehnten in künstlerisch-naturwissenschaftlichen Langzeitprojekten Fragen der Nachhaltigkeit stellt und auch in diesem Buch präsentiert wird. Es gilt aber auch im Hinblick auf konkrete Impulse. So setzt sich etwa Teresa Chen mit ihrem Migrationshintergrund auseinander. Ihre Eltern emigrierten in den 1950er-Jahren aus China in die USA und lernten dort unter anderem Polka als Freizeitvergnügen. Sie selbst wurde in den USA geboren, besuchte in

jury, a passive house received the prize; a third, which was developed by Bob Gysin + Partner BGP, engendered a project at the threshold to an energy plus house.

Sensitization through Art

Experience has taught Bob Gysin one thing in particular: sustainability begins in the mind; it is first and foremost a question of sensitization, not technology. And Bob Gysin + Partner BGP draw it to a considerable extent from art. Bob Gysin opened an art gallery in 1971, five years before establishing himself as an architect. It has remained active since, initially in Dübendorf in the suburbs of Zurich, and since 2000 in the city itself. Art historians have operated the gallery since this change in location. Mirjam Varadinis, now curator of contemporary art at the Kunsthaus Zürich, was the first. Marion Wild has run the gallery since 2010. The ties to Bob Gysin + Partner BGP are neither close nor institutionalized. But when the staff of the architectural office go to their workplaces, they pass through the exhibition space. The dialogues take place spontaneously, subjectively, in the form of impressions and conversations. Art offers the opportunity to see differently and rethink things. Cross-references emerge.

This has been the case since early on. Rectangular ground plans with slight irritations such as can be seen in the case of the Schweizerische Kreditanstalt in 1993/94 reveal a reverence for Camille Graeser. A box by Roman Signer influenced the cube of the Landolf House in Opfikon-Glattbrugg. But such simple motivic echoes no longer play a role.

Today it is more a matter of associative sensitizations, mental references between art and architecture. In general, this applies as put forward by an artist such as George Steinmann, who has dealt with questions concerning sustainability for decades in conjunction with long-term artistic and scientific projects, and is also presented in this book. Yet it also applies with respect to concrete impulses. Teresa Chen, for example, examines her own immigrant background. In the fifties, her parents emigrated from China to the United States, where the polka was one of their leisure pursuits. She herself was born in the United States, attended the photography class at the University of Art and Design in Zurich, and now lives in Switzerland. She carries

Gerhard Mack

Zürich die Fotoklasse und lebt in der Schweiz. Sie realisiert Projekte, die private Geschichten zum Verlust und Wiedergewinn von Heimat wie die Polka-Leidenschaft ihrer Eltern erzählen. Wer sich damit auseinandersetzt, wird mit den Schwierigkeiten konfrontiert, die solche Veränderungen von Ort und Lebenssituation ganz konkret, im Kleinen, bedeuten. Das hilft zu verstehen, wenn alte Menschen aus ihrer häuslichen Umgebung in ein Altersheim wechseln und sich von einer Wohnung oder gar einem Haus auf ein Zimmer einschränken müssen, wenn sie zunehmend an Bewegungsfreiheit und Autonomie einbüßen und von der Architektur gestützt werden sollten. Bob Gysin + Partner BGP hat gerade sein fünftes Altersheim im Bau.

Carmen Perrin stellt seit dreißig Jahren in der Galerie aus. Ihre extrem fragilen Stuhlobjekte sind unbenutzbar und fragen nach Bedingungen von Sicherheit und unserem Umgang mit Material. Ihre Backsteinarbeiten öffnen und schließen Räume und stellen Transparenzen her. Beim Entwurf für ein Forschungszentrum und die Schweizer Botschaft in Masdar City, das Projekt einer Nullenergiestadt, das Norman Foster für das Emirat Abu Dhabi entwickelt, erkannte Bob Gysin + Partner BGP die Nähe dieser Verwendung des traditionellen Baumaterials zur arabischen Schattenarchitektur und integrierte es in ein übergeordnetes Konzept. Dieses hatte zum Ziel, durch enge Bebauung, durch Verschiebungen einzelner Bauelemente nach Windrichtungen und dem jährlichen Lauf der Sonne, durch Verschattungen und Öffnungen direkte Sonneneinstrahlung so zu minimieren, dass möglichst wenig maschinelle Kühlsysteme erforderlich würden. Ein Spin-off der ETH Zürich entwickelte für die Berechnung ein Programm. Hightech wurde bereits bei der Planung eingesetzt, damit das fertige Haus möglichst wenig davon braucht. Auch hier galt das Credo »Nachhaltigkeit durch Vernetzung«.

out projects that tell personal stories about the loss and recovery of one's native country as well as her parent's passion for the polka. Those who involve themselves with her work are confronted with the very specific difficulties associated with such changes of location and living situations. This aids understanding what happens when elderly people move from their familiar domestic surroundings to a retirement home, downsizing their living space from an apartment or even a house to a single room, when they become increasingly immobile, lose their autonomy, and require support from the architecture. Bob Gysin + Partner BGP are currently building their fifth retirement home.

Carmen Perrin has been exhibiting at the gallery for thirty years. Her extremely fragile chair objects are unusable and inquire into the conditions of security and how we deal with material. Her brick works open and close space and create transparency. While drafting the plans for a research center and the Swiss Embassy at Masdar City, the zero-energy urban project being developed by Norman Foster for the Emirate of Abu Dhabi, Bob Gysin + Partner BGP recognized the proximity of the use of this traditional building material to Arabic shade architecture and integrated it into an overriding concept. The goal was to minimize direct sunlight by means of densely placed structures, shifting individual building elements according to the directions of the wind and the annual course of the sun, and employing shading and openings in such a way that as few mechanical cooling systems were required as possible. A spin-off of the ETH Zurich developed a program to do the calculations. High-tech was also used during the planning phase so that the completed building does not require so much of it. Here as well the motto was "sustainability through networking."

Projekte aus vierzig Jahren

Ein Resultat davon ist auch dieses Buch. Es bietet mit seiner Werkchronologie einen Gang durch ausgewählte Projekte der letzten vierzig Jahre. Aber es trennt diese nicht nach Kategorien, sondern will die verschiedenen Tätigkeitsbereiche miteinander verzahnen. Architektonische und urbanistische Planungen sowie Ausstellungen in der Galerie folgen nahtlos aufeinander. Manche zeigen – lediglich mit einem Bild und kurzem Text dargestellt – die

Forty Years of Projects

This book is one of the results of this attitude. With its chronology of the works it reviews selected projects from the past forty years. The projects are not, however, subdivided into categories but intermesh to take in the office's various fields of activity. Architectural and urban planning projects as well as exhibitions at the gallery follow seamlessly one after the other. Some projects—presented solely with an image and a brief text—demonstrate their development over time; others have been

Entwicklung über die Zeit, andere sind nach ihrer Relevanz zu einer Diskussion über sinnvolle Wege zur Nachhaltigkeit ausgewählt und ausführlich mit Abbildungen und Texten vorgestellt.

Verschiedenen Aspekten der Architektur und der Nachhaltigkeit gelten auch die Textbeiträge der Autoren. Hubertus Adam verortet in einer historischen Skizze die Nachhaltigkeitsdiskussion im Architekturdiskurs der letzten hundert Jahre und kennzeichnet sie als eine spezifische zeitgenössische Variante der Modernekritik. In einer Zeit, die sich den Globalisierungsdefiziten zuwendet, weist sie auf die soziale Dimension hin, die in der schweizerischen »Legierung aus Tradition und Moderne« in den 1970er-Jahren im Tessin, hernach in Basel und in Graubünden, vernachlässigt wurde, obwohl sie untrennbarer Bestandteil des Genius Loci ist, den die Entwerfer dieser Jahrzehnte sich zur Grundlage ihrer Arbeit machen. Hier wird die Leistung von Bob Gysin + Partner BGP historisch situiert und mit den Wohnüberbauungen in Schenkon bei Luzern, in Winterthur und Zürich beispielhaft gemacht. Köbi Gantenbein hebt diesen sozialen Aspekt von Nachhaltigkeit, nämlich die Stimmigkeit und Brauchbarkeit der Bauten durch ihre Bewohner und Nutzer, gesondert hervor und lenkt den Blick auf die Eawag und die Alterszentren von Bob Gysin + Partner BGP, die als vorbildlich gelten können. Angelus Eisinger rückt urbanistische Anforderungen an Nachhaltigkeit ins Zentrum seiner Überlegungen und unterscheidet Tabula-rasa-Situationen bei der Entwicklung von aufgelassenen Arealen während der letzten zwanzig Jahre von Planungen im Bestand. Im ersten Fall erkennt er fast Laborbedingungen, die es erlauben, mit Neuplanungen die technischen Anforderungen der 2.000-Watt-Gesellschaft zertifizierbar zu erfüllen. Beispielhaft im Werk von Bob Gysin + Partner BGP sind dafür die Elbarkaden in der Hamburger Hafen-City, die die Neuentwicklung des brachliegenden Terrains im Hinblick auf einen öffentlich nutzbaren Raum dezent abrunden. Komplizierter wird es, Nachhaltigkeit bei Eingriffen in bereits bestehende Quartiere zu erreichen. Sie erfordert einen feingliedrigen Dialog mit dem Bestand, eine Verbindung neuer Setzungen mit der Baugeschichte vor Ort, inklusive ihrer modernen Manifestierungen und einer nuancierten Behandlung der Übergänge zu den Nachbarvierteln. Die Vorschläge, die Bob Gysin + Partner BGP für das Zürcher Hochschulquartier gemacht hat sowie der Wettbewerbsbeitrag für das Baufeld F bei der Europaallee in Zürich zeigen,

chosen based on their relevancy to a discussion on sensible approaches to sustainability and are presented at more length using illustrations and texts.

The contributions by the authors are likewise devoted to various aspects of architecture and sustainability. In a historical sketch, Hubertus Adam situates the sustainability discussion in the architectural discourse of the past hundred years, characterizing it as a specifically contemporary variation of modernist critique. At a time when attention is turning toward globalization deficits, it points to the social dimensions that were neglected in the Swiss "alloy of tradition and modernism" in Ticino in the seventies, and later in Basel and in Graubünden, although it is an inextricable component of the *genius loci* on which designers based their work during these decades. In historical terms, the achievements of Bob Gysin + Partner BGP are situated here and made manifest by means of housing complexes in Schenkon near Lucerne, in Winterthur, and in Zurich. Köbi Gantenbein places special emphasis on this social aspect of sustainability, namely the integrity and usefulness of the buildings through their residents and users, calling attention to the exemplary Eawag building and the retirement centers planned by Bob Gysin + Partner BGP. Angelus Eisinger's essay focuses on the demands made on sustainability by urban planning and differentiates between *tabula rasa* situations in the development of abandoned areas over the last twenty years and planning within existing structures. In the first case he recognizes nearly laboratory-like conditions that permit the certifiable fulfillment of the technical requirements of the 2,000-watt society by means of replanning. Exemplary projects in this regard in the work of Bob Gysin + Partner BGP include the Elbarkaden in Hamburg's HafenCity, which discreetly round off redevelopment work on this formerly fallow terrain with respect to publicly usable space. It is much more complicated to achieve sustainability when confronted with interventions in existing neighborhoods. They require a delicate dialogue with existing building fabric, a link between new structures and local architectural history, including its modern manifestations and a nuanced treatment of the transitions to adjacent neighborhoods. The suggestions made by Bob Gysin + Partner BGP for Zurich's university district as well as the competition submission for Development Plot F on Zurich's Europaallee demonstrate how the city in place can be profitably used as a resource for

Gerhard Mack

wie sich die bestehende Stadt gewinnbringend als Ressource für die Planung von Neuem nutzen lässt. Nicht zuletzt pocht Manfred Hegger auf Schönheit als integralen Aspekt von Nachhaltigkeit. Architektinnen und Architekten sollten auf die baumeisterliche Tradition rekurrieren und sich als Gestalter verstehen, die das Gesamte der Bauaufgabe im Blick haben, Überblick behalten und sich nicht im Dschungel technischer Anforderungen und Zertifizierungen verlieren. Nur dann lassen sich auf lange Sicht vielfältig nutzbare und veränderbare Bauten erstellen, die Wandel im menschlichen Miteinander ermöglichen und einer ethischen Dimension genügen. Wenn dabei die Mittel anhand der konkreten Bauaufgabe entwickelt werden können, lässt sich Bob Gysin + Partner BGP darauf gerne verpflichten.

the planning of new objects. Last but not least, Manfred Hegger insists on beauty as an integral aspect of sustainability. Architects should draw on the master builder tradition and see themselves as designers who have their eye on the overall construction project, who retain a good overview, and who do not get lost in the jungle of technical demands and certifications. Only then can multiple-use and alterable buildings be created that take changes in human coexistence into consideration and satisfy an ethical dimension. If the means can be developed in response to each specific design brief, then Bob Gysin + Partner BGP are delighted to commit to them.

GENIUS LOCI: ORT UND ORTLOSIGKEIT
—
GENIUS LOCI: PLACE AND PLACELESSNESS

Hubertus Adam

Der Begriff des »Genius Loci«, den der norwegische Architekt und Architekturkritiker Christian Norberg-Schulz Ende der 1970er-Jahre in die Architekturdebatte einführte,[1] ist schillernd und entzieht sich einer eindeutigen Festlegung. Grundsätzlich ging es Norberg-Schulz um die Beschwörung des an einem Ort herrschenden Geistes, um – so legt es der Untertitel des Buches nahe – die Beziehung der Baukunst zu Landschaft und Lebensraum. Wie er an den Fallstudien Prag, Khartoum (Sudan) und Rom ausführt, ist die Bezugnahme zum Ort ein ebenso transkulturelles wie epochenübergreifendes Phänomen, das indes in der Ära der Nachkriegs- und Wiederaufbauzeit ignoriert worden sei. Norberg-Schulz' Publikation liest sich allerdings nicht als eine Generalabrechnung mit der Moderne, sondern endet mit dem Postulat, deren unstrittige Errungenschaften mit der »Wiederentdeckung des Ortes«[2] zu verbinden. Dabei dienen ihm die Bauten von Alvar Aalto, Louis I. Kahn oder die des späten Le Corbusier als Vorbilder.

Kritik an der Moderne

Norberg-Schulz' kritische Haltung, wiewohl überaus besonnen und differenziert vorgetragen, fügt sich ein in einen modernitätskritischen Diskurs, der die Architekturentwicklung des 20. Jahrhunderts begleitete. Er wird zu Beginn des 20. Jahrhunderts in Mitteleuropa in den Debatten des sich formierenden Heimatschutzes greifbar, die als Reaktion auf die Folgen von Industrialisierung und Verstädterung zu verstehen sind und im Diskurs der Arts-and-Crafts-Bewegung des viel früher industrialisierten England ihr Vorbild besitzen. Argumentativ vorgegangen wird gegen die Zerstörung realer Orte, aber auch gegen die austauschbare, mithin ortlose Formensprache der zeitgenössischen Architektur. So wurden die Hotelpaläste der Belle Époque in den Schweizer Alpen nicht einfach nur als Intervention in die Hochgebirgslandschaft verdammt, sondern vor allem aufgrund ihrer eklektizistischen, dem Standort nicht adäquaten Formensprache. Dass Modernisierung und ortstypische Bautradition sich durchaus vertragen konnten, bewiesen die Akteure der Heimatschutzbewegung mit den Hoch- und Kunstbauten der Rhätischen Bahn.

Die Modernekritik, die stets die Orts- und Geschichtslosigkeit des Neuen Bauens anprangerte, kulminierte in den späten 1960er- und 1970er-Jahren. Verschiedene Faktoren kamen zusammen,

The concept of the *genius loci* that the Norwegian architect and architectural critic Christian Norberg-Schulz introduced to the debate on architecture in the late seventies is a nebulous one that eludes unambiguous interpretation.[1] He was essentially concerned with the evocation of a spirit that pervades a place—as the subtitle of the original edition suggests—with the relationship between architecture and landscape and living environment. As Norberg-Schulz explains based on case studies conducted for the cities of Prague, Khartoum, and Rome, making reference to place is both a transcultural and epoch-spanning phenomenon, one that was ignored during the postwar era of reconstruction. Yet his publication does not read like a general reckoning with modernism; rather, it ends with the postulate of combining its indisputable achievements with the "rediscovery of place."[2] In the process, buildings by Alvar Aalto and Louis I. Kahn and Le Corbusier's later architecture serve him as models.

The Critique of Modernism

Norberg-Schulz's critical approach, although argued in a circumspect and differentiated way, does in fact conform to the critical discourse of modernism that accompanied the evolution of architecture in the twentieth century. It became palpable in Central Europe of the early twentieth century in the debates of what was then a nascent heritage preservation initiative, which can be seen as a reaction against the consequences of industrialization and urbanization, and whose model can be found in the discourse of the arts and crafts movement in Britain, which was industrialized much earlier than elsewhere in Europe. It argued against the destruction of real places, but also against the interchangeable, often placeless formal vocabulary of contemporary architecture. Thus the luxurious belle époque hotels in the Swiss Alps were not only condemned as an intervention in the Alpine landscapes, but above all due to their eclectic formal language, which was deemed ill-suited to their locations. Protagonists of the heritage preservation movement cited the superstructures and civil-engineering structures of the Rhaetian Railway as evidence that modernization and endemic architectural traditions could indeed be compatible.

The critique of modernism that consistently pilloried modern architecture's placelessness

Hubertus Adam

welche den kritischen Diskurs anfachten und die Idee der permanenten Progression deutlich infrage stellten: die gesellschaftlichen Umwälzungen der Jahre um 1968, die in St. Gallen 1972 präsentierte Studie des Club of Rome über die *Grenzen des Wachstums,*[3] die erste Ölkrise von 1973 und schließlich das Europäische Denkmalschutzjahr 1975, welches das historische Stadtgefüge zu einem wichtigen Thema werden ließ.

In der Schweiz erschien die auch im Ausland überaus erfolgreiche, von dem Illustrator Jörg Müller gezeichnete Bildermappe *Alle Jahre wieder saust der Presslufthammer nieder.*[4] Diese zeigt in sieben Tafeln die sukzessive Verwandlung einer fiktiven Ansiedlung im Schweizer Mittelland zwischen 1953 und 1972 und stand damit paradigmatisch für die Modernitätskritik der Zeit, die in den Schriften von Alexander Mitscherlich und Jane Jacobs vorformuliert worden war.[5]

Im gleichen Jahr veröffentlichte der Schweizer Architekt Rolf Keller sein ebenfalls auch im Ausland rezipiertes Pamphlet *Bauen als Umweltzerstörung,*[6] eine ätzende, primär visuell argumentierende Diagnose urbanistischer, verkehrsplanerischer und architektonischer Verheerungen der Spätmoderne. Keller attackierte darin Chaos (Einfamilienhausquartiere) und Monotonie (Satellitenstädte) als zwei pathologische Auswüchse der Moderne, wobei er unter anderem Serien von Hochhaussiedlungen oder Verkehrsknotenpunkten aus unterschiedlichen Ländern und Erdteilen zusammenstellte und damit die Gleichförmigkeit, anders ausgedrückt: die Ortlosigkeit der Moderne veranschaulichte.

Wie sich Keller selbst eine zeitgemäße Siedlung vorstellte, demonstrierte er wenig später mit Seldwyla in Zumikon, das zur Zeit der Planung und Realisierung zu den umstrittensten Bauvorhaben in der Schweiz zählte. Die genossenschaftliche Siedlung, die neben 35 Reihenhäusern auch einige Eigentumswohnungen sowie Ateliers umfasst, war von ihrem Hauptarchitekten Rolf Keller, der eine Reihe ehemaliger Studienkollegen und Freunde für die Planung und Realisierung hinzuzog, als Antwort auf den normierten und als seelenlos sowie menschenverachtend verstandenen Wohnungsbau der Spätmoderne gedacht.

Heute auch als erstes postmodernes Bauprojekt der Schweiz betrachtet, folgte Seldwyla dem Gedanken des verdichteten, aber kleinteiligen Einfamilienreihenhausbaus und sollte damit einen dritten Weg zwischen Großsiedlung und suburban zersiedeltem Einfamilienhausquartier, zwischen

and ahistoricality culminated in the late sixties and the seventies. Various factors came together that fanned the flames of the critical discourse, clearly calling the notion of permanent progress into question: the social upheavals of the period around 1968; *Limits to Growth,* the 1972 Club of Rome study that was first presented at St. Gallen;[3] the first oil crisis of 1973; and finally the 1975 European Architectural Heritage Year, which drew attention to historical urban building fabric.

Alle Jahre wieder saust der Presslufthammer nieder [Year after year, the jackhammer comes hurtling down], a portfolio of drawings by the illustrator Jörg Müller, was published in Switzerland in 1973, and it was highly successful both at home and abroad.[4] Consisting of seven plates depicting the successive transformation of a fictional Swiss Plateau settlement between 1953 and 1972, it stood paradigmatically for the contemporary critique of modernism that had been preformulated in the writings of Alexander Mitscherlich und Jane Jacobs.[5]

That same year, the Swiss architect Rolf Keller published his pamphlet *Bauen als Umweltzerstörung* [Building as environmental destruction],[6] which also met with an international response. Argued visually for the most part, the text is a caustic diagnosis of the urbanist, infrastructural, and architectonic devastation wrought by late modernism. Keller's publication attacked chaos (detached, single-family residential districts) and monotony (satellite cities) as two pathological outgrowths of modernism. He assembled, among other things, series of images depicting high-rise settlements or traffic hubs from various countries, thus illustrating the uniformity, or put differently: the placelessness of modernism.

Keller demonstrated his own notions about how a contemporary settlement should look shortly thereafter with Seldwyla in Zumikon, which was among the most controversial building projects in Switzerland at the time of its planning and implementation. The cooperative settlement encompassing thirty-five townhouses as well as several condominiums and studios was conceived by Keller, its chief architect, and the group of friends and former classmates he involved in the project as a response to standardized late-modernist housing, which he considered soulless and inhuman.

Now also regarded as Switzerland's first postmodern building project, Seldwyla exemplified the notion of dense but compartmentalized single-family

Monotonie und Chaos, weisen; Keller sprach von einer Alternative zu den Siedlungsformen der Nachkriegszeit: Block, Villa und Reihenhaus.

Seldwyla fand ein kontroverses Echo in der Tagespresse, wurde aber auch in Architekturmedien – besonders in der Zeitschrift *werk-archithese* – ausgiebig diskutiert. Auffallend ist, dass die Fachöffentlichkeit dem Experiment im besten Fall skeptisch, im Allgemeinen aber ablehnend gegenüberstand – und dies betraf auch die Architekten der aufbrechenden jungen Generation, die später das Schweizer Architekturgeschehen bestimmen sollten. Ästhetische und funktionale Kritik verbanden sich: Die Beliebigkeit der Formensprache fiel dem Verdikt anheim, doch ebenfalls kritisiert wurde die Tatsache, dass es sich bei Seldwyla lediglich um einen monofunktionalen Schlafort in anderer Gestalt handelte und damit nicht um ein Gegenmodell zur Zersiedlung.

Die Realisierung von Seldwyla fiel in eine Zeit, da der Architektennachwuchs in der Schweiz sich den Themen Ort, Tradition und Geschichte zuzuwenden begonnen hatte, auch wenn er dabei zu deutlich anderen Lösungen kam als den von Keller vorgeschlagenen. Von nachhaltiger Wirkung waren in den frühen 1970er-Jahren die Lehre Aldo Rossis als Gastdozent an der ETH Zürich, aber auch die Programmschrift *Complexitiy and Contradiction in Architecture*[7] von Robert Venturi, der insbesondere durch Stanislaus von Moos in den Schweizer Architekturdiskurs eingeführt wurde. Doch nicht romantischer Eskapismus à la Seldwyla sollte die neue Schweizer Architektur prägen, auch nicht postmoderne Formenopulenz, die Rossi in seinem eigenen Werk zelebrierte, sondern eine Legierung aus Tradition und Moderne, wie sie sich in den 1970er-Jahren im Tessin, in den 80ern in Basel und in den 90ern in Graubünden etablierte.

Mehr als Wohnen

Blickt man zurück auf die letzten Dekaden der Schweizer Architektur, so ist festzuhalten, dass angesichts ästhetischer, morphologischer und tektonischer Debatten die soziale Dimension, die zu einem umfassenden Verständnis des Orts ebenfalls gehört, eher eine Quantité négligeable darstellte. Das galt allerdings – im formal ganz anders orientierten internationalen Rahmen – auch für die Superdutch-Protagonisten der 90er- und die Blobarchitektur der frühen Nullerjahre.

townhouses and was intended to demonstrate a third way between large-scale housing developments and the suburban sprawl of single-family residential districts, between monotony and chaos; Keller spoke of an alternative to postwar forms of settlements: block, villa, and townhouse.

The response to Seldwyla in the daily press was controversial, and it was also thoroughly discussed in specialized architectural media outlets—in particular in the journal *werk-archithese.* What is striking is that this experiment was at best seen skeptically in professional circles but generally rejected, and this also applies to what was then an up-and-coming generation of young architects that would later determine the course of architecture in Switzerland. Aesthetic and functional criticism joined forces, not only chastising the arbitrariness in terms of stylistic elements but also castigating the fact that Seldwyla was ultimately just a monofunctional bedroom community in another guise and therefore not an alternative model to suburban sprawl.

Seldwyla was realized at a time when Switzerland's young architects were beginning to turn their attention to issues such as place, tradition, and history, arriving in the process at solutions that differed considerably from those suggested by Keller. Of lasting impact were the teachings of Aldo Rossi, a visiting lecturer at the ETH Zurich in the early seventies, but also the manifesto *Complexity and Contradiction in Architecture* by Robert Venturi,[7] who was introduced to the Swiss architectural discourse by Stanislaus von Moos in particular. Ultimately, neither Seldwyla's romantic escapism nor the postmodernist formal opulence that Rossi celebrated in his own work would shape the face of new Swiss architecture, but rather an alloy of tradition and modernism as it established itself in Ticino in the seventies, in Basel in the eighties, and in Graubünden in the nineties.

More than Living

If one looks back at recent decades of Swiss architecture, it should be noted that in the face of aesthetic, morphological, and tectonic debates, the social dimension, which likewise belongs to a comprehensive understanding of place, was more or less a negligible quantity. However, the same holds true for the SuperDutch protagonists of the nineties and the blobitecture of the early years of the

Hubertus Adam

Wir leben heute in einer Zeit, da die Stararchitektur zumindest im westlichen Europa an ihr Ende kommt; in einer Zeit, da Globalisierung eher negativ konnotiert ist und ein pfleglicher Umgang mit Ressourcen ein Gebot der Stunde ist. Sharing Economy oder Urban Gardening sind zu wichtigen Themen geworden, Nachhaltigkeit lautet das strapazierte Zauberwort, das nur dann Sinn ergibt, wenn es nicht zum Feigenblatt und auf Energiespar-Labels reduziert wird. »Mehr als Wohnen« heißt das Programm einer in Zürich-Leutschenbach in den vergangenen Jahren entstandenen genossenschaftlichen Wohnsiedlung mit experimentellen Wohnformen, und denselben Namen verwendete Bob Gysin + Partner BGP nicht ohne Grund für einen Wettbewerb in Schenkon bei Luzern. Auf undogmatische und selbstverständliche Weise wird hier vieles vereint, was von einer intelligenten und respektvollen Architektur zu erwarten ist: Die sensible Einbettung der zu zwei Gebäudereihen zusammengefassten Baukörper in die von einem Moränenhang geprägte Topografie, die Differenzierung der für vielfältige Aktivitäten nutzbaren Außenräume, die Flexibilität bei der Gestaltung der Wohnbereiche, nicht zuletzt für die Bedürfnisse verschiedener Generationen – vom sparsamen Umgang mit Ressourcen und Energie ganz zu schweigen.

Nicht immer lässt sich so viel an Ideen mit Bauherrschaften umsetzen – Ideen für flexible Grundrisse oder die Einführung von Jokerzimmern scheitern vielfach noch an Vorbehalten der Auftraggeber. Doch auch beim Fehlmann-Areal in Winterthur ist es gelungen, eine für den Ort, den um eine Villa aus den 1920er-Jahren sich erstreckenden Park östlich des Altstadtkerns von Winterthur, landschafts- und ortsbildverträgliche Lösung zu finden: Mit insgesamt acht einzelnen Volumina wird eine zeitgemäße Verdichtung erzielt, die den nunmehr öffentlichen Park an die Stadt anschließt, ohne dass der Charakter des Freiraums zerstört wird. Handelt es sich bei dem Entwurf in Schenkon um ein Projekt im Landschaftsraum und beim Fehlmann-Areal um eines in der Vorstadt von Winterthur, so ist das Projekt für einen Wohnbau auf dem Hardturmareal in Zürich am stärksten städtisch geprägt. Nicht Zeilen wie in Schenkon oder solitäre Baukörper wie in Winterthur kommen hier zur Anwendung, sondern eine Blockrandbebauung, die einen als Spielfläche dienenden Hof umgibt. Das Raumprogramm enthält nicht nur Wohnungen für kinderreiche Familien, sondern auch Ateliers, Gewerberäume sowie Gemeinschaftsbereiche und sorgt damit für eine

new century, albeit in an international framework that is oriented very differently in terms of form.

We are now living in a time in which star architecture, at least in western Europe, is coming to an end; in a time when more or less negative connotations are attached to globalization and careful treatment of the earth's resources is the order of the day. The sharing economy and urban gardening have developed into important issues, and sustainability is the overtaxed magic word that only makes sense when it does not have a fig-leaf function or is reduced to the level of an energy-saving label. "Mehr als Wohnen" [More than living] is the name of the policy of a cooperative residential development with experimental types of housing that has been going on in recent years in the Leutschenbach district of Zurich, and Bob Gysin + Partner BGP employ, not without cause, the same name for a competition at Schenkon near Lucerne. Everything that can be expected from intelligent and respectful architecture is united here in an undogmatic and natural manner: the sensitive embedding of the structure comprising two rows of buildings into the topography shaped by a moraine slope; the differentiation of the outdoor spaces conceived to be used for a wide range of activities; the flexible organization of the living areas, not least to meet the needs of different generations— not to mention the efficient utilization of resources and energy supplies.

It is not always possible to carry through such an abundance of ideas, because flexible ground plans or the introduction of joker rooms often run aground due to reservations on the part of building contractors. Yet a solution could even be found for the Fehlmann site in Winterthur, a site made up of a park surrounding a nineteen-twenty's mansion to the east of the historic center of Winterthur that was compatible with the landscape as well as the overall appearance of the locality: comprising a total of eighteen individual structures, an appropriately contemporary density is achieved that connects the now public part with the city without disturbing the intrinsic character of open space. While the design for Schenkon concerns a project in a landscape and the Fehlmann site involves one in proximity to downtown Winterthur, the project for a residential building on the Hardturm site in Zurich is the one that is most urban in nature. Rows are not used as in Schenkon or solitary structures as is the case in Winterthur, but rather a perimeter development surrounding a courtyard that serves as

Vermischung, wie man sie im bisherigen Insel-Urbanismus von Zürich-West zumeist vermisst. Die drei Projekte zeigen so beispielhaft, wie kontextuelles Entwerfen zu ortsspezifischen Lösungen führt – im Sinne eines integrativen Städtebaus und nachhaltigen Umgangs mit dem Ort. Denn wie schon Christian Norberg-Schulz erkannt hatte, ist es der Ort, der uns unsere Identität verleiht: »Erst wenn wir unseren Ort verstehen, sind wir zu schöpferischer Teilnahme und Mitwirkung an seiner Geschichte fähig.«[8]

a playground. The space allocation plan not only features apartments for families with many children but also studios, business premises, as well as common areas, thus achieving a blend that is largely absent in the earlier island urbanism of Zurich-West. The three projects exemplarily demonstrate how contextual design leads to site-specific solutions in the sense of integrative town planning and the sustainable treatment of place. As Christian Norberg-Schulz already recognized, it is place that lends us our identity: "Only when understanding our place, we may be able to participate creatively and contribute to its history."[8]

1 Christian Norberg-Schulz, *Genius Loci. Landschaft, Lebensraum, Baukunst,* Stuttgart 1982. Die italienische Erstausgabe war drei Jahre zuvor erschienen.
2 Ebd., S. 195.
3 *Die Grenzen des Wachstums. Bericht des Club of Rome zur Lage der Menschheit,* Stuttgart 1972.
4 Jörg Müller, *Alle Jahre wieder saust der Presslufthammer nieder oder Die Veränderung der Landschaft,* Aarau 1973.
5 Jane Jacobs' *Death and Life of Great American Cities* war 1961 erschienen, Alexander Mitscherlichs *Die Unwirtlichkeit unserer Städte* 1965.
6 Rolf Keller, *Bauen als Umweltzerstörung. Alarmbilder einer Un-Architektur der Gegenwart,* Zürich 1973.
7 Robert Venturi, *Complexity and Contradiction in Architecture,* New York 1966. Die deutsche Übersetzung erschien 1978.
8 Norberg-Schulz 1982 (wie Anm. 1), S. 202.

1 Christian Norberg-Schulz, *Genius Loci: Paesaggio Ambiente Architettura* (Milan, 1979); English edition: *Genius Loci: Towards a Phenomenology of Architecture* (New York, 1980).
2 Ibid., p. 195.
3 *The Limits to Growth: A Report for the Club of Rome's Project on the Predicament of Mankind* (New York, 1972).
4 Jörg Müller, *Alle Jahre wieder saust der Presslufthammer nieder oder Die Veränderung der Landschaft* (Aarau, 1973).
5 Jane Jacobs's *The Death and Life of Great American Cities* was published in 1961, Alexander Mitscherlich's *Die Unwirtlichkeit unserer Städte* in 1965.
6 Rolf Keller, *Bauen als Umweltzerstörung: Alarmbilder einer Un-Architektur der Gegenwart* (Zurich, 1973).
7 Robert Venturi, *Complexity and Contradiction in Architecture* (New York, 1966).
8 Norberg-Schulz 1980 (see note 1), p. 202.

Hubertus Adam

Angelus Eisinger

NACHHALTIGE STADTENTWICKLUNG. EINIGE EINSICHTEN ANHAND DES STÄDTE-BAUS VON BOB GYSIN + PARTNER BGP

—

SUSTAINABLE URBAN DEVELOPMENT: SOME THOUGHTS ON THE URBAN PLANNING OF BOB GYSIN + PARTNER BGP

Nachhaltigkeit ist ebenso Zeitzeichen wie dringendes Gebot der Stunde. Wie so oft bei solch gravitätischen Themen von hoher Aktualität nutzt sich über die unablässige Zirkulation des Wortes sein Gehalt ab, verliert es in unseren Ohren seine Brisanz, auch wenn sich an der drastischen Faktenlage, die hinter solchen Forderungen steckt, nichts geändert hat. Und nun also auch noch städtebauliche Nachhaltigkeit. Haben wir es hier auch bloß mit einer schillernden Worthülse zu tun, einer Wortschöpfung, geschuldet den sprachlichen Moden unserer Gegenwart?

Nähern wir uns dem städtebaulichen Œuvre von Bob Gysin + Partner BGP, erkennen wir rasch, wie unverzichtbar in städtebaulichen Zusammenhängen die Referenz auf die Idee der Nachhaltigkeit heute ist. Realisierungen wie die Elbarkaden in der Hamburger HafenCity, der Wettbewerbsbeitrag zum Baufeld F an der Europaallee in Zürich oder die Testplanung zur weiteren Entwicklung des Zürcher Hochschulgebietes machen einsichtig, wie erst Nachhaltigkeit in das städtebauliche Entwerfen und Konzipieren eine langfristige wie umfassende Orientierung einführt.

Die europäische Stadt erweitert die Palette der Nachhaltigkeitsdimensionen

Die europäische Stadt hat sich über Hunderte von Jahren und über unterschiedliche Epochen als ein vielgestaltiges Artefakt herausgebildet. Ihre schillernde Gegenwart und die gesellschaftlichen, ökonomischen und technischen Kräfte, die auf sie einwirken, rufen aber nach einer Weitung des Bezugssystems von Nachhaltigkeit. Das hinlänglich bekannte, klassische Dreieck der ökologischen, sozialen und wirtschaftlichen Nachhaltigkeit stößt aber bei der Begegnung mit gewachsenen Städten an seine Grenzen. Es vermag die Gemengelage von Themen, Bedingungen und Bezügen nicht mehr abzubilden, mit denen wir in städtischen Räumen konfrontiert sind. Erst die explizite Erweiterung um Aspekte wie Kultur und Kontext schafft ein Nachhaltigkeitsgefüge, das der Stadt in ihren unterschiedlichen Bedingtheiten gerecht wird.

Laborsituationen und Feldversuche

Mit einem derartigen Verständnis Nachhaltigkeit im Städtebau zu verfolgen, hat erhebliche Konsequenzen für die städtebaulichen Arbeitsweisen, die

Sustainability is both a sign of the times and the pressing order of the day. As is often the case with such serious and highly topical subjects, the relentless circulation of the word has led to the loss of its meaning and much of its power—even though nothing has changed with respect to the drastic situation concealed behind such demands. And now sustainability in urban planning. Is this simply another catchphrase, a fashionable contemporary coinage?

A closer look at the oeuvre of Bob Gysin + Partner BGP quickly reveals how indispensable reference to the concept of sustainability has become in the context of contemporary urban planning. The realization of projects such as the Elbarkaden in Hamburg's HafenCity, the competition proposal for Europaallee Plot F in Zurich, or test planning for the redevelopment of Zurich's university district underline how it is sustainability that introduces long-term and comprehensive orientation into urban-planning designs and concepts in the first place.

The European City Extends the Palette of Sustainability Dimensions

Over hundreds of years and through different epochs, the European city has evolved into a rich and multifarious artifact. Nevertheless, its multifaceted nature and the various social, economic, and technical forces that are currently impacting on it call for an extension of sustainability's frame of reference. In the encounter with such highly evolved cities, the well-known classic triangle of environmental, social, and economic sustainability is stretched to its limits. It is no longer equal to the task of representing the mélange of themes, conditions, and relations with which we are currently confronted in urban spaces. Only the explicit inclusion of aspects such as culture and context creates a framework for sustainability in urban planning that is capable of doing justice to the city in its various contingencies.

Laboratory Settings and Field Experiments

Such an understanding of sustainability has considerable implications for urban-planning approaches, the instruments to be employed, and the concepts and strategies to be developed. At this point it is important to distinguish between

Angelus Eisinger

einzusetzenden Instrumente wie auch die zu entwickelnden Konzepte und Strategien. Dabei bietet es sich an, zwischen zwei fundamental anders gearteten Ausgangssituationen der Planung zu unterscheiden, in denen es die Bedingungen für Nachhaltigkeit festzulegen gilt: Auf der einen Seite finden sich gewissermaßen städtebauliche Laborsituationen, auf der anderen erinnert das städtebauliche Arbeiten eher an Feldforschung. Die beiden Ansätze unterscheiden sich grundlegend im Anforderungsprofil an Nachhaltigkeit und in ihren konkreten Ausprägungen in den Projekten.

Eine Laborsituation lässt sich als eine planerische Ausgangssituation beschreiben, wie sie für viele Arealentwicklungen der letzten gut zwanzig Jahre charakteristisch war. Gerade auf den ehemaligen Industriearealen herrschten – abgesehen vielleicht von der Rücksichtnahme auf einige wenige denkmalgeschützte Gebäude oder Ensembleteile – im Grunde oft Bedingungen, die an die Denkfigur der Tabula rasa erinnern, aus der die städtebaulichen Methoden, die Konzepte und Entwurfsstrategien der Moderne entwickelt worden sind. Mit Tabula rasa ist ein Territorium gemeint, das von allen gegen die Reinheit des städtebaulichen Konzepts gerichteten Widerständen befreit ist. Der Ausgangspunkt für nachhaltigen Städtebau in einer Laborsituation lässt sich deshalb als Fläche mit einem Programm beschreiben, für das die entwerfenden Architekten und Architektinnen, Städtebauerinnen und Städtebauer nun ihre perfekt in sich austarierten, finalen Kompositionen von Bauten, Straßen und Freiräumen formulieren. Die Nachhaltigkeit, die hier entsteht, lässt sich leicht über Zertifizierungsprozesse hinsichtlich der Energieeffizienz oder der 2.000-Watt-Gesellschaft bemessen und würdigen.

Im Labor Bezüge herstellen – die Elbarkaden

Die Elbarkaden von Bob Gysin + Partner BGP bilden in der Hamburger HafenCity einen außergewöhnlichen Stadtbaustein in diesem über die letzten Jahre entstandenen neuen Quartier. Der von ASTOC und KCAP entworfene Masterplan baut auf einem Referenzsystem auf, das an die Morphologie, die Dichtefiguren und Nutzungskonzepte der kompakten europäischen Stadt anschließt. Konkret führt dies zu einem üppigen Gerüst an öffentlichen Räumen, insbesondere an großen Plätzen und großzügigen Boulevards, und dichten, durchmischten

two fundamentally different starting points for urban planning in order to define the conditions for sustainability in each case: on the one hand, what might be described as urban-planning laboratory settings, and on the other, urban-planning projects that are more reminiscent of field research. The two approaches differ fundamentally in their qualification profiles with respect to sustainability as well as in the way they take concrete shape in the projects.

A laboratory setting can be described as the initial planning situation as has been characteristic for many development projects for well over the last twenty years. In particular at former industrial sites—aside from a few landmarked structures or individual buildings previously parts of ensembles—one often encountered conditions that came close to the notion of the *tabula rasa,* from which developed modernist urban-planning methods, concepts, and design strategies. In this sense, a *tabula rasa* refers to a territory that is freed of all resistances to the purity of the urban-planning concept. The starting point for sustainable urban planning in a laboratory setting can therefore be described as a site with a program for which the designing architects and urban planners now formulate their perfectly self-contained final compositions of buildings, streets, and open spaces. This gives rise to a kind of sustainability that can easily be measured and rated by means of certification processes with respect to energy efficiency or the "2,000-watt society."

Creating Connections in the
Laboratory—The Elbarkaden

The Elbarkaden by Bob Gysin + Partner BGP for Hamburg's HafenCity constitute a remarkable urban component in this new district. The master plan designed by ASTOC and KCAP is based on a reference system that ties in with the morphology, density figures, and utilization concepts of the compact European city. In concrete terms this leads to an ample framework of public spaces, especially large squares and generous boulevards, and dense, mixed districts with large-scale buildings. In this context the planning of HafenCity was faced with a number of challenges with regard to sustainability. This led to the redevelopment of derelict port areas characterized by environmental standards and pioneering energy concepts, as

Vierteln mit massiven Architekturen. Auf dieser stadträumlichen Grundlage behandelt die Planung der HafenCity verschiedene Herausforderungen der Nachhaltigkeit. So geht es um die Nutzung brachgefallener Hafenareale unter dem Vorzeichen ökologischer Standards und wegweisender Energiekonzepte. Dazu kommen Vorzeigeprojekte im Hochwasserschutz, die Anstrengungen zur Belebung der Erdgeschosse wie zur Förderung von Nachbarschaften.

Die Konversion des ehemaligen Hafengebietes in einen neuen Stadtteil ist somit gewissermaßen ein Musterbeispiel für den Typus des städtebaulichen Labors. Die Elbarkaden entziehen sich durch verschiedene konzeptionelle und architektonische Entscheidungen dem bösen Vorwurf des »Würfelhustens am Wasser«, mit dem der Hamburger Architekt Teherani die Architektur in der HafenCity bedacht hat. Der Ortlosigkeit des Masterplans begegnen sie mit Elementen wie der an den Alsterarkaden angelehnten Stadtloggia oder dem roten Klinker der Fassade, die Bezüge zur Hamburger Baugeschichte und ihren Eigenheiten herstellen. Die Referenz auf die Arkaden greift auch in der Typologie des öffentlichen Raums, den die Stadtloggia bildet, auf Qualitäten zurück, die dem Hamburger Flaneur aus der Innenstadt wohlvertraut sind. Mit der Großzügigkeit ihrer Dimensionierung und den attraktiven Erdgeschossnutzungen schafft die Loggia, im Gegensatz etwa zu den groß dimensionierten, durch mediterrane Typologien geprägten Magellanterrassen, einen tatsächlich in den Alltag der HafenCity integrierten, weil auch überdachten Freiraum. Die Stadtloggia nimmt sich dabei zurück. Sie ist nicht flamboyant gestaltete Bühne, sondern ein zurückhaltender Prospekt für städtischen Alltag. Die Nutzungsmischung des Gebäudes trägt dabei wesentlich zur Schaffung einer kritischen Masse an Publikumsfrequenz bei, die aus den Elbarkaden eine in ihre Umgebung eingebundene und diese bereichernde bauliche Intarsie macht.

Grundsätzlich gilt für derartige städtebauliche Laborkonstellationen, dass die Wirkmächtigkeit ihrer Nachhaltigkeit auf die Flächen und Areale beschränkt bleibt, die von der Planung erfasst werden. So überzieht mit der Zeit ein Archipel von Inseln der Nachhaltigkeit die Städte. Diese Inseln sind eingebettet in ein weites Meer von Stadträumen, die von ihren zukunftstauglichen Entwicklungen kaum profitieren. Was diese Laborsituationen der städtebaulichen Nachhaltigkeit zusätzlich noch einmal problematischer macht: Die für ihre Strategien un-

well as model projects in the area of flood control, efforts at enlivening ground-floor levels, and the facilitation of neighborhoods.

Thus the conversion of the former port area into a new part of the city is to some extent a prime example of an urban-planning laboratory project. Due to various conceptual and architectural decisions, the Elbarkaden have managed to elude the accusation made by the Hamburg-based architect Teherani that the architecture of HafenCity resembles a "water-side *Würfelhusten*" [a vulgar term for vomit that contains cube-shaped matter]. They respond to the placelessness of the master plan with elements such as the so-called city loggia based on the Alsterarkaden and the red clinker façade that forges a link to Hamburg's singular architectural history. Furthermore, in the typology of public space provided by the loggia, the reference to the Alsterarkaden also draws on qualities that are familiar to Hamburg's downtown flâneur. With its generous dimensions and attractive ground-floor uses, the loggia of the Elbarkaden—unlike the over-sized Magellanterrassen, for instance, which is characterized by Mediterranean typologies—creates an open space that is truly integrated into the everyday life of HafenCity, not least because it is roofed over. At the same time, the loggia retreats into the background—it is less a flamboyant stage than an unobtrusive backdrop for everyday urban life. Here, the mixed uses of the buildings play a fundamental role in the creation of a critical mass of visitor frequency, turning the Elbarkaden into an architectural intarsia that is integrated into and enriches its environment.

A fundamental feature of such urban-planning laboratory constellations is that the sustainability measures remain limited to the area immediately targeted by the planning. Thus over time cities are suffused with an archipelago of islands of sustainability. These islands are embedded in a vast sea of urban spaces that hardly profit from such forward-looking developments. What makes these laboratory settings of sustainability in urban planning even more problematic, however, is that the available land that is indispensable for their strategies is becoming more and more scarce, especially in booming cities. The principles and priorities of this sustainable urban-planning work therefore lack the leverage points to achieve an impact in the first place. Instead, to create sustainability in urban planning today means to

Angelus Eisinger

verzichtbaren Flächen werden gerade in boomenden Städten immer seltener. Damit fehlen den Prinzipien und Prioritäten dieses nachhaltigen städtebaulichen Arbeitens die Hebelpunkte, um überhaupt Wirkung erzielen zu können. Nachhaltigkeit im Städtebau zu schaffen bedeutet stattdessen heute immer häufiger, sich in neue Gefilde mit gänzlich anderen Arbeitsbedingungen zu begeben. Die urbanistischen Herausforderungen heute und in den kommenden Jahren bestehen darin, Nachhaltigkeit auch in Stadträumen zu realisieren, die weitgehend von baulichem Bestand dominiert sind.

Ein Arbeiten unter solchen Voraussetzungen möchte ich, wie angesprochen, als Arbeiten im urbanen Feld bezeichnen. Seine Bedingungen sind dadurch charakterisiert, dass die räumlichen Kontexte, für welche die städtebaulichen Beiträge zu einer nachhaltigeren Stadtentwicklung formuliert werden sollen, immer schon durch unterschiedlichste Interessen, materielle und immaterielle Bestände geprägt und vorgeformt sind. Mit anderen Worten: Bevor sich die Planerinnen und Planer an ihr Werk machen, ist immer schon etwas da, das sie nicht ignorieren können. Mit solchen widersprüchlich aufgeladenen Kräftefeldern muss das städtebauliche Arbeiten einen konstruktiven Dialog und einen produktiven Umgang finden, will es die für eine langfristige städtische Entwicklung unverzichtbaren Qualitäten der Nachhaltigkeit auch im Bestand umgesetzt sehen.

Nachhaltigkeit als konzeptioneller Dialog – die Testplanung zum Zürcher Hochschulquartier

Die eingangs angesprochene Testplanung von Bob Gysin + Partner BGP zum Zürcher Hochschulquartier lässt einen solchen vielstimmigen Dialog mit dem Bestand erkennen, aus dem nachhaltige Entwicklungspfade entstehen können. Ausgangspunkt der Aufgabenstellung sind die von den Hochschulen und dem Universitätsspital formulierten massiven Flächenbedarfe, die in den nächsten Jahren im bereits heute weitgehend überbauten Hochschulviertel realisiert werden sollen. Die gegenwärtige Situation wird wesentlich durch die beiden markanten Hauptgebäude von Universität und ETH, das von Häfeli Moser Steiger erstellte Universitätsspital und verschiedene im 19. und frühen 20. Jahrhundert entstandene Institutsgebäude und Nebengebäude geprägt. Diese Bauten betten

increasingly place oneself in new settings with entirely different working conditions. The urbanist challenge we face today and will be facing in the years to come consists in also realizing sustainability in urban spaces that are largely dominated by existing building stock.

As mentioned above, I would like to refer to working under such conditions as working in an urban field. Characteristic here is that the spatial contexts for which the contributions to sustainable urban development are to be formulated are always predetermined and preformed by a wide range of interests as well as by existing material and immaterial contexts. In other words, before planners set to work, something is always already there that they cannot ignore. In contradictorily charged fields of force of this kind, urban-planning work has to find a constructive dialogue and a productive approach if it wants to see the qualities of sustainability, which are indispensable for long-term urban development, implemented in the existing context as well.

Sustainability as a Conceptual Dialogue—Test Planning for Zurich's University District

The test planning by Bob Gysin + Partner BGP for the Zurich university district addressed above evinces such a many-voiced dialogue with the existing building stock—one that can give rise to sustainable paths toward development. The starting point for the definition of the task was the considerable space requirements laid down by the university buildings and the university hospital, which are to be completed in the coming years in the university district, already largely densely overbuilt. The current situation is essentially characterized by the two prominent main buildings of the university and the ETH, the university hospital built by Häfeli Moser Steiger, and various institute and auxiliary buildings constructed in the nineteenth and early twentieth centuries. These structures are embedded in a middle-class residential area—for the most part distinguished by urban villas and upscale residential housing from the same period—which over the last few decades has accommodated the expansion of the university and the ETH in order to satisfy the growing need for space near the main buildings in converted prestige residential buildings.

sich in ein bürgerliches Wohngebiet ein – gekennzeichnet mehrheitlich von Stadtvillen und gehobenem Wohnungsbau aus dem nämlichen Zeitraum –, das in den letzten Jahrzehnten zum Expansionsgebiet von Universität und ETH geworden ist, um in umgenutzten repräsentativen Wohngebäuden die wachsenden Raumbedürfnisse nahe den Hauptgebäuden befriedigen zu können.

Der Ansatz von Bob Gysin + Partner BGP verfolgt eine Entwicklungsstrategie, die städtebaulich mehrere Vektoren der Nachhaltigkeit gleichzeitig etabliert. Aktuelle Anforderungen, akribische Analysen des Bestandes und der spezifischen topografischen Situation sowie die Berücksichtigung denkmalpflegerischer Aspekte bilden deren gemeinsames Fundament. Ein erster Vektor der Nachhaltigkeit zeigt sich in den vorgeschlagenen Volumen und ihrer Positionierung an der prominenten Hanglage. Sie respektieren die gewachsene, vom Turm der Universität und der Kuppel der ETH geprägte Silhouette als bestimmende Momente der bisherigen und zukünftigen Identität des Hochschulgebiets. Nachhaltigkeit, so die Grundhaltung dieses Ansatzes, verlangt an solch herausragenden wie sensiblen Stätten nach einer expliziten Verortung des Neuen in der baulichen Stadtgeschichte. Der zweite Vektor der nachhaltigen Transformation zeigt sich in der sorgfältigen Behandlung der Schnittstellen zu den umliegenden Stadtquartieren: So in der Dimensionierung und Platzierung der erheblichen neuen Nutzflächen an den Übergängen zu der kleinteiligen Wohnbebauung in die markanten Hanglagen oberhalb des Glorianks. Ein weiterer Vektor fokussiert auf die öffentlichen Räume. Bestehende Frei- und Landschaftsräume bilden gemeinsam mit neuen typologisch verwandten Angeboten eine facettenreiche räumliche Grundfigur, die Kontinuität schafft auch unter den zu erwartenden massiven baulichen Umgestaltungen. Gleichzeitig wird die anstehende Veränderung auch als Chance begriffen, Unfertiges zu vervollständigen. Das zeigt sich insbesondere entlang der Rämi- und Gloriastraße, wo das nie vollendete, aber in der Grundstruktur angelegte Konzept des Boulevards in einer Neudeutung seine Fortschreibung erfährt. Ein weiterer Vektor der Nachhaltigkeit zeigt sich im Umgang mit dem Baubestand. Am Schanzenberg, einer Geländeterrasse, führt der Respekt vor dem historischen Erbe der spätklassizistischen, in großzügige Parkanlagen eingebetteten Gebäude zu einem intensiven Dialog, der zwar aus Gründen der Verdichtung die alten

The approach of Bob Gysin + Partner BGP adheres to a development strategy that establishes several vectors of sustainability. Current requirements, meticulous analyses of the existing context and the specific topographic situation, and the issue of the landmarked status of certain buildings form their common foundation. An initial vector of sustainability can be seen in the proposed volumes and their positioning on the prominent hillside. The silhouette formed by the university's tower and the dome of the ETH are respected as determining elements of the previous and future identity of the university district. At such exceptional as well as sensitive sites, sustainability—the fundamental attitude of the approach—calls for the explicit integration of the new into the city's historical architecture. The second vector of sustainable transformation can be seen in the careful treatment of the interfaces with the surrounding areas, and thus in the dimensions and placing of the considerable effective area at the transitions to the compartmentalized residential development on the prominent slopes above the Gloriarank. Another vector focuses on public spaces. Existing open space and landscape areas are combined with new typological proposals to form a multifaceted basic structure that will create continuity, even given the expected substantial scale of redevelopment. At the same time, the forthcoming transformation is seen as an opportunity to complete what has been left unfinished. This is especially evident along Rämistrasse and Gloriastrasse, where the boulevard that was never properly realized—although it has been set out in its basic shape—will experience its continuation in a reinterpretation. A further vector of sustainability can be seen in the dialogue with the existing building stock. On the Schanzenberg, a terrace, respect for the historical heritage of late classical buildings embedded in lavish parks leads to an intense dialogue that, despite the removal of the old buildings due to overcrowding, retains the existing identities and qualities of urban space. At the same time, this judicious approach to architectural heritage is not restricted to witnesses of the belle époque, but also includes modern buildings, such as the Zentrum für Zahnmedizin [center of dentistry] from the late fifties. Here, the sustainability of urban development does not simply mean the solicitous art-historical freezing of an existing situation, but a careful combination of preservation, reprogramming, and replacement.

Angelus Eisinger

Gebäude beseitigt, aber die bestehenden stadträumlichen Identitäten und Qualitäten weiterführt.
Gleichzeitig beschränkt sich der besonnene
Umgang mit dem baulichen Erbe nicht nur auf Zeu-
gen der Belle Époque, sondern umfasst auch
moderne Gebäude wie das Zentrum für Zahnmedizin aus den späten 1950er-Jahren. Nachhaltigkeit der städtebaulichen Entwicklung bedeutet
hier nicht einfach kunsthistorisch beflissenes Ein-
frieren einer bestehenden Situation, sondern
eine umsichtige Verschränkung von Erhalt, Um-
programmierung und Ersatz.

Einbetten, Fortschreiben und Umschreiben –
das Baufeld F an der Zürcher Europaallee

Beim Arbeiten im Bestand lassen sich die städtebaulichen Strategien, ihre Typologien, Programme
und Nutzungen nicht mehr einem abstrakten
Arsenal von Optionen entnehmen, sondern können
sich nur aus einer intensiven Auseinandersetzung
mit der Bebauung vor Ort und den dadurch entstehenden Möglichkeitsräumen herleiten. Der Wettbewerbsbeitrag für das Baufeld F im Entwicklungsgebiet der Zürcher Europaallee von Bob Gysin +
Partner BGP zeigt Vorzüge eines durch hohe Sensi-
bilität für Kontextbedingungen angereicherten
Vorgehens – auch unter Gegebenheiten eines
städtebaulichen Laboratoriums. Nachhaltigkeit realisiert sich im Wettbewerbsprojekt zunächst
einmal konventionell als Erfüllung energetischer und
gebäudetechnischer Voraussetzungen. Soziale
Nachhaltigkeit verstanden als dem Konzept inhä-
rente Kompetenz, sich verändernden, aber nicht
zu antizipierenden Bedürfnissen anzupassen, wird
sowohl in der großen Adaptionsfähigkeit der
Wohnungsgrundrisse wie in der hohen Flexibilität
in der Ausgestaltung der Geschäfts- und Büroflächen sichtbar. Die eigentliche Qualität der städtebaulichen Nachhaltigkeit zeigt sich aber in der
dialogischen Auseinandersetzung mit dem noch in
der Entstehung begriffenen Kontext, die dem Entwurf zugrunde liegt. Die baulichen, typologischen
und räumlichen Vorgaben, wie sie sich aus den
benachbarten Baufeldern ergeben, leiten die konzeptionelle Grundstrategie von Bob Gysin + Partner
BGP auf dem Baufeld F an. Der Vorschlag begreift sich damit als Teil eines größeren Gefüges,
nimmt seine expliziten wie impliziten Regeln in
der Komposition der Gebäude, der Ausbildung ihrer
Volumina, ihrer Höhenentwicklung, der Materiali-

Embed, Update, Adapt—
Europaallee Plot F, Zurich

In work on the existing building stock, urban-
planning strategies—their typologies, programs,
and uses—can no longer be drawn from an abstract arsenal of options but can only be derived
from a dialogue with the development in situ
and the spaces of opportunity arising from this. The
competition proposal for Plot F in the development area of Zurich's Europaallee by Bob Gysin +
Partner BGP demonstrates the merits of an approach that is enriched by heightened sensitivity to
the contextual conditions—also under the circumstances of an urban-planning laboratory setting. In
the competition project, sustainability is initially
brought about conventionally as the fulfillment of
energy and technology requirements. Social sustainability, understood as the competence inherent
in the concept to adapt to changing but unforeseeable requirements, becomes visible both in the
adaptability of the ground plans and the flexibility
in the arrangement of the retail and office spaces.
However, the real quality of sustainability to be
found here can be seen in the dialogue with the still-
evolving context on which the design is based.
The architectural, typological, and spatial specifications, as they result from the adjacent sites,
guide the basic conceptual strategy of Bob Gysin +
Partner BGP on Plot F. The proposal is thus conceived as part of a larger framework, adopting its
explicit and implicit rules in the composition of
the buildings, the formation of their volumes, their
heights, as well as the materialization and formation of the ensemble while skillfully varying them.
Thus the marked entry of the ground floors toward
Gustav-Gull Platz, for instance, results in connecting private use between the inside and the outside,
which contributes to the enlivenment of public
space. The height of the ground floor takes up the
eaves heights of the surrounding buildings yet
modulates these within the site for the purpose of
lending the overall composition its singularity
and presence.

Sustainability in Urban Planning Means
Addressing the City Completely

With the end of the rise of the star architect,
urban planning is currently facing a crisis of the
new. On the one hand, this means that mimetic

sierung und der Formung des Ensembles auf, variiert sie aber geschickt. So entstehen beispielsweise durch den markanten Einzug der Erdgeschosse zum Gustav-Gull-Platz hin private Nutzungsverbindungen von innen und außen, die zur Belebung des öffentlichen Raums beitragen. Das Höhenspiel des Sockelgeschosses nimmt die Traufhöhen der Umgebung auf, moduliert sie aber innerhalb des Baufeldes, um der Gesamtkomposition ihre Eigenheit und Präsenz zu verleihen.

Nachhaltigkeit im Städtebau bedeutet Stadt umfassend ansprechen

Der heutige Städtebau steckt mit dem Auslaufen des Booms der Stararchitektur in einer Krise des Neuen. In dieser Situation feiern einerseits mimetische Annäherungen an alte Typologien ihre Renaissance. Die Hinweise für die Stadt der Zukunft resultieren hierbei aus Antworten auf stadträumliche Fragen der Vergangenheit. Nachhaltigkeit im Städtebau schlägt stattdessen einen differenzierteren Umgang mit der bestehenden Stadt und der Geschichte des Bauens an der Stadt vor. Sie erkennt Stadt als vielfältige Ressource und Informantin urbanistischer Strategien. Sie verbindet Vergangenheit, Gegenwart und Zukunft über facettenreiche Begegnung mit dem Kosmos der Kultur – als gewachsene Identität eines Ortes, die über eine sorgfältige Reflexion typologischer Optionen fortgeführt wird.

approximations of old typologies are celebrating a renaissance. In this connection, the guidelines for the city of the future result from answers to questions of the past. Sustainability in urban planning, on the other hand, proposes a differentiated approach to the existing city and its architectural history. It perceives the city as a manifold resource and informer of urbanist strategies. Past, present, and future are linked via a multifaceted encounter with the cosmos of culture as the evolved identity of a place, which is carried on by means of careful reflection on typological options.

Angelus Eisinger

ÜBER DEN WALD, DEN TISCH UND DAS WOHNEN IM ALTER

Köbi Gantenbein

—

ON THE WOODS, THE TABLE, AND LIVING IN OLD AGE

Die Architektinnen und Architekten von Bob Gysin + Partner BGP sind stolz darauf, dass sie entlang der »drei Säulen der Nachhaltigkeit« ihre Projekte entwerfen: »ökologisch, ökonomisch und sozial«. Sie haben sich zum Ziel gesetzt, die Fahrtrichtung der zeitgenössischen Architektur so zu verändern, dass die Welt weniger an der bewusstlosen Planerei und Bauerei zu ächzen habe. Schon zehn Jahre alt, das Haus der Eidgenössischen Anstalt für Wasserversorgung, Abwasserreinigung und Gewässerschutz (Eawag), das sie an den Rand von Dübendorf im Umland Zürichs gebaut haben. Es ist ein Leitbau der Architektur, die wenig Ressourcen verbraucht. Ich staune zum Beispiel über die Art, wie die Architekten hier uralte Prinzipien des Bauens der Bauern zeitgenössisch gemacht haben, etwa die unterschiedlichen Klimazonen im Haus. Natürlich bauten sie auch komplexe Materialien und Maschinchen ein, um zum Beispiel die Sonne einzufangen oder die Technik des Hauses so zu steuern, dass die Wärme im Winter möglichst nicht und im Sommer möglichst selbstständig entweicht. Ist das Forschungshaus aber auch sozial nachhaltig? Um auf diese Frage eine Antwort zu finden, wollen wir durch die Begriffsgeschichte der Nachhaltigkeit streifen, an meinen Stubentisch sitzen und bei einem kleinen Capriccio der Philosophie Station machen.

Nachhaltig heißt Holz lieben

Mein Tisch ist ökologisch nachhaltig. Zugute kommt ihm, dass er aus Holz besteht. Denn Holz ist der Kern der Rede von der Nachhaltigkeit. Im Wald ist dieser Diskurs vor 300 Jahren geboren. Wegen später Folgen des Dreißigjährigen Krieges, wegen des intensiven Bergbaus und wegen der wachsenden Städte drückte eine Energie- und Wirtschaftskrise auf Staat und Leute im Fürstentum Sachsen. Wo einst Wälder waren, war ödes, kahles Land als der kurfürstliche Chefbeamte Hans Carl von Carlowitz in seiner *Sylvicultura Oeconomica, oder Haußwirthliche Nachricht und naturmäßige Anweisung zur wilden Baum-Zucht* schließlich von den Förstern verlangte, dass sie immer nur so viel Holz schlagen sollten, wie sie wieder aufforsten könnten. Ökologisch vorbildlich und ökonomisch erfolgreich war seine Idee. Aber war Carlowitz' Projekt sozial nachhaltig? Keineswegs. In und um Dresden war es wie heute weltweit: Eine kleine Oberschicht lebte auf zu großem Fuß und hatte Angst, dass es nicht gut komme. Man wollte das Steuerruder etwas anders

The architects at Bob Gysin + Partner BGP are proud of the fact that they design their projects in accordance with the "three pillars of sustainability": environmental, economic, and social. Their goal is to alter the direction that contemporary architecture is taking in such a way that the world will be freed from the yoke of senseless planning and building. Already ten years old, their building for the Swiss Federal Institute of Aquatic Science and Technology (Eawag) on the outskirts of Dübendorf near Zurich is an architectural landmark that consumes only a minor amount of resources. It amazes me to see how the architects updated ancient principles of agricultural architecture here, adapting them to contemporary times, for example the different climate zones in the building. The architects naturally also incorporated complex materials and devices in order to capture the sunlight or to operate the building's technical facilities in such a way that the structure does not lose heat in the winter and lets it escape it as far as possible on its own in the summer. But is the research center also socially sustainable? In order to find an answer to this question, let us take a brief look at the history of the concept of sustainability while sitting here at my living-room table and turn our attention to a lively little piece of philosophy.

Sustainability Means Loving Wood

My table is ecologically sustainable. Its advantage is that it is made of wood—and wood is at the heart of the sustainability discussion. This discourse was born in the woods some three hundred years ago. Due to the long-term effects of the Thirty Year's War, intense mining activities, and its growing cities, the government and the people in the Electorate of Saxony were faced with a serious energy and economic crisis. Barren wasteland had replaced rich forests, occasioning Hans Carl von Carlowitz, the chief mining administrator at the court of the Saxon elector, to ultimately demand in his *Sylvicultura Oeconomica, oder Haußwirthliche Nachricht und naturmäßige Anweisung zur wilden Baum-Zucht* [which translates roughly as "The Economics of Forestry, or Economic Information and Instructions on Naturally Cultivating Wild Trees"] that foresters should only fell as many trees as they could reforest. His idea was not only laudable in terms of ecology but also economically

Köbi Gantenbein

einstellen, um das Schiff nicht verlassen zu müssen. Anderes kam dem Oberbergbaumeister und seinem Fürsten nicht in den Sinn. Erst die Französische Revolution hat das Schicksal der vielen langsam und nachhaltig verbessert. Erst sie hat bürgerliche Öffentlichkeit, Geselligkeit und Wohlbefinden ermöglicht – kurz, ein soziales Leben vieler und nicht nur weniger. Carlowitz' nachhaltig nachwachsende Wälder spielten dafür keine Rolle.

Und mein Tisch nun? Ihn ökologisch nachhaltig bis auf den letzten Nagel herzustellen war machbar und anspruchsvoll. Der Stapel Fichtenbretter, aus denen das Möbel geworden ist, kam aus dem Wald nur wenige Kilometer neben der Werkstatt des Schreiners in meinem Nachbardorf. Und dort, sagt er, sei die für mich zersägte Tanne schon am Nachwachsen. Hans Carl von Carlowitz hätte Freude an mir und an meinem Schreiner. Dessen Werkstatt ist überdies mit allen Labeln eines grünen Betriebs zertifiziert. Da geht keine Kilowattstunde achtlos in die Luft, kein Gramm Feinstaub in die Atmosphäre und kein Gift ist im Leim. Auch ökonomisch ist der Tisch sogar in doppelter Weise nachhaltig. Einerseits balanciert der Schreiner seine Ein- und Ausgaben seit vielen Jahren gut darauf achtend, dass genügend Mittel für Investitionen in seinen grünen Betrieb möglich sind. Andererseits bezahlt er seinen drei Arbeitern, der Schreinerin und sich selbst praktisch den gleichen Lohn, merklich über dem, den der Gesamtarbeitsvertrag seiner Branche vorschreibt. Doch ist mein Tisch auch sozial nachhaltig? Gewiss, er tut, was seine Pflicht ist: er stiftet Gemeinsamkeit. Das ist trivial und bezeichnet dennoch den Unterschied zwischen ökologischer und sozialer Nachhaltigkeit, die zusammen mit der ökonomischen seit gut dreißig Jahren zur Heiligen Dreifaltigkeit nachhaltigen Lebens gehören. Damit er das kann, braucht er keinen Ingenieur und keine Zahlen, er braucht eine Sprache, eine Form, die sich einschmiegt in meine Vorstellungen und also Gemütlichkeit, Nützlichkeit und Nähe zu stiften imstande ist. Denn der Tisch selbst ist weder gemütlich noch gesellig und nah; er wird das erst durch den Gebrauch.

Nachhaltig heißt Brauchen stiften

Soziale Nachhaltigkeit lässt sich also beim Tisch und schon gar nicht beim Haus so einfach konstruieren und mit präzisen Zahlen messen wie ökologische und ökonomische. Soziale Nachhaltigkeit hat

successful. But was Carlowitz's project socially sustainable? Not by a long shot. The situation in and around Dresden at that time is about the same as it is around the world today: a small upper class lived a little too well and feared that the wind was shifting directions. One wanted to adjust the helm in order to not have to abandon ship. The mining administrator and his prince had nothing else in mind. It was not until after the French Revolution that the fate of the many was lastingly improved, finally making the civic public, sociality, and well-being possible—in short, a social life for the many and not only the few. Carlowitz's sustainably restored forests did not play a part in this respect.

And what about my table? Producing it ecologically down to the last nail was both feasible and challenging. The stack of spruce boards that in the end became my piece of furniture came from the woods located just a few kilometers away from the carpenter's workshop in my neighboring village. And he tells me that the replacement for the fir tree he sawed up for me has already been planted. Hans Carl von Carlowitz would have been pleased with me and with my carpenter. His workshop is furthermore a wholly certified green business. Not one single kilowatt-hour is wasted, not one gram of fine dust is emitted into the atmosphere, and there is nothing toxic in the glue. And the table is in fact even economically sustainable in two respects. On the one hand, the carpenter has been balancing his income and expenses for many years in such a way that he has enough funds available to be able to invest in his green operations. And on the other hand, he, his three workers, and his fellow carpenter receive practically the same wages, which are considerably higher than what is prescribed by his trade's collective labor agreement. But is my table socially sustainable as well? To be sure, it does what it is supposed to do: it brings about togetherness. That is trivial and yet characterizes the difference between ecological and social sustainability, which alongside economic sustainability have belonged to the Holy Trinity of sustainable living for some thirty years. In order to be able to do so, my table does not require an engineer or any figures; it requires a language, a form that comfortably corresponds to the way I see things as well as being capable of bringing out coziness, usefulness, and closeness. The table is neither inherently cozy nor sociable and close; all of this only becomes manifest by using it.

keine dem Tisch – oder gar der Architektur – eigenen, messbaren Qualitäten, sondern sie stiftet oder verhindert Gebrauch. Es geht um Werte wie Zufriedenheit, Gelassenheit, ja Glück und schließlich um soziale Alltäglichkeiten wie Begegnungen, Geselligkeit und Austausch. Kurz – soziale Nachhaltigkeit ist anders an die kulturellen Verhältnisse und an persönliche Erwartungen und Hoffnungen der Leute gebunden als ökologische. Diese kann eine technisch begabte Architektin im Zusammenspiel mit dem Bauphysiker, der Zulieferindustrie und dem Normenkatalog des Architektenverbandes in der Hand herstellen, ohne einen Moment an die künftigen Bewohner zu denken. Und noch schlimmer – ist die ökologische Nachhaltigkeit einigermaßen stabil über die Jahre, ist die soziale instabil und abhängig von individuellen Einstellungen. Sie ändert sich ständig. Doch auch sie wird produziert, und dies zu tun ist die Architektin die richtige Frau, wenn sie sich als Technikerin vergisst und als Gestalterin begreift. Sie spürt Werte auf und gibt ihnen Raum und Form, Ordnung und Sinn. Sie sorgt dafür, dass das Haus nicht nur mit wenig Ressourcenverbrauch gebaut und betrieben werden kann, sondern dass wir es mögen und es in Besitz nehmen können. Ohne dies gelingt soziale Nachhaltigkeit nicht.

Kehren wir zurück nach Dübendorf, wo sich die Ingenieurinnen, Biologen und Chemikerinnen weniger mit dem kleinen Einmaleins solcher Erkenntnistheorie beschäftigen als mit dem praktischen Problem, wie Wasser geklärt werden kann. Sie lösen es im sozialen Verband, und die Architektur ihres Hauses stützt diese Arbeit zweifellos. Ihr heitertechnischer Ausdruck, mit dem die hellblau-türkisen Lamellen die Menschen empfangen; die vielfältigen Maschinchen, Vorkehrungen und Apparate, um die Sonne zu fangen, das Wasser zu reinigen im und vor dem Haus, passen gut zur Welt, zum Selbstverständnis und zur Sprache der hier Forschenden. Die großzügigen öffentlichen Räume innen und außen stiften ihnen Gemeinschaft und Wohlbefinden. Und wir lernen also, dass soziale Nachhaltigkeit vorab die Architekten herausfordert, eine gestalterische Sprache zu finden, die die Benutzerinnen des Hauses kennen und mögen.

Wohnen im Alter – nachhaltig heißt autonom

Wie das geht, zeigen auch die Altersheime, für deren Bau Bob Gysin + Partner BGP in Appenzell, Zürich-Seebach, Stäfa, Dielsdorf oder Seuzach in den letz-

Sustainable Means Bringing About Uses

In the case of a table, and in particular not in the case of a building, social sustainability cannot be so easily constructed and measured with accurate numbers as can ecological and economic sustainability. Social sustainability does not have inherent measurable qualities that can be applied to a table or even to architecture, but instead brings about or hinders usage. It concerns values such as satisfaction, equanimity, indeed happiness, and finally everyday social things such as encounters, socializing, and exchange. In short, social sustainability has different ties to cultural relations and people's personal expectations and hopes than does ecological sustainability. They can be produced by a technically gifted architect armed with a checklist of the architectural association's standards and working in collaboration with a building physicist and the supply industry without giving a single thought to the future occupants. And what is worse is that while ecological sustainability has remained relatively stable in recent years, social sustainability is unstable, dependent on individual attitudes, fashions, and personal obsessions. It is in a constant state of flux. But it, too, can be produced, and architects are the right people for this task, provided they forget they are technicians and see themselves as designers. They detect values and give them space and form, order and meaning. They not only ensure that a building can be built and operated with only a minimum consumption of resources, but that we can like it and take possession of it as well. Social sustainability is impossible to achieve otherwise.

Let us return to Dübendorf, where the engineers, biologists, and chemists at the Institute of Aquatic Science and Technology are less concerned with the basics of epistemology than with the practical problem of how water can be purified. They solve it in a social organization, and the architecture of their building undoubtedly facilitates their work. The cheerful technical expression with which the light blue-turquoise lamella façade greets employees and visitors alike; the wide variety of devices and apparatuses employed and the provisions taken in order to capture the sunlight and purify the water in and before the building are well suited to the world, the self-conception, and the language of those who conduct research here. The generous public spaces inside and outside the building bring about a sense of community and

Köbi Gantenbein

ten Jahren Wettbewerbe gewonnen haben. Natürlich gehört die städtebauliche Setzung mit hohem Gewicht zur sozialen Nachhaltigkeit, aber hier ist vieles gegeben. Der Architekt oder die Architektin kann sich nicht aussuchen, ob das Terrain nahe der Straßenbahn-, Bus- und Zugstation liegt, ob das Dorfzentrum in der Nähe ist mit Läden, Kirche und Wirtschaft. Das alles wäre ja vorab nötig, damit die alten Menschen schnell im Ort sind und die Kinder und andere Verwandte und Bekannte sie fleißig besuchen.

Sozial nachhaltig wirkt aber auch, wie zum Beispiel in der Alterswohnsiedlung Köschenrüti in Zürich-Seebach, wenn zwei große Baukörper einen großzügigen Garten ermöglichen mit Wegen, Plätzchen und gar einem Eingangsplatz. Zusammen mit dem angenehmen Maß der drei Geschosse entsteht öffentlicher Raum, der vertraut wirkt und auch den zum Spaziergang ermutigt, der denkt, er möge nicht mehr. Sogar im eisigen Nordostwind des Januar ist man hier behütet, und heiter schob ein alter Mann seinen Rollator über das Weglein, als ich mich auch dort umsah.

Doch entscheidend für die soziale Nachhaltigkeit der Lebensformen alter Menschen ist der Innenraum des Hauses. Die technischen Strukturen sind, gefordert von der ökologischen und ökonomischen Nachhaltigkeit, ja meist recht eng definiert. So auch in Neu Lanzeln, dem Alterszentrum von Stäfa. Die Gestaltung setzt hier auf Übersichtlichkeit, Ordnung, Aussicht und Farbe – und auf entspannte Normalität. Umgesetzt wird ein wichtiger Wert: die Autonomie. Alt werden bedeutet ja, zusehen und erleben, wie rundum die Selbstbestimmung, die Autonomie, schwindet. Sie ist der Generation meiner Eltern und vor allem meiner ein zentraler sozialer Wert. Der Körper tut immer weniger, wie man es von ihm erhofft, der Kopf wird bedächtig, die Welt dreht sich schneller und man selbst wird langsamer. Zudem sind Alterszentren kollektiv organisierte Wohnmaschinen mit einem mehr oder weniger strengen Regime. Zur sozialen Nachhaltigkeit, die den Bewohnerinnen und Bewohnern den Übergang von der über viele Jahre gewohnten Lebensform zur kollektiven erleichtert, gehört wesentlich, dass Architektur ihre Autonomie stützt und herausfordert. Strukturell geschieht das erstens mit Wegen im und ums Haus, die der abnehmenden Mobilität gut entgegenkommen, weil sie keine Schwellen haben, bestens belichtet und klar geordnet sind. Und zweitens mit möglichst tief definierten Zimmern und Wohnungen, die

well-being. And we also learn that social sustainability challenges architects in advance to find a design vocabulary that users of the building know and like.

Living in Old Age—Sustainable Means Autonomous

How that works is also demonstrated by the retirement homes at Appenzell, Zurich-Seebach, Stäfa, Dielsdorf, or Seuzach for which Bob Gysin + Partner BGP won architectural competitions in recent years. Urban planning placement is naturally a crucial factor as regards social sustainability, but many things are given here. The architect does not have much of a choice whether the site is close to a train station, a bus stop, or a street-car stop, or whether the center of the village with its stores, churches, and restaurants is located nearby. All of that would have to be in place beforehand so that the elderly can get there quickly and their children and other relatives or friends can visit them on a regular basis.

A socially sustainable impact is also made when, like at the Köschenrüti retirement community in Zurich-Seebach, two large structures make a large garden possible that features paths, little squares, and even an entrance area. Together with the pleasant dimensions of the three stories, public space is created that has a familiar feel and even encourages those to go for a walk who did not think they had it in them any longer. You are even sheltered against the icy northwest wind that blows here in January, and when I took a look around there I saw an elderly gentleman pushing his wheeled walker down one of the little paths.

But the building's interior is decisive for the social sustainability of the lifestyles of the elderly. As stipulated by ecological and economic sustainability, the technical structures are usually quite narrowly defined. That is also the case with the Neu Lanzeln Retirement Center operated by the municipality of Stäfa in the canton of Zurich. The design here is oriented on clarity, order, view, and color—and even on relaxed normality. An extremely important value has been realized here: autonomy. Growing old means seeing and experiencing how your ability to control your own life, your autonomy, fades away. It is a principal social value that is of major importance to the generation of my parents, and especially to my generation.

den alten Bewohnern erlauben, Spuren des früheren Lebens in den letzten Lebensabschnitt mitzunehmen und sie doch ermuntern loszulassen dank des Wechsels von 150 auf 30 m^2 pro Person. Und drittens mit der Aussicht – in Stäfa auf den See und in Zürich-Seebach über Land. Beiderorts haben die Architekten sie konstruiert mit präziser Geometrie der Baukörper und mit Fenstern, so tief gesetzt, dass auch Bettlägerige noch weiten Blick haben können. Denn je kleiner der Kreis, in dem wir uns bewegen, umso wichtiger wird der Blick, um an Gemeinschaft, an Erinnerungen und Hoffnungen noch leise teilhaben zu können.

Bei den Alterszentren sehen wir auch den wesentlichen Unterschied zwischen den drei Säulen der Nachhaltigkeit: Ökologisch und ökonomisch nachhaltig konzipierte Häuser brauchen gut ausgebildete Hauswarte, damit die architektonisch eingefädelten Konzepte funktionieren. Die soziale Nachhaltigkeit eines Alterszentrums braucht erstens eine Gesellschaft und einen Staat, die genügend Mittel zur Verfügung stellen; sie braucht zweitens Krankenschwestern und Altenpfleger und all die weiteren Menschen, die sich mit genügend Zeit und gut bezahlt kümmern, und sie braucht drittens jüngere Leute, die die Alten besuchen und mit ihnen in den von den Architekten bereiteten Räumen Runden drehen, Karten spielen und sich Lebensgeschichten erzählen lassen.

Your body increasingly becomes unable to do what you expect it to do, your mind grows more thoughtful, the world spins faster, and you yourself become slower. Retirement centers are moreover collectively organized housing machines with a more or less strict regime. One of the essential aspects of social sustainability that eases the transition of residents from the lifestyle they were accustomed to for many years to a collective one is architecture that supports and challenges their autonomy. In structural terms, for one thing this occurs with corridors in and walkways around the building that accommodate diminishing mobility because they are barrier free, well lit, and clearly ordered. And secondly, with rooms and apartments that are as deeply defined as possible, allowing the elderly residents to bring traces of their earlier lives with them to this final period in their life and yet encourage them to let go thanks to the transition from 150 to 30 square meters per person. And thirdly, there is the view—at Stäfa the view of the lake, and at Zurich-Seebach the view of the countryside. At both sites, the architects allowed for the views by accurately working out the geometry of the buildings, placing the windows low enough that even the bedridden can look out over vast expanses. This is important, because the smaller the circle of people, the more important the view becomes in order to be able to even faintly participate in community, memories, and hopes.

The retirement centers demonstrate the crucial difference between the three pillars of sustainability: buildings that are designed ecologically and economically require well-trained janitors for the architecturally orchestrated concepts to function properly. The social sustainability of a retirement center first of all needs a government that makes sufficient funding available; secondly, it needs care providers and geriatric nurses and all the other people who take sufficient time to tend to the elderly and are well paid; and thirdly, it needs young people who visit them, go for walks with them in the spaces prepared by the architects, play cards with them, and listen when they tell stories from their lives.

Köbi Gantenbein

DAS GEBÄUDE ALS GESAMTSYSTEM

—

THE BUILDING AS A SELF-CONTAINED SYSTEM

Manfred Hegger

Bauen schafft Werte. Es soll gut nutzbare, effiziente und ressourcenschonende Gebäude erzeugen, die langfristig ihren hohen Wert behalten: für die Nutzer bezahlbar, behaglich und gesund, für ihre Eigentümerinnen und Eigentümer und Investoren wirtschaftlich und lange Zeit rentabel, für alle ein sozialer und kultureller Gewinn, eine Bereicherung des Lebens.

Heute getroffene Planungsentscheidungen wirken in eine Zukunft mit knapper werdenden natürlichen Ressourcen und einer zunehmenden Bedrohung unserer natürlichen Lebensgrundlagen. Bei derzeit üblichen Gebäude-Lebensdauern wird der Betrieb eines heute erstellten Gebäudes mit einiger Sicherheit das Ende des fossilen Ölzeitalters und den Zustand deutlicher Verknappung anderer Ressourcen erleben. Es sollte auf extreme Wetterbedingungen gefasst sein und ein Leben unter veränderten klimatischen Bedingungen ermöglichen.

Dies alles verdeutlicht, wie wichtig die Diskussion um nachhaltiges Handeln im Bereich des Planens und Bauens ist. Es veranschaulicht auch die wesentlichen Handlungsfelder: Standort und Grundstück, Programme und Anpassungsfähigkeit, Baustoffe und Konstruktion, Energie und Kosten, technische Qualität und Prozessqualität. So ist es kaum verwunderlich, dass heutige Bauprogramme und Wettbewerbsauslobungen nachhaltiges Bauen thematisieren. Doch viele routinierte Floskeln gehen über letztlich vage Absichtserklärungen kaum hinaus.

Wirklichkeit

Wie schwer es ist, solch perfekt geplante, zukunftstüchtige und umfassend umgesetzte Bauqualität zu erreichen, verdeutlicht sich nicht nur am von Politik und Presse gerne aufgegriffenen Scheitern manch hochkomplexer Großbauvorhaben. In ihrem Schatten erleben wir fast regelhaft erhebliche Mängel und Nachbesserungsbedarfe bei Neubauten, Schwierigkeiten beim Einfahren der Gebäudetechnik. Der Ruf aller am Bauen Beteiligten nimmt Schaden. Der damit verbundene emotionale Aufwand und die Verschwendung von baulichen Ressourcen sind enorm.

Sicher lässt sich manches erklären durch die Verkettung verschiedener Besonderheiten des Produkts »Gebäude« und seiner Herstellung. Ein Gebäude ist aufgrund individueller Anforderungen und seiner Einbindung in eine ganz spezifische

Building creates value. It should result in functional and efficient structures that are sparing in their use of resources and lastingly retain their value: affordable, comfortable, and healthy for their users; cost-efficient and lucrative for their owners and investors in the long term; a social and cultural asset and life enriching for everyone.

Planning decisions made today will take effect in a future defined by dwindling natural resources and a growing threat to our natural livelihood. Based on its expected life cycle, the operation of a structure built today will almost certainly experience the end of the fossil oil era as well as a severe shortage of other resources. It needs to allow for extreme weather conditions and for life in a changed climate.

All of this underlines the importance of the discussion on sustainability in the areas of planning and construction. It also draws attention to the main areas of focus: location and site, program and adaptability, building materials and construction, energy and costs, technical quality and process quality. Thus it hardly comes as a surprise that current building programs and calls for competition submissions address sustainable building. Yet many of the catchphrases currently in circulation rarely go beyond vague declarations of intent.

Reality

How difficult it is to achieve such perfectly planned, future-oriented, and fully realized building quality is highlighted not only by the failure of the kind of highly complex large-scale project so eagerly seized upon by politics and the press. Major shortcomings and the need for rectification in new structures combined with difficulties in the installation of building technology have become an almost regular occurrence. This damages the reputation of everyone involved. The emotional cost and the waste of building resources are enormous.

Some of this can certainly be explained by the concatenation of various features of the product, the building itself, and its construction. Due to individual requirements and their integration into a specific spatial context, buildings cannot be produced in series. The availability of cheap labor in the construction sector, often in connection with a lack of skills, leads to more or less archaic modes of production and correspondingly high susceptibility to error. The high quality still found in building

Manfred Hegger

räumliche Situation nicht als Serienprodukt herzustellen. Die Verfügbarkeit preiswerter Arbeitskräfte im Bausektor, oft in Verbindung mit mangelnder Qualifikation, führt zu mehr oder minder archaischen Produktionsweisen mit entsprechend hoher Fehleranfälligkeit. Die in Bauprodukten meist noch vorzufindende hohe Qualität kommt an ihre Grenzen bei der fehlerhaften Verarbeitung in Baustellensituationen. Die Komplexität jedes modernen Gebäudes tut ein Übriges: Was im Einzelnen gut funktioniert, versagt gerne im Kontext. Dies gilt besonders für die Gebäudetechnik.

Auch die hohe Regelungsdichte im Planen und Bauen hilft nur bedingt weiter. Gesetze, Verordnungen und Normen greifen zwar in alle Ebenen ein, von der Rohstoffgewinnung über die verschiedenen Stufen der Verarbeitung und den Einbau bis hin zum »End of life«. Sie unterstützen Qualität im Detail, in Bezug auf die Sicherheit und die Benutzung. Doch sie verstärken auch Konventionen, die angesichts der anstehenden Veränderungen dringend einer kritischen Prüfung bedürften.

Ganzheitliche Methodik

Vor dem Hintergrund dieser Problematik wird immer wieder die Notwendigkeit einer ganzheitlichen Betrachtungsweise für das Planen und Bauen eingefordert. Was eine Selbstverständlichkeit für den Baumeister war, geht in der extrem arbeitsteiligen Planungswirklichkeit verloren. Architektinnen und Architekten wie Bob Gysin + Partner BGP, die sich der Notwendigkeit einer nachhaltigen gesellschaftlichen Entwicklung verschreiben und ihr Handeln darauf ausrichten, haben nicht nur die Chance, verloren gegangenes Terrain zurückzugewinnen. Indem sie die Gesamtheit eines Gebäudeentwurfs bis in die technischen Details wieder verstehen und in den Griff bekommen, gewinnen sie auch Sicherheit über ihr Handeln und seine Folgen zurück. Ihre Gebäude strahlen dies über die Frische technischer und architektonischer Innovationen unmittelbar aus.

Nachhaltiges Planen setzt eine aufmerksame und kritische Haltung gegenüber Konventionen voraus. Dies erfordert ein breit angelegtes Berufsverständnis, das Positionen aller anderen Planungsbeteiligten kompetent und kritisch überprüfen kann. Die Unabhängigkeit und Freiheit, veraltete Verordnungen und Normen auf ihre Sinnfälligkeit zu hinterfragen und gegebenenfalls kreativ zu umgehen.

products is pushed to its limits at construction sites due to deficient workmanship. Another thing is the complexity of modern buildings: what works well in isolation often fails in context. This holds true for building technology in particular.

Even the highly regulated nature of planning and construction only helps up to a certain point. Laws, regulations, and standards intervene on all levels: from the extraction of raw materials and the various process stages and installation to the end of a building's life cycle. They promote quality in the detail as well as in relation to safety and use. However, they also consolidate conventions that in view of imminent changes are in urgent need of critical scrutiny.

Holistic Methods

This being the situation, repeated calls have been made for a holistic approach to planning and construction. What was once a matter of course for the architect has been lost in the extreme division of labor in the reality of planning. Architects such as Bob Gysin + Partner BGP, who are committed to the necessity for sustainable social development and direct their activities accordingly, not only have the chance to regain lost ground. By understanding and coming to grips with the totality of a building's design, including the technical details, they also regain confidence in their actions and the consequences thereof. Their structures radiate this directly through the freshness of technical and architectural innovations.

Sustainable planning calls for an attentive and critical attitude to conventions. This requires a broad professional understanding that can competently and critically review the positions of all of those involved in the planning process; the independence and freedom of mind to question the validity of antiquated regulations and standards, and where appropriate to creatively circumvent them; and an ethical and ever-expanding grasp of the fundamentals of future-oriented, sustainable construction.

Initial guidelines are provided by sustainability certification systems such as LEED, BREEAM, Green Star, and DGNB. The criteria, specifications, and methods are highly developed. They aim at a holistic approach to quality that goes far beyond essentially "green" characteristics. Accordingly, the requirements of the DGNB refer to

Ein ethisch begründetes und sich immerfort erweiterndes Verständnis der Grundlagen zukunftsgerechten, nachhaltigen Bauens.

Erste Vorgaben bieten Systeme von Nachhaltigkeitszertifizierungen wie LEED, BREEAM, Green Star, DGNB. Die Kriterien, Steckbriefe und Methoden sind weit entwickelt. Sie verfolgen eine ganzheitliche Sichtweise auf Qualität, die über im Kern »grüne« Merkmale weit hinausreicht. So beziehen sich die Anforderungen der DGNB auf technische, wirtschaftliche, ökologische, ökonomische, sozialkulturelle und funktionale Qualitäten sowie Prozessqualität und Standortqualität.

Eigenschaften

Was sind, knapp zusammengefasst, Eigenschaften nachhaltigen Planens und Bauens? Was bilden Zertifizierungssysteme hierbei unzureichend ab?

Wohlüberlegt. Eine nachhaltige Planung setzt bei der Grundsatzüberlegung an, ob eine Baumaßnahme zwingend erforderlich oder die gestellte Aufgabe unter Nutzung vorhandener Baulichkeiten zu lösen ist. Eine umsichtige Planung für ein Gebäude erfordert gute Vorbereitung und ist in jeder Hinsicht integrativ, indem sie die Interessenvertreter, Expertinnen und Experten wie Fachingenieure frühzeitig einbezieht, die Bauausführung und die Bewirtschaftung umfassend vorausdenkt. Die hohe Lebensdauer von Gebäuden verlangt vorausschauende Planung. Sie soll Richtung weisen für ein besseres Leben. Sie soll Sinn stiften durch Architektur.

Angemessen. Jeder Ressourcenanspruch eines Gebäudes fußt auf dem Flächenbedarf für die Räume, das Gebäude und das Grundstück. Noch bevor eine konstruktive und materiell intelligente bauliche Lösung Sinn ergibt, geht es also um das zugrunde liegende Programm. Es soll angemessen sein im Sinne einer zeitgemäßen Interpretation des »Less is more« von Ludwig Mies van der Rohe. Besonders hier gilt das Gebot der Suffizienz als Element der sogenannten starken Nachhaltigkeit.[1]

Umweltfreundlich. Der ökologische Kern aller Nachhaltigkeitsüberlegungen ist der sparsame Umgang mit Baustoffen über intelligente Konstruktion und CO_2-minimierte Materialwahl. Am Ende der nützlichen Lebensdauer sollte man unvermeidlich notwendige Bauelemente oder Baustoffe ohne großen Aufwand wieder in den Stoffkreislauf zurückführen können. Im Gegensatz zu anderen

technical, financial, environmental, economic, sociocultural, and functional qualities as well as process and site quality.

Features

What, in short, are the features of sustainable planning and construction? What is insufficiently covered by certification systems?

Carefully considered. Sustainable planning begins with the basic consideration of whether a construction measure is absolutely necessary, or whether the task in question can be solved through the use of existing buildings. The careful planning of a structure requires assiduous preparation and is integrative in all respects by involving stakeholders and experts, such as specialist engineers who are able to think ahead in detail with regard to the building construction and management, at an early stage. The long life cycle of a building requires prudent planning. It should lead the way to a better life and create meaning through architecture.

Appropriate. Each resource requirement of a structure is based on the space requirements for the rooms, the building, and the site. Even before a constructive and materially intelligent building solution makes sense, it is therefore a matter of the underlying program. This should be appropriate in the sense of a contemporary interpretation of Ludwig Mies van der Rohe's "less is more." It is here in particular that the principle of sufficiency becomes relevant as an element of so-called strong sustainability.[1]

Eco-friendly. The ecological core of all considerations on sustainability is the efficient use of building materials through intelligent construction and a CO_2-minimized choice of materials. At the end of a building's useful lifetime it should be possible to return the structural elements or materials to the material cycle with little effort. In contrast to other sectors, the building industry is still in its infancy with regard to life-cycle-oriented construction. It has to improve ease of maintenance and repair and facilitate recycling.

Robust. A robust building is distinguished by its longevity, resilience, and ease of use. A building becomes lasting through its high level of adaptability to changes in use as well as through an intelligent support structure and choice of materials. It should furthermore be able to deal with changing circumstances and to respond to malfunctions.

Manfred Hegger

Branchen steckt im Bauwesen das lebenszyklusgerechte Konstruieren noch in den Kinderschuhen. Es muss die Wartungs- und Reparaturfreundlichkeit erhöhen und Recycling ermöglichen.

Robust. Ein robustes Gebäude zeichnet sich durch Langlebigkeit, Resilienz und einfache Handhabbarkeit aus. Dauerhaft wird ein Gebäude durch eine hohe Anpassungsfähigkeit an Veränderungen in der Nutzung, durch intelligente Tragstruktur und Baustoffwahl. Es sollte auch in der Lage sein, mit sich wandelnden Gegebenheiten umgehen zu können und auf Störungen ausgleichend zu reagieren. Entscheidend für den alltäglichen Umgang mit dem Gebäude ist eine einfache, langlebige und gut zu bedienende Gebäudetechnik mit entsprechend gutmütigen baulichen Voraussetzungen hierfür. Sie wirkt sich günstig auf die Lebenszykluskosten aus und ist ein wesentlicher Treiber für die Wertstabilität.

Zweckdienlich. Ein nachhaltiges Gebäude soll für seine Nutzerinnen und Nutzer in unterschiedlichen Lebenssituationen und möglichst gut zu gebrauchen, im weitesten Sinne barrierefrei sein. Hierzu gehört auch eine hohe Umnutzungsfähigkeit. Es sollte auch unter extremen äußeren Rahmenbedingungen in thermischer, akustischer und visueller Hinsicht behaglich sein. Sein Gebrauch soll eine umfassende Einflussnahme ermöglichen, Autonomie und Sicherheit gewährleisten.

Verflochten. Eine gelungene Einbindung eines Gebäudes in sein räumliches, soziales, natürliches, infrastrukturelles und verkehrliches Umfeld prägt entscheidend seine Nachhaltigkeit. Seine Integration in Energie- und andere Ressourcenströme dient in Zeiten von Energiewende und dezentraler Nutzung erneuerbarer Energien nicht nur der Versorgung, sondern auch Quartier und Stadt sollten davon profitieren. Die Elbarkaden von Bob Gysin + Partner BGP stellen mit ihrer Stadtloggia und dem Boulevard am Wasser entlang neue öffentliche Durchwegungen her, die durch ein breites Angebot an öffentlichen Nutzungen bespielt werden. Sie verkörpern darüber hinaus den gelungenen Versuch einer energetischen Vernetzung mit der Stadt.

Innovativ. Der Schutz von Ressourcen und der Erhalt von Werten müssen sich beim Bauen mit Entwicklung und Zukunft verbinden. Bewahren erschöpft sich in unserem gesellschaftlichen Kontext nicht allein im Konservieren und Beharren. Es bedarf des Gegenpols des Schöpferischen, des Neuen, Zukunftsorientierten, um die gewünschte Wirkung entfalten zu können. Nachhaltigkeit

What is decisive for the everyday management of a building is a simple, long-lasting, and user-friendly building technology alongside favorable architectural conditions for this. This has a beneficial effect on the life-cycle costs and is a key driver of value retention.

Useful. A sustainable building should be as user-friendly as possible in different life situations, and thus in the broadest sense barrier-free. This also requires a high capacity for conversion. In thermal, acoustic, and visual terms, it should also be comfortable under extreme circumstances. Its use should enable an all-embracing exercise of influence and guarantee autonomy and safety.

Connected. The successful incorporation of a building into its spatial, social, natural, infrastructural, and transport-related environment has a decisive influence on the sustainability of any building. In times of energy transition and the decentralized use of renewable energies, its integration into energy and other resource flows serves not only their supply; the district and the city in which a building is located should also benefit from this. With their recessed balconies and the boulevard along the water, the Elbarkaden by Bob Gysin + Partner BGP create new public thoroughfares that host a broad spectrum of public amenities. They are also a successful attempt at an energy network linked to the city.

Innovative. With construction, the protection of resources and the preservation of values have to be linked to development and the future. In our social context, preservation does not amount to conservation and durability alone. In order to achieve the desired effect, there is also a need for the creative, the new, and the future-oriented. Sustainability calls for change. Checklists and specifications cannot represent the unforeseeable or what has not been planned ahead.

Aesthetic. Beauty is the second blind spot in sustainability systems, perhaps because it evades being assessed using rational criteria. Good design, however, is always based on a feeling that connects a large number of people. In architecture in particular it is more than simply good form as such; it also conveys lifestyle and the level of interaction of people with each other and with their environment. Ethics and aesthetics are inseparably connected; beauty is a consequence of an ethical attitude, or as Immanuel Kant once remarked: "beautiful things indicate that the human beings

braucht Wandel und Veränderung. Checklisten und Steckbriefe können das Unvorhersehbare, Nicht-Vorgedachte nicht abbilden.

Ästhetisch. Schönheit ist der zweite blinde Fleck der Nachhaltigkeitsbetrachtung; vielleicht, weil ihre Bewertung sich rationalen Kriterien entzieht. Doch gute Gestaltung beruht immer auf einem Gespür, das viele Menschen miteinander verbindet. Sie ist gerade in der Architektur mehr als nur gelungene Form an sich, sie transportiert auch Lebensform und den guten Umgang von Menschen miteinander und mit ihrer Umwelt. Ethik und Ästhetik sind untrennbar miteinander verbunden, Schönheit ist eine Folge ethischer Haltung, oder »Die schönen Dinge zeigen an, daß der Mensch in die Welt passe«. Dieses Zitat Immanuel Kants vermittelt wohl am besten, dass nur mit Schönheit der kulturelle Übergang in eine nachhaltig gestaltete Welt überzeugend gelingen kann.

Über die Kriterien hinaus

Die Kriteriensätze der Nachhaltigkeitssysteme bieten eine gute Grundlage für eine nachhaltige Bauplanung. Die darin eingebundenen Werkzeuge zur Berechnung des Energieverbrauchs, der Ökobilanzierung, der Lebenszykluskosten und anderer Quantifizierungen präzisieren und objektivieren die erreichte Qualität. Unabhängig davon, ob diese Bewertungen in formalen Zertifizierungsprozessen münden, fördern sie Erkenntnisgewinne und eine höhere Bauqualität. Die sachlich und quantitativ erfassbaren Einzelmerkmale beschreiben sie gut und zutreffend.

Eine ganzheitliche, integrative Sicht auf Qualität können Zertifizierungssysteme systembedingt nicht leisten. Sie übersehen oder bestrafen im Einzelfall Innovation, weil sie gegen vorgegebene Normen oder Kriterien verstößt, die auf Neues, nicht Vorgedachtes nicht ausgelegt sein können. Wenn die intelligente Kombination guter Bewertungen im besten Fall deutlich mehr sein kann als ihre Summe, können sie auch dies nicht abbilden. Dies gilt auch für das Eawag Forum Chriesbach Dübendorf von Bob Gysin + Partner BGP. Zum Zeitpunkt seiner Erstellung wären seine umfassend nachhaltigen Ansätze zu Energie, Materialität, Freiraum, Nutzung, Wasserkreislauf und vielem anderen wohl kaum mit bestehenden Systemen oder Standards bewertbar gewesen. Hier dokumentiert sich eine Pionierleistung im Bereich des nachhaltigen

belong in the world." The philosopher's observation perhaps best conveys how only beauty makes it possible for the cultural transition to a sustainably structured world to succeed convincingly.

Beyond the Criteria

The criteria of sustainability systems provide a good basis for a sustainable construction plan. The tools that they contain for the calculation of energy consumption, life-cycle assessment, life-cycle costs, and other quantifications specify and objectify the quality achieved. Independent of whether or not these ratings ultimately result in formal certification processes, they promote gains in insight and a boost in quality that lead to improved building quality. The concrete and quantitatively ascertainable individual features describe it in an appropriate and accurate way.

Due to the nature of the system, a holistic and integrative view of quality cannot be achieved by certification systems. In individual cases they overlook or punish innovation because it violates predefined norms and criteria, which cannot accommodate the new or unanticipated. If in the best case the intelligent combination of good ratings can be significantly more than their sum, this cannot be represented either. This is also the case for the Eawag Forum Chriesbach, Dübendorf, by Bob Gysin + Partner BGP. At the time of its construction its comprehensive sustainable approaches to energy, materials, open space, use, water circulation, and much else would hardly have been assessable using existing systems and standards. In evidence here is a pioneering achievement in the area of sustainable construction. Architectural innovations such as this fuel the further development of standards. This is hardly possible for certification systems.

Similarly, certification systems are incapable of integrating the corresponding qualitative criteria, because these elude any kind of simple quantification. Accordingly, central aspects of social and cultural sustainability are left out of the assessment—such as architectural quality, successful social integration into a neighborhood, and consequently the contribution to building culture in the broadest sense; or very simply the question of how residents take to a house and perhaps even come to love it as the focus of their lives, their work, and their free time. Such assessments cannot

Manfred Hegger

Bauens. Bauliche Innovationen wie bei diesem Gebäude befeuern die Weiterentwicklung der Standards. Zertifizierungssystemen wird dies kaum gelingen.

Ebenso wenig gelingt es Zertifizierungssystemen, die entsprechenden qualitativen Kriterien einzubeziehen, weil diese sich jeder einfachen Quantifizierung entziehen. So fallen zentrale Aspekte sozialer und kultureller Nachhaltigkeit aus der Bewertung heraus, wie etwa die Architekturqualität, die gelungene soziale Einbindung in eine Nachbarschaft und damit ein Beitrag zur Baukultur im weitesten Sinne, oder ganz einfach die Frage, wie Bewohnerinnen und Bewohner ein Haus annehmen und es als ihren Lebens-, Arbeits- oder Freizeitmittelpunkt vielleicht sogar lieben. Solche Bewertungen können nicht einfach objektiviert, sondern nur über den disziplinübergreifenden Dialog thematisiert werden.

Schließlich ist wichtig anzuerkennen, dass Schönheit nicht an sich existiert, sondern Indikator für die intellektuelle und sinnliche Vorstellung einer ethisch geprägten Haltung gegenüber der Welt ist. Voraussetzungen hierfür sind Leidenschaft, Freude an und Empathie für natürliche und gebaute Umwelt. Architekten haben nicht nur die Pflicht, im nachhaltigen Bauen das Hässliche und Banale zu verhindern. Gute Ästhetik ist immer auch eine Folge ethischer Haltung. Im nachhaltigen Bauen ist sie der Ausdruck einer Idee von einem guten Leben in einem harmonischen Zusammenspiel mit den natürlichen Lebensgrundlagen.

be readily objectified but only addressed by way of an interdisciplinary dialogue.

Finally, it is important to recognize that beauty does not exist per se but is an indicator for the intellectual and sensuous notion of an ethical attitude toward the world. The conditions for this are passion, pleasure in, and empathy for the natural and built environment. Architects who design sustainable buildings are not only duty-bound to prevent the ugly and commonplace. A successful aesthetic is always brought about by an ethical attitude. In sustainable building it is the expression of an idea of a good life in harmonious interaction with our natural livelihood.

1   Konrad Ott und Ralf Döring, *Theorie und Praxis starker Nachhaltigkeit*, 2. Aufl., Marburg 2008.

1   Konrad Ott and Ralf Döring, *Theorie und Praxis starker Nachhaltigkeit*, 2nd ed. (Marburg, 2008).

NACHHALTIG BAUEN. GEDANKEN ZUR VERANTWORTUNG DER ARCHITEKTUR

—

SUSTAINABLE BUILDING: THOUGHTS ON THE RESPONSIBILITY OF ARCHITECTURE

Verantwortung stellt für BGP einen der zentralen Aspekte des Berufsbildes des Architekten dar. Es sind die Einflussmöglichkeiten bei der Gestaltung unserer Umwelt, die die große Faszination unseres Berufes ausmachen. Nicht nur in Hinblick auf die Form und den Raum, sondern auch auf die sozialen, ökonomischen und ökologischen Zusammenhänge. Als Architektinnen und Architekten haben wir die Möglichkeit, unsere Lebensrealität und -qualität auf vielfache Weise zu beeinflussen und zum Positiven zu verändern. Und wie bei jeder einflussreichen Tätigkeit gibt es zwei Seiten der Medaille – so wie dieser tiefgreifende Gestaltungsspielraum unser Bedürfnis nach Kreativität und Selbstverwirklichung anspricht, fordert er von uns zugleich ein Höchstmaß an Verantwortung für die Ergebnisse unseres Handelns. Gestalten hat neben einer räumlich-materiellen immer auch eine ethische Dimension. Mit der gleichen Leidenschaft, mit der wir uns für die architektonische Qualität eines Projektes einsetzen und dafür zu kämpfen bereit sind, stellen wir uns der Herausforderung, Architektur nicht als selbstreferenziellen Diskurs um Formen, Stile und Ästhetik zu betrachten, sondern sie als Beitrag zu den zentralen Fragestellungen und Problemen unserer Zeit zu verstehen. Tun wir das nicht, verliert die Architektur für unser gesellschaftliches und politisches Leben ihre Bedeutung.

Dem Agglomerat von Aspekten, zusammengefasst unter dem Begriff der Nachhaltigkeit, begegnen wir mit Neugier und auf eine lustvoll-kritische Weise. Im Sinne einer ganzheitlichen Betrachtungsweise suchen wir nach Lösungsansätzen, die den kommenden Generationen einen qualitativ hochwertigen Lebensraum sichern, auf demografische Veränderungen eingehen, aber auch Problemstellen thematisieren. Dabei gilt es, nicht nur die Entwurfs- und Planungsprozesse von Architektur, sondern ebenso die Wertvorstellungen unserer Konsum- und Wegwerfgesellschaft zu beleuchten. Denn entgegen der Annahme, dass Lebensqualität proportional zum Verbrauch wächst, sind wir überzeugt, dass ein maßvoller Lebensstil und hohe Lebensqualität sich nicht gegenseitig ausschließen. Der Wandel hin zu einer nachhaltigkeitsorientierten Gesellschaft bedeutet für uns dabei nicht die Umkehr unserer Verhaltensmuster, sondern stellt vielmehr die logische Weiterentwicklung unserer gesellschaftlichen Bedürfnisse dar. Diese Haltung, aus der heraus wir Architektur entwickeln wollen, verstehen wir als einen elementaren Bestandteil des Bauens.

For BGP, responsibility is one of the key aspects of an architect's job description. What constitutes the exceptional fascination for our work is the fact that we can influence the design of our environment, not only with respect to form and space but to social, economic, and ecological contexts as well. As architects, we can impact and bring positive change to the quality and reality of our lives in many ways. And, as is the case with any influential profession, there are two sides to the coin. Just as this profound design freedom addresses our need for creativity and individual fulfillment, it also requires us to assume a maximum amount of responsibility for the consequences of our actions. Besides its spatial-material dimension, design also has an ethical one. With the same passion that we bring into play for the architectural quality of a project, and which we are also prepared to fight for, we rise to the challenge of regarding architecture not as a self-referential discourse on form, style, and aesthetics, but as a contribution to the major issues and problems of our time. If we do not do this, then architecture loses its meaning for our social and political lives.

We encounter the agglomerate of aspects summarized under the concept of sustainability with curiosity and in an invigorating, critical way. Coming from a holistic standpoint, we search for approaches to solutions that guarantee future generations a high-quality environment, take demographic change into account, and yet also address problems. At the same time it is necessary to shed light not only on architectural design and planning processes but also on the ideals upheld by our disposable, consumer society. Contrary to the assumption that the quality of life increases in proportion to consumption, we are convinced that a modest lifestyle and a high quality of life are not mutually exclusive. For us, transforming into a society oriented toward sustainability does not mean reversing our behavioral patterns, but is instead the logical development of our needs as a society. We see this attitude, from which we seek to develop architecture, as a primary element of building.

Architecture and Process

BGP understand sustainability as a comprehensive, contextual, and process-oriented approach. The thought behind that is that we do not want to apply technology retroactively to meet the multiple

Architektur und Prozess

BGP versteht Nachhaltigkeit als einen umfassenden, kontextuellen und prozessorientierten Ansatz. Der Gedanke dahinter ist, dass wir die vielfältigen Anforderungen und Aspekte des nachhaltigen Bauens nicht mittels Technologie nachträglich applizieren wollen, um mit ihrer Hilfe die negativen Auswirkungen einer ersten gestalterischen Idee zu minimieren. Das Ziel des Entwurfsprozesses ist die ganzheitliche Optimierung des Projektes nicht nur in enger Wechselwirkung mit seinem räumlichen, sozialen und kulturellen, sondern auch mit seinem klimatischen Kontext. Deswegen kann das Ergebnis des Prozesses nur eine sehr spezifisch lokale und damit individuelle Lösung sein.

Um ein Gebäude als Gesamtsystem zu entwickeln, hinterfragen wir die geltenden Herangehensweisen kritisch. Als Beispiel: Eine Decke ist nicht nur ein konstruktives Element der Primärstruktur, sondern kann thermisch aktiviert und aufgrund der hohen Speichermasse einen ausgeglichenen, energieeffektiven Betrieb des Gebäudes ermöglichen. Die Ausbildung einer differenzierten Schnitt- und Grundrisslösung mit unterschiedlichen Klimazonen ermöglicht nicht nur die Reduktion des Heizwärmebedarfs, sondern schafft unterschiedliche Nutzungsmöglichkeiten und vielfältige Blickbeziehungen. Das Gebäude wird als Teil der globalen Stoffkreisläufe verstanden. Wärme- und Strombedarf sind auf ein absolutes Minimum beschränkt und beruhen auf dem Low-Exergy-Ansatz. Statt Hightech steht die umfassende Nutzung der lokal verfügbaren regenerativen Energiequellen mithilfe einer intelligenten Kombination aus passiven und aktiven Maßnahmen im Vordergrund. Passend dazu entwickeln wir die Technik als Kreislaufsystem statt als End-of-Pipe-Konzept.

Architektur und Städtebau

Nachhaltige Architektur ist kontextuelle Architektur. Damit ist nicht nur die bauliche Integration in den bestehenden baulichen oder landschaftlichen Kontext gemeint, sondern ebenso die komplexen Wirkungen, die Errichtung und Betrieb des Gebäudes auf Umwelt, Gesellschaft und Kultur haben.

Da für das Herausbilden von Identität die Eigenständigkeit und Integrität des Gebauten eine zentrale Voraussetzung ist, kann Architektur umgekehrt nicht allein aus dem Kontext abgeleitet werden.

demands and aspects of sustainable building, employing it to minimize the negative effects of an inceptive idea. The goal of the design process is the holistic optimization of the project in close interplay not only with its spatial, social, and cultural contexts but with the context of climate as well. That is why the result of the process can only be a very specific, localized, individual solution.

In order to develop a building as an overall system, we scrutinize current approaches. For example, a ceiling is not only a constructional element of the primary structure; it can be activated thermally, making it possible to operate the building in a balanced, energy-efficient way thanks to the ceiling's high thermal mass. The formation of differentiated sections and floor plans with distinct climate zones enables reducing the need for heating while creating various possible uses and a variety of visual relationships. The building is seen as part of global material cycles. The need for heating and electricity is limited to an absolute minimum and is based on the low-exergy approach. Instead of high technology, emphasis is placed on the comprehensive use of locally available, regenerative energy sources aided by an intelligent combination of passive and active measures. To achieve this, we develop technology as a circulatory system instead of as an end-of-the-pipe concept.

Architecture and Urban Planning

Sustainable architecture is contextual architecture. This not only means integrating the building into the existing architectural or scenic context but also refers to the complex effects that the erection and operation of the building can have on the environment, society, and culture.

Since the autonomy and integrity of a structure is an essential requirement for the formation of identity, architecture cannot be derived from context alone. Identity and orientation come about through the deliberate and skillful placement of buildings that make a positive contribution to their surroundings. Due to the complexity of sustainability issues, it is necessary to weigh the differences between the old and the new. We emphasize the contextuality of sustainable buildings, because we are convinced that these are the aspects that are neglected in many projects, owing to architecture's modern modus operandi and the ubiquitous, palpable forces of globalization.

Identität und Orientierung entstehen durch gezielte und geschickte Setzungen von Gebäuden, die einen positiven Beitrag für ihr Umfeld leisten. Aufgrund der Komplexität der Nachhaltigkeitsthemen ist ein differenziertes Abwägen zwischen dem Alten und dem Neuen erforderlich. Wir betonen die Kontextualität nachhaltiger Gebäude, weil wir der Überzeugung sind, dass dies die Aspekte sind, die aufgrund des modernen Modus Operandi der Architektur und der überall spürbaren Kräfte der Globalisierung in vielen Projekten vernachlässigt werden.

Architektur und Struktur

Mit der Entwicklung der räumlichen Strukturen eines Gebäudes wird der Grundstein für die Optimierung der wichtigsten Nachhaltigkeitsaspekte gelegt. Die auf konzeptioneller Ebene vergebenen Potenziale und Synergien können nur mit erheblichem Mehraufwand hinsichtlich Fläche, Konstruktion und Gebäudetechnik kompensiert werden. Dies führt in den meisten Fällen zu einer Steigerung des Technisierungsgrades und damit zu einer Erhöhung der Kosten.

Planen bedeutet deshalb auch ermöglichen, was noch nicht vorhersehbar ist. Mit flexibel nutzbaren Strukturen können die Umweltwirkungen über den gesamten Lebenszyklus reduziert werden – von der Erstellung über die Nutzungs- und Umnutzungsphase bis hin zum Rückbau.

Dabei steht für uns nicht das Erfüllen von starren Flächenvorgaben im Vordergrund, sondern die Schaffung von wandlungsfähigen sowie gut proportionierten und optimal belichteten Räumen als Grundlage für eine langfristige Nutzbarkeit. Denn entscheidend für die Umweltwirkungen über den gesamten Lebenszyklus eines Gebäudes sind nicht primär die gewählten Baustoffe und Materialien, sondern die effektive Nutzungsdauer. Ein gut nutzbarer und intelligent gestalteter Grundriss kann die Nutzugsdauer bis zu einer notwendigen Kernsanierung oder einem Ersatzneubau um ein Vielfaches verlängern.

Architektur und Materialität

Eine der zentralen Aufgaben von Architektur besteht darin, Inhalt und Gestalt eines Gebäudes zueinander in Beziehung zu setzen. Die architektonische Gestalt steht nicht als Bild am Anfang des

Architecture and Structure

Developing a building's spatial structures lays the foundation for optimizing the most important aspects of sustainability. The potential and synergies assigned to the conceptual level can only be compensated for with considerable added effort in terms of area, construction, and building technology. In most cases, this raises the degree of technologization and results in higher costs.

Planning therefore also means facilitating something that is not yet foreseeable. Adaptable structures can reduce their impact on the environment for the duration of their entire life cycle—from their construction and their use and repurposing phase all the way to their demolition.

We do not focus on fulfilling rigid area standards but rather on creating versatile, well-proportioned, and optimally lit spaces as a basis for their long-term use, because what is crucial for a building's impact on the environment throughout its overall life cycle is not primarily the chosen materials but its effective lifetime. A useful and intelligently designed floor plan can extend a building's lifespan considerably until its ground-up renovation or replacement becomes necessary.

Architecture and Materiality

One of architecture's major tasks is to create a relationship between the contents and the appearance of a building. The architectural shape a structure takes is not an image at the beginning of the process but is instead the result of an integrative process of design and analysis. Just as volumetric aspects are effective at a distance, close up the materials create a specific atmosphere. Issues such as haptic, texture, acoustics, light reflections, and many more offer fascinating possible ways of cultivating sensuous spaces.

Aside from design and technology, environmentally friendly, energy-saving features are becoming increasingly relevant. In the future, the planned tightening of energetic requirements will lead to a new balance between embodied energy and operating energy. Based on the goals laid down in the European Union building guidelines, we can assume that from 2021 on new structures erected in Central Europe will only use about as much energy for their operation over a period of fifty years as was needed to construct them. As a result, the

Bob Gysin + Partner BGP

Prozesses, sondern entsteht als Ergebnis eines integrativen Entwurfs- und Analyseprozesses. Sind in der Fernwirkung volumetrische Aspekte ausschlaggebend, so schaffen in der Nahwirkung die Materialien eine spezifische Atmosphäre. Themen wie Haptik, Textur, Akustik, Lichtreflexion und viele mehr bieten faszinierende Möglichkeiten, um sinnliche Räume auszubilden.

Zunehmend sind aber neben gestalterischen und technischen Eigenschaften auch ökologische und energetische Aspekte relevant. Die geplanten Verschärfungen der energetischen Anforderungen ergeben zukünftig neue Gewichtungen zwischen grauer Energie und Betriebsenergie. Aufgrund der Zielsetzung der EU-Gebäuderichtlinie ist anzunehmen, dass ab dem Jahr 2021 errichtete Neubauten in Mitteleuropa nur noch etwa gleich viel Energie für den Betrieb – über fünfzig Jahre gesehen – wie für ihre Herstellung verbrauchen werden. Die Lebenszyklusbetrachtung von Materialien, Bauteilen und Konstruktionen rückt dadurch in den Mittelpunkt des Interesses.

Um all diese Anforderungen mit den räumlichen und gestalterischen Vorstellungen in Einklang zu bringen, arbeiten wir mit ergebnisoffenen Entwurfs- und Planungsprozessen und loten das Potenzial auf allen Ebenen aus. Dabei haben wir uns in den letzten Jahren durch die intensive Auseinandersetzung mit den verschiedensten Strategien und Ansätzen nicht nur in der planerischen Praxis, sondern auch in Forschung und Lehre die Möglichkeit erarbeitet, Nachhaltigkeitskriterien als Qualitäten zu erkennen und zu verstehen, mit ihnen zu arbeiten, zu gestalten und zu entwerfen. Gleichzeitig bieten uns quantitative und qualitative Bewertungsmethoden bereits während des Entwurfsprozesses die Möglichkeit, Vor- und Nachteile besser sichtbar zu machen und damit fundierter diskutieren zu können. Entscheidend ist für uns letztendlich aber die dadurch vorhandene Gewissheit, einen Kompass für das eigene Handeln zu haben, eine Leitlinie, die als Orientierung und als gemeinsame Grundlage unserer Diskussionen dient.

focus of interest shifts toward looking at the life cycles of materials, components, and structures.

In order to reconcile all of these requirements with space- and design-related ideas, we work with open-ended design and planning processes while exploring potential at every level. Our intense examination of the wide range of strategies and approaches employed not only in planning practices but in research and education as well has enabled us to learn how to recognize and understand the criteria for sustainability, and to work, create, and design with them. At the same time, the methods for evaluating quantities and qualities employed during the design process provide an opportunity to better make advantages and disadvantages visible, thus equipping us with a more reliable basis for dialogue. However, what is crucial to us in the end is the certainty born of experience that we have a compass for our own actions, a guideline that serves as orientation and as the shared foundation of our dialogue.

WERKVERZEICHNIS
1980–2015*
—
INDEX OF WORKS
1980–2015*

*Ausstellungen vor 2000
  selektiv / Selected exhibitions
  before 2000

1980–1983
CASA PICCIONI, BIASCA
Direktentwicklung
Privat
—
CASA PICCIONI, BIASCA
Direct development
Private

1983–1986
CASA GRANDE, CUMIASCA
Direktentwicklung
Privat
—
CASA GRANDE, CUMIASCA
Direct development
Private

1981
UNIVERSITÄTSGEBÄUDE ZÜRICH-ZENTRUM,
ZÜRICH
Öffentlicher Projektwettbewerb, 1. Ankauf
Hochbauamt Kanton Zürich
—
UNIVERSITY BUILDING ZURICH-ZENTRUM,
ZURICH
Public project competition, 1st purchase of design
Building Authority, Canton of Zurich

1984
ANTHROPOLOGISCHES INSTITUT, ZÜRICH
Öffentlicher Projektwettbewerb
Hochbauamt Kanton Zürich
—
ANTHROPOLOGICAL INSTITUTE, ZURICH
Public project competition
Building Authority, Canton of Zurich

03.03.–14.04.1984
ROMAN SIGNER – NEUE ARBEITEN
Roman Signer, Nicht loslassen, Rheintal, 1983

1983–1984
UMBAU FABRIK, RÜSCHLIKON
Direktentwicklung
Werbeagentur W + L

Bei dem ehemaligen Druckereigebäude handelte es sich um einen in den 1930er-Jahren direkt am Wasser erstellten Gewerbebau, der sich aufgrund der überhohen Räume ausgezeichnet für die Umnutzung als Werbeagentur eignete. Ausgehend von der Primärstruktur wurde eine nichttragende Sekundärstruktur als »Raum-im-Raum«-Konstruktion eingebaut. Durch das Einführen von Galeriebereichen wurden zusätzliche Flächen geschaffen und die Raumhöhe als innenräumliches Erlebnis inszeniert.
—
FACTORY CONVERSION, RÜSCHLIKON
Direct development
Advertising agency W + L

The former printing shop is a commercial building built directly on the water in the thirties. Because of its high ceilings it was considered perfect for conversion into an advertising agency. Based on the primary structure, a non-load-bearing secondary structure was installed as a "room within a room." Additional spaces were created by adding gallery areas, staging the ceiling height as a spatial experience.

Seit 1981 ist Roman Signer durch seine spektakulären Aktionen mit Explosivstoffen dem nationalen und internationalen Publikum als »Sprengkünstler« bekannt. Diese Bezeichnung missversteht jedoch Signers künstlerischen Ansatz, der sich im erweiterten Sinn als Bildhauer begreift. Häufig formen und verflüchtigen sich die »Handlungsplastiken« erst durch die Faktoren Zeit und Bewegung, wodurch die sogenannte Dematerialisierung der Kunst und die Sichtbarmachung von Prozessen in den Vordergrund treten.
—
Since 1981, Roman Signer has been known both at home and abroad as an "explosion artist" due to his spectacular performances with explosive materials. Yet this label does not do justice to Signer's artistic approach, as he sees himself in a wider sense as a sculptor. His "action sculptures" often only take shape and disperse by means of the factors of time and motion, thus placing emphasis on the so-called dematerialization of art and the visualization of processes.

1985–1988
HAUS BORN, DIETLIKON
Direktentwicklung
Privat

Die Architektur des Doppeleinfamilienhauses folgt einem auf Symmetrien und Quadraten beruhenden Konzept. Der Wohnbereich besteht aus zwei zweigeschossigen, würfelförmigen Körpern – verbunden mit einem Zwischenbau – und einem in Leichtbauweise vorfabrizierten Dachgeschoss. Rückseitig ist ein intimer Innenhof angeordnet, von dem aus die Atelierbauten erschlossen werden. Das Haus wurde als Niedrigenergiehaus realisiert und bildete den Auftakt für weitere Energiesparhäuser. 2011 wurde das Gebäude ins Inventar der kommunalen Schutzobjekte aufgenommen, mit dem Ziel des vollständigen Erhalts.

—

BORN HOUSE, DIETLIKON
Direct development
Private

The architectural concept of the semidetached home is based on symmetries and squares. The living area consists of two two-story cube-shaped bodies—connected with an intermediate structure—and a lightweight prefabricated top floor. An intimate courtyard is located to the rear with access from there to the studios. Born House is a low-energy building and ushered in the construction of further energy-efficient structures. In 2011, it became a municipal protected site with the goal of complete preservation.

1985–1990
UMBAU DENKMALSCHUTZOBJEKT OBERE MÜHLE, DÜBENDORF
Öffentlicher Projektwettbewerb, 1. Preis
Stadt Dübendorf

Unter dem Stichwort »Kultur in Dübendorf« wurde die im 16. Jahrhundert erstellte Obere Mühle zu einem Kulturzentrum umgebaut, das bis heute ein fester Bestandteil der regionalen Kulturagenda ist. Ausgehend von den Nutzungsvorstellungen und der Bestandsanalyse des Denkmalschutzobjekts wurde entschieden, keine Eingriffe in die Grundstruktur vorzunehmen und die originalen Materialien weitgehend zu erhalten. Vereinsräume, Café, Kino, Galerie und anderes bieten seither ein umfassendes Angebot in historischen Strukturen.

—

1985–1990
CONVERSION OF THE LANDMARKED BUILDING OBERE MÜHLE, DÜBENDORF
Public project competition, 1st prize
City of Dübendorf

Under the heading of "Culture in Dübendorf," the 16th-century Obere Mühle (Upper Mill) was converted into a cultural center that has become a permanent feature of the regional cultural agenda. Based on the usage concept and the status analysis of the landmarked building, it was decided to refrain from interventions in the basic structure and to retain the original materials to a large extent. Clubrooms, a café, a cinema, a gallery, and other features have since constituted a comprehensive range of offers in historical structures.

1985
UMBAU MEDIENGEBÄUDE, ZÜRICH
Studienauftrag auf Einladung
Tages-Anzeiger
—
MEDIA BUILDING CONVERSION, ZURICH
Study contract by invitation
Tages-Anzeiger

06.12.1986–24.01.1987
BARBARA SCHMIDT HEINS – SKULPTUREN UND ANAGRAMME
Barbara Schmidt Heins, Blickwinkel, 1985

Mit ihren Objekten und Installationen kreiert Barbara Schmidt Heins Situationen, in denen sie zeichenhaftes Formenvokabular auf seine Mehrdeutigkeit hin untersucht. Die Konzeptkünstlerin, die 1977 und 1982 an der *documenta* in Kassel teilnahm, erarbeitet seit den frühen 1970er-Jahren auch im Duo mit ihrer Zwillingsschwester Gabriele fotografische und textliche Readymades rund um das Thema Zeit.

—

Barbara Schmidt Heins creates situations with her objects and installations in which she questions a symbolic vocabulary of form for its ambiguity. The Conceptual artist, who participated in the documenta in Kassel in 1977 and 1982, has also collaborated with her twin sister Gabriele since the early seventies on photographic and text-based ready-mades that deal with the theme of time.

1987
WERKGEBÄUDE, DÜBENDORF
Studienauftrag auf Einladung, 1. Ankauf
Stadt Dübendorf

—

WORKSHOP BUILDING, DÜBENDORF
Study contract by invitation, 1st purchase of design
City of Dübendorf

1987
HAUS BAUMER, KILCHBERG
Direktentwicklung
Privat
Garagenfront-Gestaltung in Zusammenarbeit mit dem Künstler
Richard P. Lohse

—

BAUMER HOUSE, KILCHBERG
Direct development
Private
Garage front design in collaboration with artist Richard P. Lohse

---

18.09.–14.11.1987
STÉPHANE BRUNNER – BILDER
Stéphane Brunner, Ausstellungsansicht Galerie Bob Gysin, Dübendorf, 1987

Die großformatigen, schwarz gehaltenen Werke von Stéphane Brunner befragen die Malerei per se. Schicht um Schicht wird die Tusche auf den Bildträger aufgetragen, wofür ihm seit 1981 nicht etwa Leinwand, sondern Papier dient. Durch die Konzentration der Pigmente am Bildrand scheinen die Bilder sanft zu atmen. Brunners Bildwelt ist eine abstrakte und referiert nicht auf etwas Dagewesenes, sondern versucht sich von der Bilderflut des Alltags kontemplativ abzusetzen.

—

Stéphane Brunner's large-format works in black call painting as such into question. Layer upon layer of ink is applied to the support, not canvas but paper, which the artist has been using since 1981. The concentration of pigment at the edges causes his paintings to appear to breathe softly. Brunner's abstract visual world does not make reference to things past but contemplatively attempts to set itself apart from the plethora of images in everyday life.

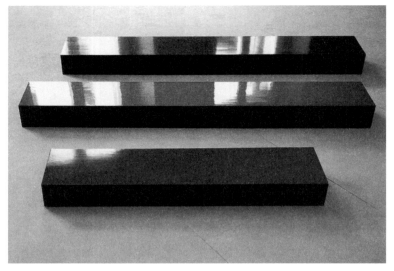

20.11.1987–16.01.1988
ADRIAN SCHIESS – NEUE ARBEITEN
Adrian Schiess, Klötze, 1986

Adrian Schiess ist primär Maler, verwendet dabei jedoch für die Malerei ungewohnte Materialien. Bretter und Klötze, oft unregelmäßige Rechtecke verschiedenster Formate werden rundum sorgfältig und mehrschichtig mit einer monochromen Lackummantelung versehen. Sie sind frei von jeglicher symbolischen oder abbildhaften Funktion und erkunden einen Bildbegriff, der die Malerei als Speicher thematisiert.

—

Adrian Schiess is primarily a painter; however, he employs materials that are unusual for painting. Boards and blocks, often irregular rectangles of various sizes, are meticulously coated with numerous layers of monochrome lacquer. They are devoid of any symbolic or illustrative function and explore a pictorial concept that addresses painting as a storage medium.

1988
QUARTIERZENTRUM SCHWAMENDINGEN, ZÜRICH
Studienauftrag auf Einladung, 4. Preis
Stadt Zürich
—
DISTRICT CENTER SCHWAMENDINGEN, ZURICH
Study contract by invitation, 4th prize
City of Zurich

1988
WOHNÜBERBAUUNG HÖCHRAIN, ARTH
Studienauftrag auf Einladung, 1. Preis
Franz Mettler's Söhne AG
—
HÖCHRAIN RESIDENTIAL DEVELOPMENT, ARTH
Study contract by invitation, 1st prize
Franz Mettler's Söhne AG

1988–1989
UMBAU DENKMALSCHUTZOBJEKT PILATUSSTRASSE, ZÜRICH
Direktentwicklung
Privat

Die Villa *Zum Delphin* wurde 1925 von den Architekten Otto und Werner Pfister erbaut, die sich zu dieser Zeit bereits dem Neuen Bauen verpflichtet hatten, sich bei der vorliegenden Aufgabe aber – wohl unter dem Einfluss des Bauherrn – für einen großbürgerlichen Entwurf entschieden. Zentrales Thema beim Umbau war es, dem Denkmalschutzobjekt die innewohnende Schwere zu nehmen und eine Art »Gegenwelt« zu inszenieren. Das Haus soll nun nach 2015 erneut umgebaut und neuen Bedürfnissen angepasst werden.
—
CONVERSION OF A LANDMARKED BUILDING ON PILATUSSTRASSE, ZURICH
Direct development
Private

The Zum Delphin villa was built in 1925 by the architects Otto und Werner Pfister, who, although they were advocates of New Building, decided in favor of an upper-class design at the behest of the owner. A central issue in the conversion was to relieve the landmarked building of its inherent weight and to create a kind of "alternative world." The villa is now scheduled to be converted again in 2015 to accommodate new needs.

1989–1995
WOHNÜBERBAUUNG BREITIBACHSTRASSE, DÜBENDORF
Direktentwicklung
Frutiger AG
—
BREITIBACHSTRASSE RESIDENTIAL DEVELOPMENT, DÜBENDORF
Direct development
Frutiger AG

1989–1995
UMBAU DENKMALSCHUTZOBJEKT ROTE FABRIK, ZÜRICH
Planerwahlverfahren
Stadt Zürich
Arbeitsgemeinschaft mit Büro Z und Bauplan, Zürich

Die Rote Fabrik wurde Ende des 19. Jahrhunderts als Seiden-
weberei gebaut, zuletzt als Produktionsstätte für Radio-
und TV-Geräte genutzt und ist zwischenzeitlich zum national bekannten Kulturzentrum avanciert. Die unter Denkmalschutz
gestellte Industriearchitektur sowie das durch einen Versuchs-
betrieb definierte Raumprogramm ergaben ein Spannungsfeld,
in dem präzise Eingriffe vorgenommen wurden. Neben über
70 Ateliers wurden Konzertsäle, eine Kunsthalle, Musikräume,
Restaurants und eine Kindertagesstätte eingebaut. Der See-
uferweg wurde in die Gesamtanlage integriert, um das Gebäude
noch stärker mit dem Kontext zu vernetzen.

—

CONVERSION OF THE LANDMARKED BUILDING
ROTE FABRIK, ZURICH
Contract award procedure
City of Zurich
Working partnership with Büro Z and Bauplan, Zurich

The "Rote Fabrik" was built in the late 19th century as a silk-
weaving factory and was last used as a production facility
for radios and televisions before becoming a nationally recognized cultural center. The landmarked industrial architecture
as well as a spatial concept developed in a pilot program defined
the parameters for the careful interventions. Besides more
than seventy studios, the building now comprises concert halls,
an art gallery, music rooms, restaurants, and a daycare center.
The lakeside path runs along the entire length of the building in
order to better integrate it into the overall context.

1990–1991
UMBAU DENKMALSCHUTZOBJEKT
RÄMISTRASSE 68, ZÜRICH
Planerwahlverfahren
Hochbauamt Kanton Zürich

—

CONVERSION OF A LANDMARKED BUILDING
AT RÄMISTRASSE 68, ZURICH
Contract award procedure
Building Authority, Canton of Zurich

1990–2002
WOHNÜBERBAUUNG IM TALACHER, BRÜTTISELLEN
Studienauftrag auf Einladung, 1. Preis
BVK und Stadt / Land Immobilien

—

IM TALACHER RESIDENTIAL DEVELOPMENT,
BRÜTTISELLEN
Study contract by invitation, 1st prize
BVK and Stadt / Land Immobilien

1990–1996
AUSBILDUNGSZENTRUM, DÜBENDORF
Studienauftrag auf Einladung, 1. Preis
Amt für Bundesbauten

Der Neubau ist aufgeteilt in elf Kuben, die flexibel bespielt
werden können. Ein langgezogener Verbindungsgang bildet das
»Rückgrat« der Anlage und dient als Hauptverbindung für
die Schulungs-, Büro- und Schlafräume. Die Materialisierung ist
zurückhaltend und – der Nutzung entsprechend – robust ausgebildet: Beton, Stahl und Kalksandstein erzeugen ein Wechselspiel von schwer und leicht, von massiv und transparent und
schaffen eine entspannte Lernatmosphäre.

—

TRAINING CENTER, DÜBENDORF
Study contract by invitation, 1st prize
Federal Building Authority

The new building is divided up into eleven cubes that can be
used in any number of ways. An elongated connecting corridor is
the "backbone" of the facility and serves as the main access
to the training, office, and sleeping quarters. The materials are re-
strained and—depending on their use—robust: concrete, steel,
and lime sandstone create an interplay of heavy and light, solid
and transparent, making for a relaxed learning atmosphere.

1990
RICHTI-AREAL, WALLISELLEN
Studienauftrag auf Einladung
Schweizerische Kreditanstalt, Zürcher Ziegeleien,
Vontobel Holding
—
RICHTI SITE, WALLISELLEN
Study contract by invitation
Schweizerische Kreditanstalt, Zürcher Ziegeleien,
Vontobel Holding

1991–2000
UMBAU DENKMALSCHUTZOBJEKT
MASCHINENLABORATORIUM ETH, ZÜRICH
Planerwahlverfahren
Amt für Bundesbauten

Das ETH-Maschinenlaboratorium ist ein wichtiges historisches
Gebäude und durch die Erweiterung von Prof. O. R. Salvisberg
ein Zeitzeuge moderner Architektur der 1930er-Jahre. Im Span-
nungsverhältnis zwischen Vorstellungen der Benutzer und
Auflagen der eidgenössischen Denkmalpflege wurden die Um-
baumaßnahmen in einem Zeitraum von zehn Jahren unter
Vollbelegung realisiert. Dabei steckte nicht die Thematik des
»Weiterbauens«, sondern präzise Eingriffe den Rahmen für
eine zurückhaltende Architektur.
—
CONVERSION OF A LANDMARKED BUILDING,
MACHINE LABORATORY ETH, ZURICH
Contract award procedure
Federal Building Authority

The ETH Machine Laboratory is an important historical building,
and the extension by Prof. O. R. Salvisberg transformed it into
a contemporary witness of modern thirties architecture. Based
on the needs of the users and the stipulations laid down by
Swiss monument preservation, the conversion was carried out
under conditions of full occupancy over a period of ten years.
At the same time, exact interventions and not "continuing construction" set the framework for a reserved structure.

08.03.–27.04.1991
GUNTER FRENTZEL – NEUE ARBEITEN
Gunter Frentzel, Ausstellungsansicht Galerie Bob Gysin,
Dübendorf, 1991

Die Skulpturen von Gunter Frentzel erfordern Bewegung im
Raum. Sie sind auf Perspektivwechsel und Ansichten von
verschiedenen Standpunkten ausgelegt. Die Konstruktionen,
meist aus industriell gefertigten Elementen, ruhen im deli-
katen Gleichgewicht, sind jedoch nicht als abgeschlossenes
System zu verstehen. Der Künstler bezieht den architektonischen Raum als Gestaltungselement in seine plastische Arbeit
mit ein, wodurch der gesamte Raum zur Installation wird.
—
Gunter Frentzel's sculptures call for motion in space. They are
designed according to changes in perspective and different
standpoints. The constructions, mostly made of industrially manu-
factured elements, rest in a delicate balance, but they are not
to be taken in as a self-contained system. The artist integrates
the architectural space as a design element into his sculptural
work, turning the entire space into an installation.

1992–1996
WOHN- UND GESCHÄFTSHAUS SEEFELD, ZÜRICH
Studienauftrag auf Einladung, 1. Preis
Privat
—
SEEFELD RESIDENTIAL AND OFFICE BUILDING, ZURICH
Study contract by invitation, 1st prize
Private

1993–1994
HAUS LANDOLF, OPFIKON
Direktentwicklung
Privat

Bei diesem Wohnhaus mit integrierter Kunstgalerie erinnern nicht nur die Farben Piet Mondrians an die Häuser des niederländischen Architekten Gerrit Rietveld. Auch die kubische Form und die Reduktion auf das Wesentliche sind konsequent umgesetzt. So einfach das Volumen ist, so flexibel und großzügig ist die Raumaufteilung im Inneren. Raumhohe Schiebetüren erlauben es, die Räume fließend ineinander übergehen zu lassen – aber auch konventionell abzutrennen, wenn die Privatsphäre danach verlangt.
—
LANDOLF HOUSE, OPFIKON
Direct development
Private

Not only are the colors in this home with an integrated art gallery reminiscent of paintings by Piet Mondrian and buildings designed by the Dutch architect Gerrit Rietveld. It is also the rigorous application of the cuboid form and reduction to the essentials. The floor plan is simple, yet the distribution of the interior space is flexible and generous. Floor-to-ceiling sliding partitions create a fluid transition from room to room; however, they allow the areas to be separated when privacy is required.

24.05.–13.07.1991
ROMAN SIGNER – INSTALLATION, SKULPTUREN, ZEICHNUNGEN
Roman Signer, Kajak, Schindellegi / Biberbrugg, 1985

Der Aktionskünstler Roman Signer versteht sich stets als Bildhauer. Sein Skulpturbegriff wird jedoch durch die Dimension Zeit entscheidend erweitert, und so definiert der Künstler den Moment der Veränderung selbst als plastischen Vorgang. Bewegte, temporale Strukturen – etwa der Transportflug eines Kajaks mit einem Helikopter über die schneebedeckte Landschaft – führen zu einer Auflösung der Statik, die der klassischen Skulptur gemeinhin zugrunde liegt.
—
The action artist Roman Signer invariably sees himself as a sculptor, yet his concept of sculpture is considerably expanded to include the dimension of time. As such, he defines the element of transformation itself as a sculptural process. Moving temporal structures—for example the transport of a kayak via helicopter over a snow-covered landscape—lead to the dissolution of the stationary, which generally constitutes the basis of classic sculpture.

1992–1994
SCHULHAUS HEIGET, FEHRALTORF
Direktentwicklung
Schulgemeinde Fehraltdorf
—
HEIGET SCHOOL BUILDING, FEHRALTORF
Direct development
Fehraltdorf School District

1993–1996
WOHN- UND GEWERBEBAU FLÜHGASSE, ZÜRICH
Direktentwicklung
Gesellschafter Flühgasse

Das Grundstück wurde mit fünf weiteren Wohneinheiten und einem Ateliergebäude nachverdichtet, die sich durch ihre Materialisierung und Körnigkeit in den Kontext einbinden. Innerhalb der flexiblen Grundstruktur konnten spezifische Ausbauwünsche ermöglicht und eine ausgewogene Mischung aus Gemeinschaft und Individualität umgesetzt werden.

—

FLÜHGASSE RESIDENTIAL AND
COMMERCIAL BUILDING, ZURICH
Direct development
Flühgasse Partners

The grounds were consolidated with five additional residential units and a studio building whose choice of materials and style integrate them into the context. Specific conversion demands were made possible and a balanced mixture of community and individuality realized within the flexible basic structure.

1993–1994
UMBAU DENKMALSCHUTZOBJEKT PARADEPLATZ, ZÜRICH
Studienauftrag auf Einladung
Schweizerische Kreditanstalt

—

CONVERSION OF A LANDMARKED BUILDING AT
PARADEPLATZ, ZURICH
Study contract by invitation
Schweizerische Kreditanstalt

1993
HANGAR FÜR JU-52, DÜBENDORF
Direktentwicklung
Amt für Bundesbauten

—

HANGAR FOR JU-52, DÜBENDORF
Direct development
Federal Building Authority

1993–1995
UMBAU DENKMALSCHUTZOBJEKT ALTE SCHMITTE,
DÜBENDORF
Ideenwettbewerb auf Einladung, 1. Preis
Privat

—

CONVERSION OF THE LANDMARKED BUILDING
ALTE SCHMITTE, DÜBENDORF
Idea competition by invitation, 1st prize
Private

12.03.–30.04.1993
RAPHAEL KESSLER – BILDER UND AQUARELLE
Raphael Kessler, Ausstellungsansicht Galerie Bob Gysin,
Dübendorf, 1993

Unter dem Schlagwort »Neue Geometrie« waren seit Mitte der 1980er-Jahre verstärkte Hinwendungen zur geometrisch-abstrakten und rationalen Kunst zu beobachten, worin auch die Malereien, Zeichnungen und Objekte von Raphael Kessler (1941–1996) zu verorten sind. Als Gegenentwurf zur zeitgleichen figurativ-expressiven Malerei ist an den Arbeiten Kesslers Interesse für abstrakte Kompositionen ablesbar. Die für die entsprechenden Medien ungewöhnlichen Präsentationsformen, wie etwa die Zeichnungen am Boden, verleihen den Arbeiten einen installativen Charakter.

—

Since the mid-eighties, there has been growing orientation toward geometric-abstract and rational art under the heading of New Geometry, where the paintings, drawings, and objects by Raphael Kessler (1941–1996) can be situated. Conceived as an alternative to the representational, expressive painting at that same time, Kessler's works bespeak his interest in abstract compositions. Unusual forms of presentation, for example exhibiting drawings on the floor, lend the works installation character.

22.10.–17.12.1993
VINCENZO BAVIERA – OBJEKTE INSTALLATION
Vincenzo Baviera, Mehrfachpendel (Detailansicht), 1993

Die Arbeiten von Vincenzo Baviera sollen vor allem physisch
erfahrbar sein. So begann der Künstler bereits Anfang der
1980er-Jahre mit kühnen Räderkonstruktionen – die oft begehbar
sind, in Bewegung versetzt werden oder einen Klang her-
vorbringen können – Innen- und Außenräume zu besetzen. Das
Rädermotiv als plastisches Formenvokabular thematisiert
Kreisläufe, deren Harmonie durch physisches Eingreifen unter-
brochen und in die Gegenrichtung gelenkt werden kann.
—
Works by Vincenzo Baviera are primarily meant to be experienced physically. With his bold wheel constructions—which are
often accessible and can be set in motion or produce sound—
the artist already began occupying interior and exterior spaces
in the early eighties. As a sculptural vocabulary of form, the
wheel motif addresses circulation, whose harmony can be inter-
rupted by physical intervention and caused to run in the opposite direction.

1994–1996
UMBAU DENKMALSCHUTZOBJEKT WINZERHAUS, ZÜRICH
Direktentwicklung
Gesellschafter Flühgasse
—
CONVERSION OF THE LANDMARKED BUILDING
WINZERHAUS, ZURICH
Direct development
Flühgasse Partners

1994–1996
UMBAU DENKMALSCHUTZOBJEKT
ZÜRICHBERGSTRASSE, ZÜRICH
Planerwahlverfahren
Hochbauamt Kanton Zürich
—
CONVERSION OF A LANDMARKED BUILDING ON
ZÜRICHBERGSTRASSE, ZURICH
Contract award procedure
Building Authority, Canton of Zurich

1994–1995
UMBAU FOYER HAUPTSITZ, ZÜRICH
Direktentwicklung
Kuoni Reisen AG
—
CONVERSION OF HEAD OFFICE FOYER, ZURICH
Direct development
Kuoni Reisen AG

20.01.–24.03.1995
MATTHIAS BOSSHART – BILDER UND FILMINSTALLATION
Matthias Bosshart, Départ pour l'image, 1995

Im Zusammenhang mit seinen Kunstfilmprojekten entdeckte
Matthias Bosshart im Brockenhaus ein paar Filmrollen aus
den 1930er-Jahren. Der Künstler klebte einen Teil des Filmmate-
rials auf verschiedene Holztafeln, circa 10.680 Einzelbilder,
die mit bloßem Auge nicht genau zu erkennen sind. Die Sequenzen reihen sich für den Betrachter vielmehr zu senkrechten
Streifenmustern, aus denen hell glänzende Zonen herausstechen.
Matthias Bosshart gestaltete die Einladungskarte zur Ausstellung analog zu seinem Werk: er montierte den Anfang eines
Films – dieser signalisiert dem Filmvorführer mit den Worten
»Départ pour l'image«, dass der Film gleich beginnen wird – auf
die Karte. So stellt der Künstler einen Bezug zwischen Werk
und Einladungskarte her, ohne ein ausgestelltes Werk zu repro-
duzieren. *Départ pour l'image* inspirierte zu einem Buchtitel,
den BGP im Niggli Verlag 1995 herausbrachte. In diesem Buch
wurde das Erscheinungsbild von Architektur und Kunst
gegenübergestellt und verglichen.
—
In connection with his art film projects, Matthias Bosshart discovered several reels of film from the thirties in a secondhand
store. The artist pasted part of the footage onto various wooden
panels, approximately 10,680 individual images that are not
clearly recognizable to the naked eye. The viewer perceives the
sequences as patterns of vertical strips from which brightly
shining zones emerge. The artist also designed the invitation to
the exhibition: he mounted the beginning of a film containing
the words "Départ pour l'image," which signal to the projectionist
that the film proper is about to begin, on the invitation. In doing
so, Bosshart created a link between the work and the printed invitation without reproducing any of the exhibits. *Départ pour
l'image* inspired the title of BGP's 1995 book published by Niggli
Verlag in which the visual appearance of architecture and art
are juxtaposed and compared.

1995
NEUBAU WERKHOF, VOLKETSWIL
Studienauftrag auf Einladung
Hochbauamt Kanton Zürich

—

NEW WORKS COMPLEX, VOLKETSWIL
Study contract by invitation
Building Authority, Canton of Zurich

1996–1998
UMBAU DENKMALSCHUTZOBJEKT BLASIO, ZÜRICH
Planerwahlverfahren
Stadt Zürich

Das ehemalige Lagerhaus liegt am äußersten Mythenquai von
Zürich, inmitten einer locker bebauten Industriezone. Von Ernst
Friedrich Burckhardt, einem bekannten Vertreter des Neuen
Bauens, 1934 entworfen, galt es als wichtiger Zeitzeuge – auch
aufgrund der großflächigen Fassadenreklame des Künstlers
Max Bill. Der Umbau bewahrt den funktionalen Charakter des Gebäudes und schafft durch den Rückbau auf die Primärstruktur
großzügige Räume im Innern, die durch die seeseitige neue Glasfassade belichtet werden.

—

CONVERSION OF THE LANDMARKED BUILDING
BLASIO, ZURICH
Contract award procedure
City of Zurich

The former warehouse is located at the outermost Mythen
Quay of Zurich, in the middle of a loosely developed industrial
zone. Designed in 1934 by Ernst Friedrich Burckhardt, a
famous representative of New Building, the warehouse is considered an important contemporary witness of that era, also
because of the large-scale façade advertisement by the artist
Max Bill. The conversion preserves the functional character
of the building and, by exposing the primary structure, creates
spacious interior rooms illuminated by the new glass façade
facing the lake.

1996–1998
WOHNÜBERBAUUNG STADTPARK, USTER
Direktentwicklung
Privat

Die drei verschieden großen Baukörper sind um einen gemeinsamen Hof gruppiert, der Treffpunkt und Spielfläche in einem ist.
Die Grundrisse sind mittels nichttragender Innenwände,
Schiebetüren und autonom nutzbarer Räume flexibel konzipiert,
damit die Bewohner auf veränderte Bedürfnisse reagieren
können. An der Schnittstelle von privat und öffentlich wird eine
raumhaltige Balkonschicht ausgebildet, die als großzügiges
»Jahreszeitenzimmer« nutzbar ist.

—

CITY PARK RESIDENTIAL DEVELOPMENT, USTER
Direct development
Private

The three structures of different sizes are grouped around a
common courtyard that serves as a meeting point and play area.
The floor plans are flexibly conceived by means of non-load-
bearing walls, sliding doors, and spaces that can be used independently in order to facilitate reacting to the residents' changing
needs. A spacious balcony layer is created at the interface
between the private and public spheres that can be used as a
generous "seasonal space."

1996
IDEENWETTBEWERB ZENTRUM, LAUFENBURG
Projektwettbewerb, 1. Preis
Stadt Laufenburg
In Zusammenarbeit mit Prof. Dr. G. Mörsch

—

TOWN CENTER IDEA COMPETITION, LAUFENBURG
Project competition, 1st prize
City of Laufenburg
In collaboration with Prof. Dr. G. Mörsch

1996–2001
WOHN- UND GESCHÄFTSHAUS KASERNE, ZÜRICH
Direktentwicklung
Turintra / UBS

Der Neubau liegt in unmittelbarer Nähe zum Hauptbahnhof Zürich, zwischen Sihlpost und Kaserne. Die Fassadenflucht und Traufhöhe des denkmalgeschützten Nachbargebäudes werden respektiert und das Sockelgeschoss im Sinne einer urbanen Erdgeschosslösung als Restaurant genutzt. Für die Obergeschosse wurden vielfältige Wohnungstypen entwickelt, die nachts schaufensterartig manifest werden und die Nutzungsdiversität des Gebäudes versinnbildlichen.
—
KASERNE RESIDENTIAL AND COMMERCIAL BUILDING, ZURICH
Direct development
Turintra / UBS

The new building is located in the immediate vicinity of the Zurich main train station between Sihlpost and the Kaserne. The façade and eave height of the neighboring historical landmarked building ware retained, and the basement level is used as a restaurant in the spirit of an urban ground-floor solution. Different types of apartments were developed for the upper floors, which at night look like shop windows, epitomizing the diversity of the building's use.

1996
UMBAU DENKMALSCHUTZOBJEKT KASERNE, ZÜRICH
Öffentlicher Projektwettbewerb
Stadt Zürich
—
CONVERSION OF THE LANDMARKED BUILDING KASERNE, ZURICH
Public project competition
City of Zurich

1996–2000
WOHN – UND WERKSTÄTTEN MEMPHIS, DÜBENDORF
Studienauftrag auf Einladung, 1. Preis
Stiftung Altried
—
MEMPHIS RESIDENCE AND WORKSHOPS, DÜBENDORF
Study contract by invitation, 1st prize
Stiftung Altried

1996–1998
WOHNÜBERBAUUNG HAGGENMACHERHÖGERLI, MEILEN
Studienauftrag auf Einladung, 1. Preis
Turintra / UBS
—
HAGGENMACHERHÖGERLI RESIDENTIAL DEVELOPMENT, MEILEN
Study contract by invitation, 1st prize
Turintra / UBS

1997
FA-18-HALLE, DÜBENDORF
Direktentwicklung
Amt für Bundesbauten
—
FA-18 HALL, DÜBENDORF
Direct development
Federal Building Authority

1997
UMBAU DENKMALSCHUTZOBJEKT CHEMIEGEBÄUDE ETH, ZÜRICH
Studienauftrag auf Einladung
Amt für Bundesbauten
—
CONVERSION OF A LANDMARKED BUILDING, CHEMISTRY BUILDING ETH, ZURICH
Study contract by invitation
Federal Building Authority

1998
WOHNÜBERBAUUNG PFLEGI-AREAL, ZÜRICH
Studienauftrag auf Einladung
Stiftung Diakoniewerk Neumünster
In Zusammenarbeit mit Gret Loewensberg
—
PFLEGI SITE RESIDENTIAL DEVELOPMENT, ZURICH
Study contract by invitation
Stiftung Diakoniewerk Neumünster
In collaboration with Gret Loewensberg

1998–2001
WOHNÜBERBAUUNG DIETENRAIN, USTER
Studienauftrag auf Einladung, 1. Preis
B. Odinga und P. Ott
—
DIETENRAIN RESIDENTIAL DEVELOPMENT, USTER
Study contract by invitation, 1st prize
B. Odinga and P. Ott

1998–2000
HAUS ZINTZMEYER, MÄNNEDORF
Direktentwicklung
Privat

Das Grundstück befindet sich zwischen der lärmigen Seestraße und dem Ufer des Zürichsees. Entsprechend wurde Richtung Verkehr ein solider Rücken aus Beton erstellt, während die Fassade zur Landschaft hin als durchlässige, gläserne Membran ausgebildet wurde. Dem Grundriss liegt das Quadrat als Basismodul zugrunde, aus dem alle Proportionen abgeleitet sind. Vorerst von einer Partei bewohnt, kann das oberste Geschoss bei Bedarf als autonome Wohnung genutzt werden.
—
ZINTZMEYER HOUSE, MÄNNEDORF
Direct development
Private

The property is located between the noisy Seestrasse and the bank of Lake Zurich. A wall of solid concrete was therefore built in the direction of traffic, while the façade facing the landscape was developed as a transparent glass membrane. The floor plan is based on the square as a basic module, from which all the proportions are derived. One party initially occupied the house, but the uppermost floor may be used as a separate apartment if necessary.

1999
UMBAU BÜRO UND GALERIE, ZÜRICH
Direktentwicklung
BGP
—
OFFICE AND GALLERY CONVERSION, ZURICH
Direct development
BGP

1999–2001
VERSUCHSHALLE, DÜBENDORF
Gesamtleistungswettbewerb nach Präqualifikation, 1. Preis
Eawag
—
EXPERIMENTATION HALL, DÜBENDORF
Overall performance competition after prequalification,
1st prize
Eawag

1999–2003
HAUS FRÖHLICHER, ZOLLIKON
Direktentwicklung
Privat

Das Haus setzt die Serie von sehr kubisch konzipierten Wohnhäusern fort und tritt als Sichtbeton-Monolith in Erscheinung, der einem Findling ähnlich im Hang steckt. Kontrastierend hierzu wurde im Innern ein »Leerraum« in Form eines Patios ausgebildet, um den alle Räume organisiert sind. Ursprünglich von einer großen Familie bewohnt, ist das Gebäude zwischenzeitlich ohne bauliche Maßnahmen in ein Zweifamilienhaus unterteilt worden.
—
FRÖHLICHER HOUSE, ZOLLIKON
Direct development
Private

Frölicher House continues the series of cuboid residences. It manifests as an exposed concrete monolith that protrudes out of the hillside like a boulder. In contrast, an "empty space" in the form of a patio was created in the building's interior, around which the rooms are organized. Originally occupied by a large family, the building has meanwhile been subdivided into one that accommodates two parties without any additional construction measures.

1999–2004
WOHN- UND GESCHÄFTSHÄUSER OCTAVO, ZÜRICH
Direktentwicklung
Credit Suisse

Die drei Gebäude für den neuen Stadtteil Zürich-Nord referen-
zieren in der Fernwirkung auf den großen Maßstab des ehemaligen Industriegebiets, während sie in der Nahwirkung auf die
neuen Nutzungen – Büros und Wohnen – Bezug nehmen: Akzen-
tuierte Sockelgeschosse schaffen Öffentlichkeit, wo vorher
keine war, während die Silhouette eine Landschaft aus begehba-
ren Dachgärten generiert, die den Bedürfnissen der Bewohner
und Mitarbeitenden Rechnung trägt.
—
OCTAVO RESIDENTIAL AND OFFICE BUILDINGS, ZURICH
Direct development
Credit Suisse

From a distance, the three buildings for the new Zurich–Nord city
district refer to the large scale of the former industrial zone,
while close up they make reference to their new uses as offices
and apartments: accentuated basement levels create a public
openness where there was previously none, while the silhouette
generates a landscape of accessible roof gardens that caters
to the needs of the residents and office employees.

19.11.1999–29.02.2000
ANDREA WOLFENSBERGER – VIDEO UND SKULPTUREN
Andrea Wolfensberger, Ausstellungsansicht Galerie Bob Gysin,
Dübendorf, 1999

Klang und Ton sind wichtige Komponenten im plastischen wie
malerischen Werk von Andrea Wolfensberger. Für die aller-
letzte Ausstellung, welche in den Galerieräumen in Dübendorf
stattfand, kreierte die Künstlerin zusammen mit Ernst Thoma
eine Klanginstallation, die erst unter Einbezug des Publikums ihre
Wirkung entfaltete. Der Raum wurde über Lautsprecher von
monochromen Klängen beschallt, wobei sich diese durch Bewe-
gungen im Raum zu modulieren begannen, ihre Tonhöhe und
Lautstärke änderten. Der Gewölberaum hat zahlreiche Kunstschaffende zu situationsbezogenen Arbeiten wie derjenigen
von Andrea Wolfensberger inspiriert, wodurch er nicht nur pro-
faner Galerie- sondern eigentlicher Experimentierraum war.
—
Sound is an important part of Andrea Wolfensberger's sculptures
and paintings. In collaboration with Ernst Thoma, the artist
created a sound installation for the very last exhibition mounted
in the Dübendorf gallery spaces, one that only developed its
full impact upon the inclusion of the public. Speakers filled the
space with monochrome sounds, whereby these began to
modulate due to movements in the space, altering their pitch and
volume. The vaulted space inspired numerous artists to produce site-specific works such as those by Wolfensberger, thus
turning it into not only a profane gallery space but also a true
space for experimentation.

1999–2008
WOHNÜBERBAUUNG FEHLMANN-AREAL, WINTERTHUR

Studienauftrag auf Einladung, 1. Preis
AXA Winterthur
—
FEHLMANN SITE RESIDENTIAL DEVELOPMENT, WINTERTHUR
Study contract by invitation, 1st prize
AXA Winterthur

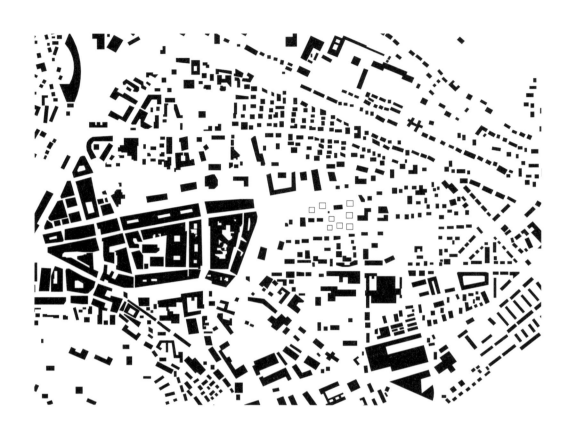

Was bedeutet nachhaltiges Wohnen in einem städtischen Kontext, jedoch auf einem so geschichtsträchtigen Areal? Und wie erweckt man eine repräsentative Villa von 1928 samt ihrem Park aus dem Dornröschenschlaf, ohne die wertvolle Bausubstanz, die imposanten alten Bäume und die eindrucksvolle räumliche Komposition zu zerstören?

Beim Projekt auf dem Winterthurer Fehlmann-Areal manifestiert sich nachhaltiges Bauen vom großen städtebaulichen Maßstab bis hinunter in die Details von Innenausbau und Haustechnik. Hier wurde eine Fläche nachverdichtet, die bezüglich ihrer Lage privilegiert ist: Bahnhof und Innenstadt sind per pedes, Fahrrad oder mit dem öffentlichen Nahverkehr in wenigen Minuten erreichbar. Ein Leben ohne ständigen Einsatz eines Automobils ist ohne Komforteinbußen möglich.

Die punktförmigen Neubauten wurden als moderne Kontrapunkte zur bestehenden Villa in den Park gesetzt. Die dunklen Glasfassaden reflektieren die Bäume und deren wechselndes Jahreszeiten-

What does sustainable living mean in an urban context, especially at such a historical site? And how does one awaken a Sleeping Beauty—an imposing 1928 villa and its park—from a deep slumber without destroying the valuable building fabric, the magnificent old trees, and the striking spatial composition?

The project at the Fehlmann site in Winterthur manifests sustainable construction, from large urban planning standards down to the smallest of details in the interior fittings and technology. This is the redensification of an area in a privileged location: train station and downtown are just a few minutes away, whether on foot, by bicycle, or using local public transport. It is possible to lead a life without forfeiting comfort and having to take the car everywhere.

The new buildings dot the area, modern counterpoints to the existing villa in the park. Their dark glass façades reflect the trees and their seasonal changes. Altogether, the villa, the garden

kleid. Zusammen mit der Villa, dem Gartenpavillon und den prächtigen Parkbäumen ergibt sich ein ausgewogenes Ensemble. Statt einer großbürgerlichen Familie sind jetzt auf dem gleichen Raum 57 Familien und ein Firmensitz zu Hause.

In den quadratischen Grundformen unterschiedlicher Größe konnten pro Geschoss wahlweise eine bis drei Einheiten realisiert werden. Die Anordnung der Küchen und Nasszellen um den Treppenhauskern herum ermöglichte eine effiziente Führung der Steigzonen und große Flexibilität in der Grundrissgestaltung. Auch für zukünftige (Um-)Nutzungsänderungen ist eine solche Disposition bestens geeignet.

Die Loggienbereiche sind durch filigrane Glasschiebetüren von den Wohnräumen abgetrennt, der Bodenbelag läuft durch. Außen- und Innenraum verschmelzen miteinander, die Sicht auf die großen alten Bäume des Parks verleiht den Wohnungen Großzügigkeit. In Kombination mit der hohen Kompaktheit, einer außen durchgehenden Dämmschicht – auch bei den Loggien – und erneuerbaren Energieträgern wurde problemlos der Minergie-Standard erreicht.

Dass Nachhaltigkeit nicht gleichzusetzen ist mit maximaler Ausnutzung zeigt sich darin, dass die erlaubte Baumassenziffer nicht vollständig konsumiert wurde. Im Abwägen zwischen Kosten und Nutzen, zwischen Zerstörung und Neubau wurde ein Gleichgewicht gefunden, das langfristig eine hohe Wohnqualität sichert und die einmalige Atmosphäre des Ortes bewahrt.

pavilion, and the magnificent trees in the park are a balanced ensemble. But instead of one upper-class family, fifty-seven families and a company headquarters occupy the same amount of space.

In the square buildings of various sizes, the option was to build one to three units per floor. Arranging the kitchens and bathrooms around the core stairwell allowed for efficient management of the staircases and great flexibility in floor-plan design. This kind of arrangement is best suited for future repurposing of the buildings.

Delicate sliding-glass doors separate the loggias from the living areas, and the flooring is the same throughout. Exterior and interior blend together, and the view of the large old trees in the park lends the units a sense of spaciousness. In combination with the compactness, exterior insulation throughout (including the loggias), and renewable energy sources, the Minergie standard was easily met.

Sustainability is not the same thing as maximum utilization, and this can be seen in the fact that not all of the allowable square footage has been consumed. A way to balance costs and benefits, demolition and new construction, was found that in the long term will guarantee a high standard of living while maintaining the unique atmosphere of the site.

Erdgeschoss/
Ground floor

Ansicht Süd/
South elevation

Schnitt/
Section

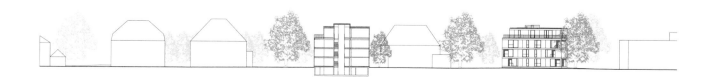

Detail Schnitt – Ansicht /
Detail section – elevation

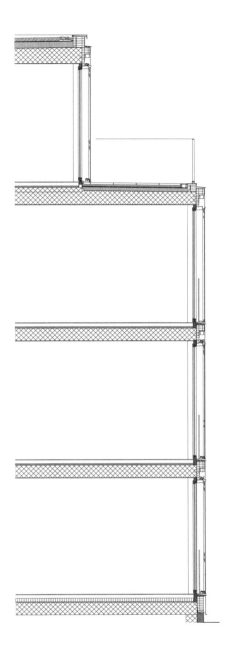

1999–2008   Wohnüberbauung Fehlmann-Areal, Winterthur

1999–2008   Wohnüberbauung Fehlmann-Areal, Winterthur

2000–2005
UMBAU UND ERWEITERUNG SCHULANLAGE ZENTRUM, KÜSNACHT
Projektwettbewerb nach Präqualifikation, 1. Preis
Schulgemeinde Küsnacht

Die städtebauliche Ausgangslage bestand in einer dispersen Anordnung von Einzelbauten, die keinem übergeordneten Konzept folgten. Mit dem Erweiterungsbau wurden die bestehenden Schulbauten zu einer Gesamtanlage zusammengefasst und ein neuer zentraler Pausenplatz geschaffen. Die denkmalgeschützten Bestandsbauten wurden sorgfältig saniert und betrieblich mit der Erweiterung verknüpft.
—
CONVERSION AND EXPANSION OF A SCHOOL COMPLEX, KÜSNACHT
Project competition after prequalification, 1st prize
Küsnacht School District

In terms of urban planning, the point of departure was a scattered arrangement of individual buildings that did not adhere to a superordinate concept. The extension consolidated the existing school buildings to create an overall complex and a new, central recess area. The existing landmarked buildings were carefully renovated and operationally linked with the extension.

2000
WOHNÜBERBAUUNG SCHÜRLIWEG, ZÜRICH
Studienauftrag auf Einladung, 2. Preis
Baugenossenschaft Hagenbrünneli
—
SCHÜRLIWEG RESIDENTIAL DEVELOPMENT, ZURICH
Study contract by invitation, 2nd prize
Baugenossenschaft Hagenbrünneli

2000–2002
UMBAU DENKMALSCHUTZOBJEKT WALCHETURM, ZÜRICH
Planerwahlverfahren
Hochbauamt Kanton Zürich
—
CONVERSION OF THE LANDMARKED BUILDING WALCHETURM, ZURICH
Contract award procedure
Building Authority, Canton of Zurich

2000
PRODUKTIONSGEBÄUDE, BIRR
Machbarkeitsstudie
Sun Chemical
—
PRODUCTION BUILDING, BIRR
Feasibility study
Sun Chemical

2000–2001
LEITBILD STEINER-HUNZIKER-AREAL, ZÜRICH
Direktentwicklung
Stadt Zürich
—
STEINER-HUNZIKER SITE MODEL, ZURICH
Direct development
City of Zurich

2000–2002
PRODUKTIONS-, BÜRO- UND FORSCHUNGSGEBÄUDE, HINWIL
Direktentwicklung
Belimo Automation

Das langgezogene Volumen versinnbildlicht ein zeitgemäßes, multifunktional nutzbares Industriegebäude, das Spedition, Produktion und Forschung innerhalb der gleichen Struktur ermöglicht. Die Fassade besteht aus Bändern mit identischen Fenstern, die um das Gebäude gewickelt sind und eine freie Raumeinteilung im Innern gewährleisten. Die Personen- und Warenflüsse werden akzentuiert und mit farbigen Sichtbetonkörpern kenntlich gemacht.
—
PRODUCTION, OFFICE, AND RESEARCH BUILDING, HINWIL
Direct development
Belimo Automation

The elongated volume incorporates a contemporary, multifunctional industrial building that enables logistics, production, and research under one roof. The façade consists of rows of identical windows wrapped around the building, ensuring the unrestricted division of space inside. The flow of people and goods is highlighted, and the delivery bay and staff entrances are framed by structures made of colored exposed concrete.

16.06.–20.08.2000
CARMEN PERRIN – BESSIE NAGER

08.09.–21.10.2000
CHRISTOPH SCHREIBER – THOMAS GALLER

27.10.–02.12.2000
STEPHEN CRAIG – MIT GESPRÄCH ZU KUNST
UND ARCHITEKTUR

2000–2005
WOHNÜBERBAUUNG ANDREASPARK, ZÜRICH
Studienauftrag auf Einladung, 1. Preis
Stadt Zürich / Karl Steiner

Die zwei L-förmigen Gebäude umschließen einen halböffentlichen
städtischen Hof, während sich außen herum der durchgrünte
Andreaspark entwickelt. Unter dem Thema »Leben in großer
Form« wurden urbane Nutzungshybriden mit unterschiedlichsten
Wohnungstypen entworfen – die Lofts, Maisonette-, Turm-
wohnungen u. a. zeichnen sich durch begehbare Erker, Kasten-
fenster und ausladende Balkone in der Struktur ab und geben
jeder Wohnung eine unverwechselbare Charakteristik.
—
ANDREASPARK RESIDENTIAL DEVELOPMENT, ZURICH
Study contract by invitation, 1st prize
City of Zurich / Karl Steiner

The two L-shaped buildings are grouped around a semipublic
municipal courtyard, and surrounded by the green of Andreas
Park. Urban use hybrids with a wide range of different types of
apartments were developed in line with the theme "Large-scale
Living." The lofts, maisonettes, tower apartments, et cetera,
are characterized by accessible oriels, box windows, and project-
ing balconies, lending each apartment a distinctive look.

08.12.2000–27.01.2001
KLAUS BORN – BILDER
Klaus Born, Ohne Titel, 1999

Unablässig ergründet Klaus Born in seiner abstrakten Malerei
das Wechselspiel von Farbe und Form. Mit seinem Prinzip des
»Schichtens« schafft der Künstler hoch verdichtete, pulsierende
Bildräume, die meist in prekärem Gleichgewicht stehen.
—
Klaus Born relentlessly explores the interplay of color and form
in his abstract paintings. Employing the principle of "layering,"
the artist produces very dense, pulsating pictorial spaces that
for the most part stand in a precarious balance.

2000–2001
ÜBERBAUUNG LETZACHER-WÄGLER, FÄLLANDEN
Studienauftrag auf Einladung, 1. Preis
Gemeinde Fällanden und Private
—
LETZACHER-WÄGLER DEVELOPMENT, FÄLLANDEN
Study contract by invitation, 1st prize
Municipality of Fällanden and private

2001
MUSEUM ALPTRANSIT GOTTHARD, ERSTFELD / POLLEGIO
Projektwettbewerb nach Präqualifikation
Alptransit Gotthard

MUSEUM ALPTRANSIT GOTTHARD, ERSTFELD / POLLEGIO
Project competition after prequalification
Alptransit Gotthard

2001–2005/12
UMBAU TEILBEREICHE UNISPITAL, ZÜRICH
Planerwahlverfahren
Hochbauamt Kanton Zürich

Der Nordtrakt 1 des Universitätsklinikums blieb seit seiner Entstehung 1978 weitgehend unverändert, was ein Gesamtsanierungskonzept notwendig machte. Optimierte Betriebsabläufe, eine bessere Orientierung und ein höherer Raumstandard waren zentrale Zielsetzungen sowie der Anspruch, zukünftig Nutzungsänderungen und veränderte Abteilungsgrößen zu ermöglichen. Die Sanierung wurde etappenweise innerhalb der bestehenden Strukturen umgesetzt und macht das Gebäude auf lange Sicht funktionstauglich.
—
CONVERSION OF SECTIONS OF THE UNIVERSITY HOSPITAL, ZURICH
Contract award procedure
Building Authority, Canton of Zurich

Since it was built in 1978, Northern Tract 1 of the University Clinic was left largely unchanged, which necessitated an overall renovation concept. Optimized operational processes, better orientation, and a higher room standard were the primary goals, as was the desire to enable future changes in usage and ward sizes. The renovation was implemented in stages within the existing structures, and in terms of function it makes the building more compatible in the long term.

2001–2005
UMBAU DENKMALSCHUTZOBJEKT
PLATTENSTRASSE, ZÜRICH
Projektwettbewerb nach Präqualifikation, 1. Preis
Hochbauamt Kanton Zürich

1876 als Mehrfamilienhaus mit Ladenlokal erbaut und seit 1974 als Institutsgebäude für die Universität Zürich genutzt, wurde das als Denkmalschutzobjekt eingestufte Gebäude unter weitgehender Strukturerhaltung innen und außen saniert. Neue Teeküchen und Nasszellen bieten zusätzlichen Komfort und sind als farbige Eingriffe erkennbar, während historisch wichtige Elemente – wie die Deckenstuckaturen und der Parkettboden – sorgfältig restauriert wurden und die unverwechselbare Raumatmosphäre bewahren.
—
CONVERSION OF A LANDMARKED BUILDING
ON PLATTENSTRASSE, ZURICH
Project competition after prequalification, 1st prize
Building Authority, Canton of Zurich

Built in 1876 as an apartment building with a store and used since 1974 as an institute by the University of Zurich, the interior and exterior of the landmarked building were renovated while largely maintaining its structure. New kitchenettes and bathroom units recognizable as colored interventions contribute to added comfort, while historically important elements, such as the ceiling stucco work and the parquet flooring, have been carefully restored, maintaining the unmistakable atmosphere of the rooms.

2001–2002
UMBAU DENKMALSCHUTZOBJEKT ELSÄSSERHOF,
ZÜRICH
Direktentwicklung
Zurimo <B> Immobilien
—
CONVERSION OF THE LANDMARKED BUILDING
ELSÄSSERHOF, ZURICH
Direct development
Zurimo <B> Immobilien

2001
WOHN- UND BÜROBAUTEN VERENAÄCKER, BADEN
Studienauftrag auf Einladung
ABB Immobilien
—
VERENAÄCKER RESIDENTIAL AND OFFICE BUILDINGS,
BADEN
Study contract by invitation
ABB Immobilien

2001
WOHN- UND BÜROBAUTEN LUWA-AREAL, ZÜRICH
Studienauftrag auf Einladung
UBS Fund Management
—
LUWA SITE RESIDENTIAL AND OFFICE BUILDINGS,
ZURICH
Study contract by invitation
UBS Fund Management

2001
BÜRO- UND FORSCHUNGSGEBÄUDE, EGG
Studienauftrag auf Einladung
Nikon
—
OFFICE AND RESEARCH BUILDING, EGG
Study contract by invitation
Nikon

2001
WOHNBAUTEN VILLA HOHENBÜHL, ZÜRICH
Studienauftrag auf Einladung
Privat
—
VILLA HOHENBÜHL APARTMENT BUILDINGS, ZURICH
Study contract by invitation
Private

02.02.–17.03.2001
NIKLAUS RÜEGG – INZWISCHEN …

23.03.–12.05.2001
STEFAN BANZ – FLOAT LIKE A BUTTERFLY,
STING LIKE A BEE

18.05.–30.06.2001
BOB GRAMSMA

06.07.–28.07.2001
DIPLOMAUSSTELLUNG STUDIENGANG
BILDENDE KUNST SBK DER HOCHSCHULE FÜR
GESTALTUNG UND KUNST

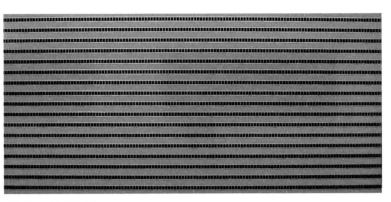

23.08.–13.10.2001
MATTHIAS BOSSHART
Matthias Bosshart, Orange Disaster, 2001

Film ist für Matthias Bosshart das Kulturphänomen der Moderne
schlechthin. Die aneinandergereihten Zelluloidstreifen verweisen nicht auf etwas anderes, sie sind sie selbst: ein Träger
kaum erkennbarer Bilder und Bildsequenzen. Der optische
Reiz und die physische Präsenz des Zelluloids werden gesteigert,
indem der Künstler gezielt Malschichten einsetzt. Der Verlauf
des transparenten Materials wird meist von opaken Farbbändern
durchbrochen.
—
For Matthias Bosshart, film is the modernist cultural phenomenon par excellence. The strung-together celluloid strips do
not refer to anything else than what they intrinsically are: the support for hardly recognizable images and sequences of images.
The artist heightens the celluloid's visual attraction and physical
presence through the targeted use of layers of paint. The
progression of the transparent material is mostly punctuated by
opaque streaks of color.

26.10.–22.12.2001
FAIRY TALES

2002
SCHULHAUS HERTI, ZUG
Öffentlicher Projektwettbewerb
Hochbauamt Kanton Zug
—
HERTI SCHOOL BUILDING, ZUG
Public project competition
Building Authority, Canton of Zug

2002–2003
UMBAU BADENERSTRASSE, ZÜRICH
Planerwahlverfahren
Alice-Schoch-Bockhorn-Stiftung
—
BADENERSTRASSE CONVERSION, ZURICH
Contract award procedure
Alice-Schoch-Bockhorn-Stiftung

2002
SCHULHAUS LEUTSCHENBACH, ZÜRICH
Projektwettbewerb nach Präqualifikation
Stadt Zürich

Volumetrisch wird ein kompakter Körper ausgebildet, der präzise den östlichen Rand des Areals besetzt, während im Innern der Grundgedanke einer kommunikativen Lernlandschaft den Entwurf prägt. Lichthöfe bringen Tageslicht in den übertiefen Grundriss und schaffen eine mäandrierende Erschließungsfigur, die situativ als Gruppen- und Aufenthaltsraum genutzt werden kann und so die konventionellen Klassenräume mit informellen Zusatzangeboten bereichert.
—
LEUTSCHENBACH SCHOOL BUILDING, ZURICH
Project competition after prequalification
City of Zurich

In terms of volumetry, a body is constructed that precisely occupies the eastern border of the site, while in the interior the basic idea of a communicative learning landscape characterizes the design. Atria funnel daylight into the deep-sectioned floor plan, creating a meandering access figure that can be used as a group room and lounge, augmenting the conventional classrooms with additional informal spaces.

2002
ÜBERBAUUNG SCHELLER-AREAL, DIETIKON
Studienauftrag auf Einladung
Stadt Dietikon / Karl Steiner
—
SCHELLER SITE DEVELOPMENT, DIETIKON
Study contract by invitation
City of Dietikon / Karl Steiner

2002–2004
HAUS STIERLI, ZOLLIKON
Direktentwicklung
Privat
—
STIERLI HOUSE, ZOLLIKON
Direct development
Private

2002
WOHNBAUTEN VILLA GRÜNENBERG, WÄDENSWIL
Studienauftrag auf Einladung
Privat
—
VILLA GRÜNENBERG RESIDENTIAL BUILDINGS, WÄDENSWIL
Study contract by invitation
Private

2002
WOHN- UND BÜROBAUTEN HOHLSTRASSE, ZÜRICH
Studienauftrag auf Einladung
Migros Pensionskasse

Die hohe Lärmbelastung war Auslöser, um eine sehr ortsspezifische Typologie zu entwickeln: Richtung Straße wird ein schützendes Rückgrat ausgebildet, das gleichzeitig den Straßenraum fasst. Lärmabgewandt entstehen halboffene Höfe, die gemeinschaftlich nutzbar sind und jeder Wohnung einen direkten Blick Richtung Üetliberg ermöglichen. Die hohe Flächeneffizienz (Fünfspänner) und Kompaktheit, der Wiederholungsfaktor und optimierte Untergeschossflächen sind Grundlage für die hohe Kosteneffizienz. Kollektive Angebote auf den Geschossen ergänzen die individuell nutzbaren Wohnungen und schaffen die Basis für gemeinschaftliches Wohnen.
—
HOHLSTRASSE RESIDENTIAL AND OFFICE BUILDINGS, ZURICH
Study contract by invitation
Migros Pensionskasse

High noise exposure elicited the development of a very site-specific typology: toward the street, a protective backbone was erected that at the same time accommodates the street space. Common-use, semi-open courtyards were created away from the noise that provide each apartment with a direct view in the direction of Üetliberg. The high level of surface efficiency (five units per story) and compactness, the repetition factor, and optimized basement areas contribute to high cost efficiency. Common areas on the floors supplement the individual apartments, creating the basis for community living.

11.01.–02.03.2002
JEAN-LUC BLANC – FRED

15.03.–04.05.2002
TERESA CHEN – DON'T PLAY ME
THAT »FLOWER DRUM SONG«
Teresa Chen, Obstructed View, 2002

Teresa Chen umkreist in ihren Fotoarbeiten Fragen nach
Herkunft und Identität – Themen, die eng mit ihrer persönlichen
Geschichte verbunden sind. Als in der Schweiz lebende Ame-
rikanerin, deren Eltern aus China in die USA emigrierten, stand
die Künstlerin immer schon jenseits einer sich verwurzelt
wähnenden Identität. Diese Zersplitterung widerspiegelt sich
in fragmentarischen Aufnahmen ihres eigenen Körpers, die
zwischen Sinnesrausch und Ekel, Anziehung und Widerwillen
schwanken.
—
Teresa Chen's photographs revolve around questions about
origin and identity, themes that are closely tied to her own biog-
raphy. As a Swiss-based American whose parents immigrated
to the United States from China, the artist has always stood outside an identity believed to be ingrained. This fragmentation is
reflected in photographs of her own body that fluctuate between
ecstasy and disgust, attraction and repugnancy.

17.05.–22.06.2002
THOMAS GALLER – HOLLYWOOD BABYLON

28.06.–27.07.2002
BESSIE NAGER – ROUND ABOUT

22.08.–05.10.2002
COM & COM – SIDE BY SIDE

25.10.–30.11.2002
STEPHEN CRAIG – KASSE II

06.12.2002–18.01.2003
STÉPHANE BRUNNER – MALEREI

2002–2006
FORUM CHRIESBACH, DÜBENDORF

Projektwettbewerb nach
Präqualifikation, 1. Preis
Eawag Empa
—
FORUM CHRIESBACH,
DÜBENDORF
Project competition after
prequalification, 1st prize
Eawag Empa

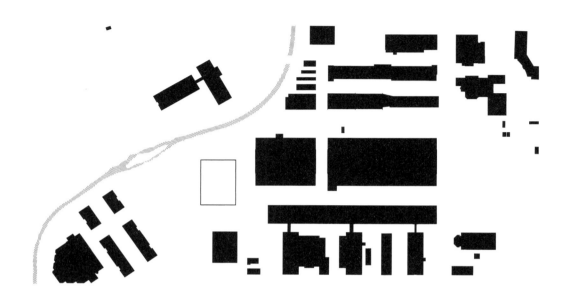

Als weltweit führendes Institut auf dem Gebiet der Wasser- und Gewässerforschung leistet die Eawag – Eidgenössische Anstalt für Wasserversorgung, Abwasserreinigung und Gewässerschutz – einen wesentlichen Beitrag zur nachhaltigen Nutzung der Ressource Wasser auf einer globalen Ebene. Die Aspekte »Wasser« und »Nachhaltigkeit« waren denn auch zentrale Themen für den Neubau ihres Hauptgebäudes, denen der Entwurf auf innovative Weise begegnet: Das Gebäude verkörpert eine Synthese aus Funktionalität, Ästhetik und Nachhaltigkeit, die noch heute Maßstäbe setzt. Die getroffenen Maßnahmen dienen nicht nur als Demonstrationsmittel, sondern werden auch als Objekte der Forschung genutzt.

Die Platzierung des neuen Hauptgebäudes ergänzt das bestehende Campus-Ensemble auf eine selbstverständliche und prägnante Weise. Ein farbiger Sichtbetonvorbau markiert den Haupteingang und schafft einen Bezug zu den weiteren Gebäuden der Eawag. Im Innern des Baus gruppieren sich die Räume um das 5-geschossige Atrium, das durch die schwebenden Sitzungsboxen, den Treppenaufgang und die Sichtbeziehungen zum räumlichen Erlebnis wird. Die flexibel nutzbaren Räume ermöglichen frei vernetzbare Arbeitsplätze, ergänzt durch Kommunikationszonen, Seminar-

As the world's leading aquatic research institute, on a global level the Eawag: Swiss Federal Institute of Aquatic Science and Technology makes a substantial contribution to the sustainable use of water as a resource. The aspects of water and sustainability were therefore also principal themes for the institute's new headquarters, and the design responded to them in innovative ways. The building embodies a synthesis of functionalism, aesthetics, and sustainability, and continues to sets standards to this day. The measures taken not only serve demonstration purposes, but are also used as objects of research.

The placement of the new main building supplements the existing campus ensemble in a natural, succinct way. A colored exposed-concrete porch marks the main entrance and creates a reference to the other Eawag buildings. Inside, the rooms are grouped around the five-story atrium, which becomes a spatial experience with its hovering conference boxes, staircase, and view axes. The rooms are flexible in terms of their use, enabling network-compatible workstations supplemented by communications zones, seminar rooms, and a restaurant. Systems were divided to the extent that not only were the individual elements architecturally separate, there was also complete structural

räume und ein Restaurant. Die Systemtrennung wurde so weit getrieben, dass die einzelnen Elemente nicht nur baukonstruktiv getrennt sind, sondern eine vollständige strukturelle Trennung besteht. Trag- und Ausbauraster sind voneinander unabhängig und die einzelnen Elemente der Fassade – thermische Hülle, Sonnenschutz, Fluchtweg – sind als eigenständige Schichten umgesetzt. Die siebbedruckten Glaslamellen werden dem Sonnenstand nachgeführt und schützen im Sommer vor Sonneneinfall, dienen im Winter der passiven Sonnenenergienutzung und ganzjährig dem Wetterschutz.

Wasser wird auf verschiedene Arten thematisiert: Da auch in der Schweiz manche Regionen zunehmend unter Hochwasser leiden – Stichwort Klimaentwicklung, Versiegelung des Bodens und Kanalisierung von Fließgewässern –, wurden bei der Dach- und Freiflächengestaltung sickerfähige Materialien und mikroklimatisch nutzbare Retentionsflächen ausgebildet. Das abfließende Dachwasser wird in einem offenen Becken – dem Wassergarten – gesammelt, auf natürliche Weise durch Sedimentation gereinigt und für die Spülung der Toiletten verwendet. In speziellen NoMix-Toiletten und wasserlosen Urinalen wird der Urin geschlechtergetrennt gesammelt, um zu erforschen, wie Schadstoffe daraus eliminiert werden können, Dünger extrahiert und wieder in den landwirtschaftlichen Kreislauf zurückgeführt werden kann.

Einen weiteren Schwerpunkt bildete das Wasser in der Umgebung, die Aufwertung des Außenraums zu einer standortgemäßen Biozönose sowie die Schaffung von geschlossenen Wasserkreis-

separation. Support and fit-out grids are entirely independent of each other, and the individual elements of the façade—thermal shell, sun protection, and escape route—have been rendered as individual layers. The silkscreen glass slats track the altitude of the sun and shield from it in the summer, and they serve passive solar energy purposes in the winter and provide protection against the weather all year round.

Water is addressed in a number of different ways. Since some regions of Switzerland increasingly suffer from flooding—think climate change, soil sealing, the canalization of flowing waters—the design of the roof and open space involved permeable materials and retention surfaces that can be used microclimatically. Water from the roof is collected in an open pool—the water garden—cleaned in a natural way by means of sedimentation, and used to flush the toilets. Urine is collected in special NoMix toilets and waterless urinals (gender segregated) in order to explore how pollutants can be eliminated from it, dung extracted, and then returned to the agricultural cycle.

Yet another focus was on water in the surrounding area, improving the value of the outdoor space by turning it into a site-adapted biocenosis, as well as the creation of closed water-cycle systems. The Chriesbach, which had been denatured and canalized, was revitalized and serves Eawag as a subject of teaching and research. The element between the campus buildings also offers visitors and employees alike a nearly natural recreational space.

läufen. Der naturfremd kanalisierte Chriesbach wurde revitalisiert und dient der Eawag als Objekt der Lehre und Forschung. Als verbindendes Element zwischen den Gebäuden des Campus bietet er den Besuchern und Mitarbeitern zugleich einen naturnahen Erholungsraum.

Auf Materialebene konnten wertvolle Erfahrungen gesammelt werden, da für die graue Energie ein Wert von 5.000 MJ/m² Geschossfläche vorgegeben wurde. Allein das Verhältnis zum Heizwärmebedarf von 40 MJ/m² Energiebezugsfläche und Jahr weist auf die Bedeutung der grauen Energie im Zusammenhang mit der Lebensdauer des Gebäudes hin. Dank der kompakten Gebäudeform, der Holz-Leichtbaufassade und dem einfachen Innenausbau wurde die graue Energie maßgeblich reduziert. Die speziell entwickelte, mit Lehmbauplatten beplankte Holzständerkonstruktion erlaubte es, gleich mehrere Anforderungen in einem Bauteil zu lösen. So hat die Konstruktion neben der Reduktion der grauen Energie einen positiven Effekt auf die Speichermasse, Feuchteregulierung und Raumstimmung. Zusammen mit der optimierten Volumetrie und der Ausbildung von unterschiedlichen Klimazonen kann der Heizwärmebedarf durch die im Gebäude anfallende Wärme – Personen, Computer, Beleuchtung – und die Nutzung von Erdwärme und Sonnenenergie gedeckt werden. Ein Nullenergiehaus, voller Spielraum für Lehre und Forschung.

Valuable experience was gathered at the material level, since 5,000 MJ/m² of floor space was required for embodied energy. The relation of the amount of heat required (40 MJ/m² per energy reference area per year) highlights the importance of embodied energy in relation to the lifespan of the building. Thanks to the building's compact shape, the lightweight wooden façade, and the simple interiors, the embodied energy was significantly reduced. The specially developed, wood frame construction with clay plates allowed for several demands to be met in one component. Thus construction and the reduction of embodied energy have a positive effect on storage mass, moisture control, and room atmosphere. Along with the optimized volume and the formation of different climate zones, heating demands can be covered by the warmth generated throughout the building by people, computers, and lighting, and the use of geothermal energy and solar power. A zero-energy building full of scope that allows teaching and research.

Wasserkreislauf
Systemtrennung und Schichten/
Water cycle
System separation and layering

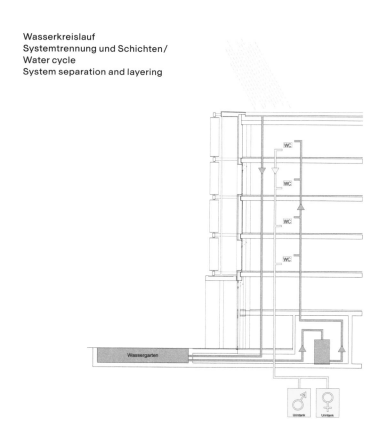

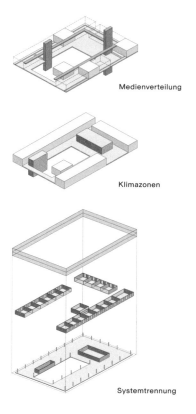

Medienverteilung

Klimazonen

Systemtrennung

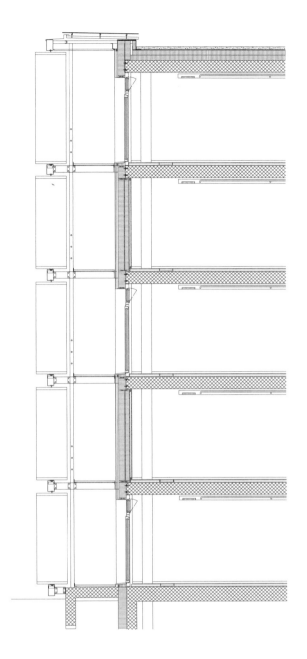

2002–2006   Forum Chriesbach, Dübendorf

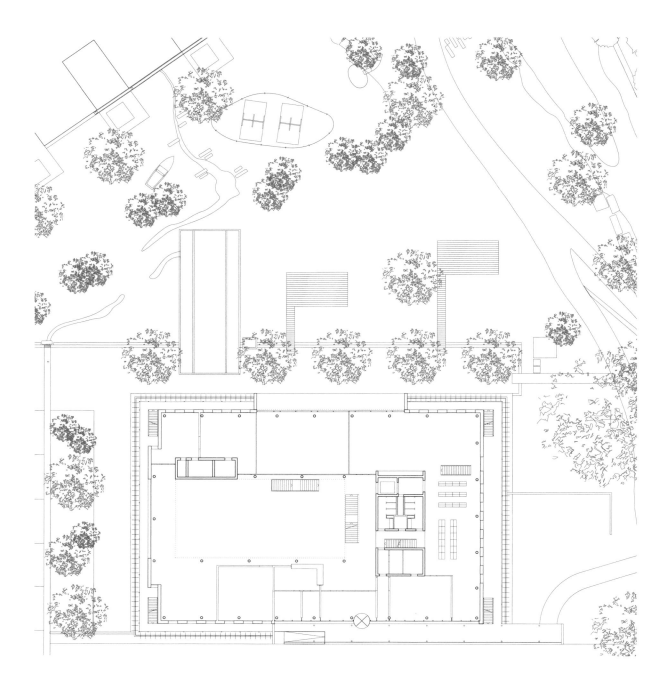

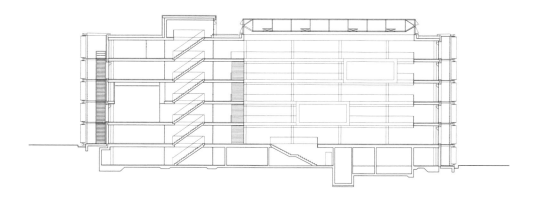

3. Obergeschoss /
4th floor

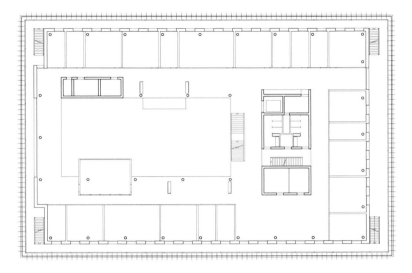

1. Obergeschoss /
2nd floor

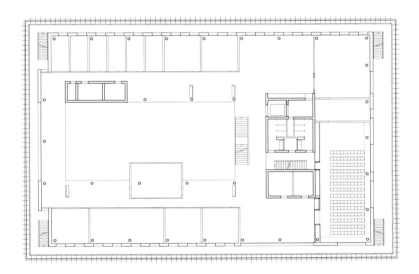

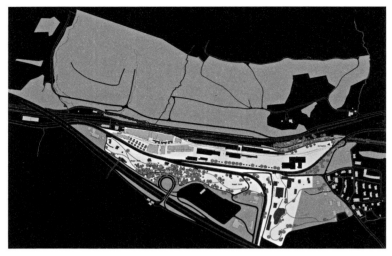

2003
VISION GESAMTAREAL, KEMPTTHAL
Testplanung
Givaudan

In und um die denkmalgeschützten Gebäude des Aromenstand-
orts von Givaudan Schweiz soll ein kulinarischer und kultureller
Schmelztiegel entstehen, die sogenannte Maggi Ville. Als grüne
Lunge und Landreserve ist der Maggi Park mit zahlreichen
Freizeitangeboten vorgesehen. Die einzigartige Atmosphäre der
Bestandsbauten, niedrige Grundkosten verglichen mit der Stadt,
eine gute Verkehrsanbindung und anderes mehr sind die er-
folgversprechenden Standortfaktoren, die in einer Gesamtvision
abgebildet wurden und eine langfristige Perspektive für das
aufgelassene Areal bieten.
—

VISION OVERALL SITE, KEMPTTHAL
Test planning
Givaudan

A culinary and cultural melting pot is planned, the so-called
Maggi Ville, in and around the landmarked building, the site of
Givaudan's production of flavors and fragrances. With its
numerous recreational opportunities, Maggi Park is envisioned
as a green lung and land reserve. The unique atmosphere of
the existing buildings, lower basic costs than in the city, good
transport connections, and much more are the site factors
that were developed in an overall vision and provide a long-term
perspective for the neglected site.

2003
KASERNE WIL, STANS-OBERDORF
Projektwettbewerb nach Präqualifikation, 2. Preis
Hochbauamt Kanton Nidwalden
—

WIL BARRACKS, STANS-OBERDORF
Project competition after prequalification, 2nd prize
Building Authority, Canton of Nidwalden

2003
WOHNÜBERBAUUNG IMBISBÜHLSTRASSE, ZÜRICH
Studienauftrag auf Einladung
Swiss Re
—

IMBISBÜHLSTRASSE RESIDENTIAL DEVELOPMENT, ZURICH
Study contract by invitation
Swiss Re

2003
WOHNÜBERBAUUNG WASSERSCHÖPFI, ZÜRICH
Projektwettbewerb nach Präqualifikation
Helvetia Patria
—

WASSERSCHÖPFI RESIDENTIAL DEVELOPMENT, ZURICH
Project competition after prequalification
Helvetia Patria

2003
UMBAU UND ERWEITERUNG SPITAL, ZÜRICH
Projektwettbewerb nach Präqualifikation
Spitalverband Limmattal
In Zusammenarbeit mit Pfister Schiess Tropeano

Die Synthese von Bestand und Erweiterung ist das Grundthema
des Entwurfs. Das bestehende Scheibenhochhaus wird mit
einem Neubau ergänzt, der demjenigen der 1960er-Jahre in der
Proportion ähnlich ist, aber in der Materialisierung differenziert wird. Die dem Krankenhaus vorgelagerte Parkanlage wird
zur neuen Adresse aufgewertet, während im Innern eine einfache Struktur und konsequente Systemtrennung die langfristige
Funktionalität und Wirtschaftlichkeit des Spitals gewährleisten.
—

HOSPITAL CONVERSION AND EXPANSION, ZURICH
Project competition after prequalification
Spitalverband Limmattal
In collaboration with Pfister Schiess Tropeano

The synthesis of existing building stock and expansion are the
basic elements of the design. The slab block high-rise is com-
plemented by a new building whose proportions are similar to
the original, which dates from the sixties, albeit with different
materials. The park in front of the hospital has been upgraded,
while inside a simple structure and the rigorous separation
of systems ensures the hospital's functionality and economic
efficiency over the long term.

2003–2006
WOHNÜBERBAUUNG SOMMERAU, ZÜRICH
Direktentwicklung
Mobimo

Die beiden Mehrfamilienhäuser sind ein weiteres Beispiel einer Nachverdichtung, die sich aufgrund ihrer Körnigkeit gut in den gewachsenen Kontext integriert. Durch die Formulierung eines Splitlevels folgen die Gebäude dem natürlichen Geländeverlauf und minimieren den Aufwand für die Baugrube hinsichtlich Baukosten und grauer Energie. Die als Dreispänner organisierten Grundrisse sind über ein zentrales Treppenhaus erschlossen, das durch Lufträume, Oberlichter und Farben zum spannungsvollen Raum wird. Direkt angegliedert sind Jokerräume, die als Atelier, Homeoffice, Gästewohnung und anderes genutzt werden können und eine Ergänzung der eigenen Wohnung darstellen.
—
SOMMERAU RESIDENTIAL DEVELOPMENT, ZURICH
Direct development
Mobimo

Both apartment buildings are another example of post-densification, and their appearance is well integrated into the evolved context. The use of split levels allows the building to follow the natural slope of the terrain, minimizing expenditures for excavation in terms of construction costs and embodied energy. The three-story floor plan is accessed by a central stairwell, which is transformed into an exciting space by means of circulation space, skylights, and color. Optional rooms are available that can be used as studios, home offices, or guest apartments, supplementing one's own apartment.

31.01.–22.03.2003
NIKLAUS RÜEGG – DER TRAUM DES GALERISTEN
Niklaus Rüegg, Leewirbel, 2003

Niklaus Rüegg hat sich noch nie auf einen Stil oder ein Medium festgelegt, auch wenn dies seine eingehende Beschäftigung mit den alten Comics von Walt Disney nahelegt. Rüegg sucht Situationen, die schräg und absurd sind. Seine künstlerische Kreativität wird vom rational Unergründlichen geradezu angespornt. Oft überführt er Elemente, die durch analytisches Denken erfahren werden können, in widersinnige Konstellationen und bringt dabei gesetzte Ideen zum Implodieren.
—
Niklaus Rüegg has never settled on one specific style or medium, even though one could infer this given his extensive occupation with old Walt Disney cartoons. He seeks strange and absurd situations. His artistic creativity is literally goaded on by the rationally unfathomable. Rüegg often translates elements that can be experienced by means of analytical thought into preposterous constellations, causing firmly held ideas to implode in the process.

04.04.–24.05.2003
ANDREA WOLFENSBERGER – WAS UNS BLÜHT

13.06.–09.08.2003
KLAUS BORN UND GUNTER FRENTZEL

21.08.–25.10.2003
CHRISTOPH SCHREIBER – IM NEBEL WÜHLEN

07.11.–24.12.2003
GISELA KLEINLEIN – REIHEN

2004
WOHNEN UND GEWERBE STÄUBLI AREAL, HORGEN
Studienauftrag auf Einladung
Stäubli AG

Der Entwurf vermittelt zwischen den unterschiedlichen Maß-
stäben der Industrie- und Wohnbauten und spielt die historischen
Zeitzeugen – Villa Stäubli und die ehemalige Industriehalle –
frei. Der Garten der Villa Stäubli wird auf das gesamte Areal aus-
gedehnt und schafft so einen einprägsamen, fast intimen Ort
mit starker Identität, der durch das vielfältige Nutzungsangebot
– Gewerbe, Ausstellungsflächen, Wohnen – belebt wird und
im Quartier fehlende Angebote abdeckt.
—
STÄUBLI SITE RESIDENTIAL AND
COMMERCIAL BUILDINGS, HORGEN
Study contract by invitation
Stäubli AG

The design mediates between the different standards for industrial and residential buildings and releases the historical contemporary witnesses: Villa Stäubli and the former industrial hall.
The Villa Stäubli garden has been extended over the whole area,
creating a memorable, almost intimate site with a pronounced
identity, and whose range of uses—as commercial, exhibition, and
residential space—breathes new life into the district.

2004
KONGRESSZENTRUM, ZÜRICH
Testplanung
Stadt Zürich
—
CONGRESS CENTER, ZURICH
Test planning
City of Zurich

2004
AREALENTWICKLUNG INDUSTRIEGEBIET,
OBERENTFELDEN
Machbarkeitsstudie
ALSTOM Schweiz
—
INDUSTRIAL AREA SITE DEVELOPMENT,
OBERENTFELDEN
Feasibility study
ALSTOM Schweiz

2004
UMBAU DENKMALSCHUTZOBJEKT BAHNHOF,
RAPPERSWIL
Projektwettbewerb nach Präqualifikation
SBB Immobilien
—
CONVERSION OF A LANDMARKED BUILDING,
TRAIN STATION, RAPPERSWIL
Project competition after prequalification
SBB Immobilien

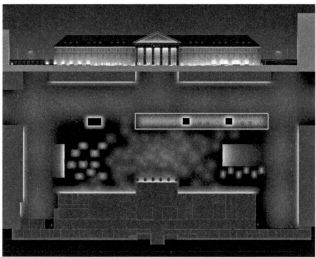

2004
BAHNHOFPLATZ, BIEL
Projektwettbewerb nach Präqualifikation, 2. Preis
Stadt Biel

Polyvalenz, Großzügigkeit und Orientierung bildeten die Kernthemen für den neuen Bahnhofplatz: Funktionale Elemente
werden in Feldern konzentriert und entlang der Ränder positio-
niert. Die so geschaffene leere Mitte erlaubt ein Bespielen der
Platzfläche für Open-Air-Kino, Märkte, Feste, Konzerte, u. a. Für
den öffentlichen Nahverkehr wird ein großes Dach ausgebildet,
dessen umlaufendes LED-Band zur Anzeige von Nachrichten oder
künstlerischen Interventionen genutzt werden kann.
—
TRAIN STATION PLAZA, BIEL
Project competition after prequalification, 2nd prize
City of Biel

Multifunctionality, spaciousness, and orientation constitute
the key themes for the new train station plaza: functional elements are concentrated in fields situated along the perimeter.
The empty space created in the middle permits its use as
an open-air cinema, a marketplace, or a venue for festivals and
concerts. An LED text scroller that runs along the edge of
the large roof built for local public transportation services can
be used for displaying news or for artistic interventions.

2004–2007
CASA RIGIANI, VAL BLENIO
Direktentwicklung
Privat
—
CASA RIGIANI, VAL BLENIO
Direct development
Private

10.01.–13.03.2004
CARMEN PERRIN – PERÇU / PERDU
Carmen Perrin, Ecran, 2004

Carmen Perrin wählt das große Format und liebt das Spiel
mit optischen Effekten. Flächendeckend bespielt sie die Ausstel-
lungsarchitektur mit reflektierenden oder visuell irritierenden
Gipstafeln. Die übergroße Gipstafel sensibilisiert für den umgebenden Raum. In einer eigens entwickelten Technik wird Gips
in Verbindung mit farbigen Eisenoxiden und Paraffin zum Spiegel
poliert, der den Raum aufgrund seiner unregelmäßigen Struktur
partiell reflektiert.
—
Carmen Perrin opts for large formats and loves playing with optical effects. She covers the exhibition architecture with over-
sized, reflecting or visually irritating plaster panels that sensitize
the viewer to the surrounding space. Employing a technique
she developed herself, the plaster is polished in combination with
colored ferric oxides and paraffin to create a mirrored surface
that partially reflects the space due to its irregular structure.

26.03.–29.05.2004
AITOR ORTIZ

11.06.–31.07.2004
BOB GRAMSMA

12.11.2004–08.01.2005
DAVID WILLEN – DONAU

2004–2008/10
ALTERSZENTRUM NEUE LANZELN, STÄFA

Projektwettbewerb nach
Präqualifikation, 1. Preis
Gemeinde Stäfa
—
NEUE LANZELN CENTER
FOR THE ELDERLY, STÄFA
Project competition after
prequalification, 1st prize
Municipality of Stäfa

Das Alterszentrum Neue Lanzeln schafft eine Identität für den Ort zwischen Bahngleisen und Hauptstraße. Durch die Trennung des Raumprogramms in zwei Gebäudeteile entsteht eine Anlage, die auf Sichtbezüge und Ausrichtungen achtet und sich optimal in die Topografie einfügt.

Die Eingangsebene ist an der Bahnhofstraße gelegen und übernimmt die Funktion eines Quartierzentrums mit Nutzungen wie Restaurant, Cafeteria und Mehrzweckraum. Weitere Angebote wie Therapieräume, Raum der Stille und Bibliothek sind ebenfalls in das offene Raumsystem eingebunden. Die Korridore sind nicht reine Verkehrsflächen, sondern schaffen durch ein Spiel von Enge und Weite und das Angebot von Sitzecken eine Atmosphäre,

The Neue Lanzeln center for the elderly creates an identity for the site located between the train tracks and the main street. Dividing the spatial program among two buildings creates a facility that takes view axes and orientation into consideration while fitting in perfectly with the topography.

The entrance level is on Bahnhofstrasse and serves as a neighborhood center, with amenities such as a restaurant, a cafeteria, and a multipurpose room. Other advantages, such as therapy rooms, a meditation room, and a library, are also incorporated into the open space design. The corridors are not simply meant to handle foot traffic; rather, the interplay of narrowness and width and the inclusion of sitting areas create an atmosphere that

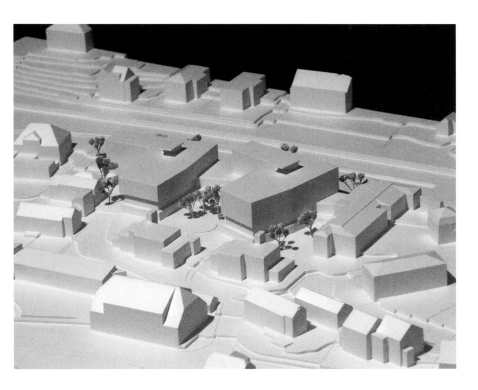

die zum gemeinsamen Aufenthalt einlädt und dem institutionellen Ernst des Heimalltags entgegenwirkt.

Die Obergeschosse werden durch eine wohnliche Intimität mit vielfältigen Außenbezügen geprägt. Die einfachen Strukturen erleichtern den Bewohnern und Bewohnerinnen die Orientierung und gewährleisten ein Höchstmaß an Selbstständigkeit. Die einzelnen Zimmer sind zurückhaltend gestaltet und auf eine optimale Pflege ausgelegt. Jedes Zimmer hat einen großzügigen Balkon, der durch Schiebeelemente vor Wind und Kälte geschützt ist und auf diese Weise das ganze Jahr genutzt werden kann. In Kombination mit den kollektiven Flächen entstehen so attraktive Wohngemeinschaften für den letzten Lebensabschnitt.

Glasverkleidete Fassadenzonen, Fensterelemente aus Holz, vorfabrizierte Betonelemente und Vertikalmarkisen bilden die wesentlichen Elemente der Leichtbaufassade. Sie gliedern sie in einfache, klare und homogene Flächen mit einem Spiel aus Kalt-warm-Kontrasten. Durch den Gebrauch der Schiebeelemente entsteht ein im Tages- und Jahreszeitenverlauf changierendes Bild, das subtil auf die Aktivitäten im Inneren aufmerksam macht.

Im Außenraum wurde Wert gelegt auf eine naturnahe Gestaltung und minimierte versiegelte Flächen. Orte zum Verweilen, Beobachten oder Entdecken bieten auch hier Abwechslung und Anreize – und wirken im besten Sinne vitalisierend.

invites people to spend time together and counteract the institutional seriousness of everyday life in a home for the elderly.

The upper floors are characterized by a sense of comfortable intimacy, with a variety of references to the outdoors. Simple structures make it easy for the residents to find their way around, ensuring a great deal of independence. Individual rooms are modestly designed and laid out for optimum care. Each one has a generously sized balcony protected from wind and cold by sliding elements and can be used all year round. Along with the common areas, this creates an attractive residential community for the last phase of an individual's life.

Glass-covered façade zones, window elements made of wood, prefabricated concrete elements, and vertical blinds are the essential features of the lightweight façade. They are arranged in simple, clear, and homogenous areas with an interplay of cool and warm contrasts. Use of the sliding elements creates a changing picture over the course of days and seasons and subtly draws attention to interior activities.

Outdoors, value was placed on a design that is as close to nature as possible, with a minimum of paved areas. There are places that invite one to linger, observe, or make discoveries, and this also makes for variety and stimulation—vitalizing in the best sense of the word.

Längsschnitt /
Longitudinal section

Querschnitt /
Cross section

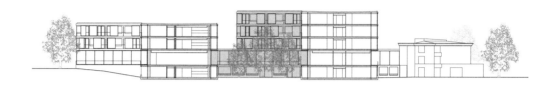

2. Obergeschoss /
3rd floor

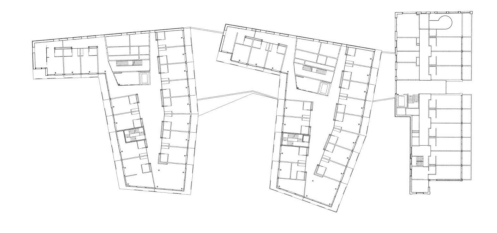

Erdgeschoss /
Ground floor

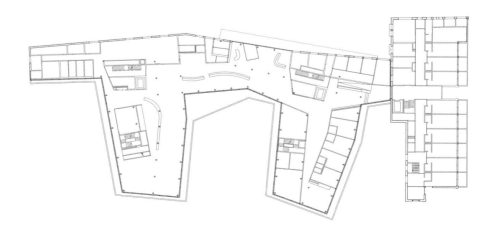

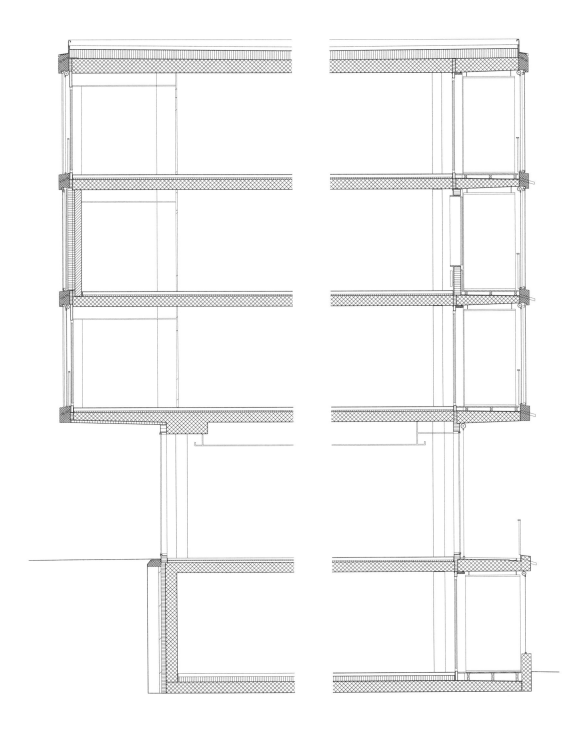

2004–2008/10   Alterszentrum Neue Lanzeln, Stäfa

TERESA CHEN – GORGEOUS

Teresa Chen setzt ihre Kamera ein, um den Dingen aus extremer Nahsicht nachzuspüren. Mikroraumbezüge werden hergestellt, der reale Raum wird verlassen, um in eine geheimnisvolle andere Raumdimension einzutauchen.

Mit *Gorgeous* hat die Künstlerin eine Serie von Blumenbildern geschaffen, die gleichermaßen harmonisch und erotisch aufgeladen wie missgestaltet und schamlos grauenerregend wirken. Mit der Durchdringung des Blütenbereichs mit einer blutähnlichen Flüssigkeit erzielt Teresa Chen ein Höchstmaß an Spannung und Dramatik: Unwiderstehliche Schönheit erscheint im Bann von Eros und Tod. Den pflanzlichen Blütenkelchen wird in *Gorgeous* eine sinnliche Körperlichkeit verliehen, deren Anziehungskraft immer wieder von Erinnerungsbildern an Krankheit und Zerfall durchbrochen wird.

Beim Abtasten von Flächen meidet die Künstlerin bewusst die Verbote, die den klassischen Schönheitsbegriff bestimmen. In spannungsreichen Kompositionen verbindet sie oft das Schöne mit dem Ekelhaften zu faszinierenden Bildern. Sie lässt Fantasien aufsteigen, ohne auf konkrete oder anrüchige Bilder zurückzugreifen und macht so Ungesagtes sichtbar, ohne es jedoch zu illustrieren.

Teresa Chens Fotografien – die Künstlerin arbeitet ausschließlich analog und verzichtet auf digitale Modifizierungen – bieten ungewohnte Einblicke in vordergründig unscheinbare Mikrokosmen und transformieren die Wahrnehmung tiefgreifend.

Teresa Chen uses her camera to trace objects from extremely close up. She creates microspatial references, leaving the realm of real space in order to plunge into a mysterious, unfamiliar spatial dimension.

Gorgeous is a series of flower photographs that are harmonious and erotically charged as well as deformed and shamelessly blood-curdling. Chen achieves a maximum of tension and drama by imbuing the blossoms with a blood-like liquid; irresistible beauty has seemingly fallen under the spell of Eros and Thanatos. In *Gorgeous,* the floral calyces are lent a sensuous corporeality whose allure is time and again pierced by images of disease and decay stored in one's memory.

When scanning surfaces, the artist deliberately steers clear of the prohibitions that define the classic concept of beauty. In her tension-filled compositions, Chen often combines the beautiful and the revolting to produce fascinating images that give flight to the imagination, albeit without drawing on concrete or indecent pictures, thus making the unspoken visible without illustrating it.

Teresa Chen's photographs—the artist works analog only and does without digital manipulations—provide unusual insight into ostensibly inconspicuous microcosms, profoundly transforming perception.

Teresa Chen, Gorgeous 10, 2004,
C-Print auf Aluminium, 60 × 90 cm

2005–2008
MEHRFAMILIENHAUS RIGISTRASSE, KILCHBERG
Direktentwicklung
Privat

Das Mehrfamilienhaus liegt auf einem Plateau, das sowohl
zur Seeseite als auch zur Sonnenseite hin abfällt. Die Grundrisstypologie setzt diese Aussichtsqualitäten um: Ein durchge-
hender Raum über die gesamte Gebäudelänge bietet den Bewohnern ein Ost- und ein West-Wohnzimmer an. Die privaten
Bereiche bilden eine zweite, kleinteiligere Raumschicht. Außen
sorgen die geknickten Wände und die auskragenden Balkone
für ein spannungsvolles Volumen, das durch den verwendeten
Travertin-Naturstein einen atmosphärischen Ausdruck erhält.
—
RIGISTRASSE APARTMENT BUILDING, KILCHBERG
Direct development
Private

The apartment building is located on a plateau that slopes down-
ward on the side toward the lake as well as on the sunny side.
The floor plan typology takes advantage of these qualities: a
space running the entire length building offers residents views
from both an east and west living room. A second, smaller-
scale spatial layer forms the private areas. On the exterior, in-
dented walls and protruding balconies make for an exciting
volume, which acquires atmospheric expression through the
travertine stone facing.

2005
SCHULHAUS ZÄLGLI, WOLFENSCHIESSEN
Öffentlicher Projektwettbewerb, 6. Preis
Gemeinde Wolfenschiessen
—
ZÄLGLI SCHOOL BUILDING, WOLFENSCHIESSEN
Public project competition, 6th prize
Municipality of Wolfenschiessen

2005
SCHULHAUS WAIDHÖCHI, HORGEN
Öffentlicher Projektwettbewerb, 2. Preis
Zweckverband für Sonderschulung
—
WAIDHÖCHI SCHOOL BUILDING, HORGEN
Public project competition, 2nd prize
Zweckverband für Sonderschulung

2005–2007
UMBAU RÖNTGENSTRASSE, ZÜRICH
Studienauftrag auf Einladung, 1. Preis
Sozialversicherungsanstalt SVA

Der unstrukturierte und wenig einladende Innenraum dieses
Büros wurde mit einfachen Maßnahmen aufgewertet: Im rück-
wärtigen Bereich wurden die Servicenutzungen konzentriert
und mit einem stimmungsvollen Furnier verkleidet, während die
Mitte mit einem Raumteiler bespielt wird. Das sich windende
Möbel umhüllt zunächst raumhoch die bestehenden Schächte
und sinkt dann herab, um als Bibliothek, Teeküche und Treff-
punkt zu dienen.
—
RÖNTGENSTRASSE CONVERSION, ZURICH
Study contract by invitation, 1st prize
Sozialversicherungsanstalt SVA

The unstructured and unappealing interior of this office has
been upgraded with simple means: the service functions are
concentrated in the area to the rear and are furnished with
a mood-setting veneer, while a partition had been placed in the
middle of the space. At room height, the meandering furniture
at first surrounds the existing shafts, dropping down to serve as
a library, kitchenette, and meeting point.

2005
BÜRO- UND FORSCHUNGSGEBÄUDE, VILLIGEN
Gesamtleistungswettbewerb nach Präqualifikation, 2. Preis
Paul Scherrer Institut PSI

—

OFFICE AND RESEARCH BUILDING, VILLIGEN
Overall performance competition after prequalification,
2nd prize
Paul Scherrer Institut PSI

2005
WOHN- UND BÜROBAUTEN SCHNELLGUT AREAL, BERN
Gesamtleistungswettbewerb nach Präqualifikation, 2. Preis
SBB Immobilien

—

SCHNELLGUT SITE RESIDENTIAL
AND OFFICE BUILDINGS, BERN
Overall performance competition after prequalification,
2nd prize
SBB Immobilien

2005
WOHNÜBERBAUUNG ZOLLIKERBERG, ZOLLIKON
Gesamtleistungswettbewerb auf Einladung, 2. Preis
Zürich Versicherungs-Gesellschaft

—

ZOLLIKERBERG RESIDENTIAL DEVELOPMENT, ZOLLIKON
Overall performance competition by invitation, 2nd prize
Zurich Versicherungs-Gesellschaft

2005
WOHNÜBERBAUUNG VIEHMARKTAREAL, LENZBURG
Öffentlicher Projektwettbewerb, 2. Preis
Ortsbürgergemeinde Lenzburg

—

VIEHMARKTAREAL RESIDENTIAL DEVELOPMENT,
LENZBURG
Public project competition, 2nd prize
Local Civic Community of Lenzburg

2005
WOHNEN UND GEWERBE WANNENTHAL, HORGEN
Studienauftrag auf Einladung, 2. Preis
Gemeinde Horgen und Private

—

WANNENTHAL RESIDENTIAL
AND COMMERCIAL BUILDING, HORGEN
Study contract by invitation, 2nd prize
Municipality of Horgen and private

15.01.–05.03.2005
ANDREAS LEIKAUF

12.03.–16.04.2005
STEPHEN CRAIG – GEWINN

23.04.–04.06.2005
MATTHIAS BOSSHART

25.08.–01.10.2005
GUIDO BASELGIA – VON DER OBERFLÄCHE DER ERDE
Guido Baselgia, Von der Oberfläche der Erde:
Persgletscher, 2003

Das langsame Schauen eröffnet etwas Neues. Äußerst behut-
sam nähert sich Guido Baselgia den meist kargen Erdzonen
an und erforscht und dokumentiert die »Haut der Erde«. Baselgia
hat sich mit seinen beiden Werkzyklen Hochland (1999–2001)
und Weltraum (2002–2003) eine eigene Bildwelt erschaffen, die
sich dezidiert von der traditionellen Landschaftsfotografie
unterscheidet: Wichtiger als das Gegenständliche sind für ihn
Raumstruktur, Rhythmus und Licht.

—

Slow and vigilant observation opens up new perspectives.
Guido Baselgia approaches for the most part barren places with
extreme care, exploring and documenting the "earth's skin."
The artist created a visual world of his own in his two series
Hochland (High Country, 1999–2001) and Weltraum (Outer
Space, 2002–03) that differ considerably from traditional landscape photography: for the photographer, spatial structure,
rhythm, and light are more important than the representational
aspects of the image.

12.11.2005–14.01.2006
DAVID WILLEN – VERBOTENE FRÜCHTE

BESSIE NAGER – INFRABODY

Der Ausgangspunkt von Bessie Nagers Arbeiten sind Alltagsphänomene, die sich die Künstlerin, wie es für sie kennzeichnend ist, auf spielerische, lustvolle Art aneignet. Sie hat sich der Informationsgesellschaft zugewendet und erforscht unter anderem die Problemkreise urbaner Lebensräume. Der Schauplatz ihrer Raumimaginationen ist die Metropole, die als Phänomen vielschichtig und unscharf reproduziert wird.

Die Arbeit *Cuxhaven* ist im Zusammenhang mit einem Kunst-am-Bau-Projekt in Zürich entstanden. Große Leuchtbuchstaben, wie wir sie von Reklameschriften auf Hausdächern in Großstädten oder im Umland kennen, sollten auf dem Dach einer genossenschaftlichen Wohnüberbauung in Zürich-Leimbach prangen. Wegweiserartig sollten verschiedene Städtenamen und die Richtungen, in denen sie liegen, angegeben werden. Das Projekt, das aus einem öffentlich-städtischen Wettbewerb für Kunst am Bau als Siegerprojekt hervorging, wurde nicht realisiert. Es scheiterte am Widerstand der Bewohnerinnen und Bewohner, weshalb die Leuchtbuchstaben von der Künstlerin kurzerhand zum Indoor-Kunstwerk umfunktioniert wurden: Chaotisch zusammengewürfelt und wie längst vergessen liegen sie auf dem Galerieboden herum. Die Installation von Bessie Nager thematisiert Kommunikation und ihre Grenzen: dort nämlich, wo Gesagtes oder Geschriebenes nicht verstanden wird und sich nur als zufällig zusammengewürfelter Berg von Buchstaben liest.

Everyday phenomena constitute the starting point of Bessie Nager's works, which the artist characteristically appropriates in a playful and exciting fashion. She focuses on information society, exploring, for example, the problems associated with urban environments. The setting for her visions of space is the metropolis, reproducing the phenomenon in a complex and multifaceted way.

Cuxhaven was produced in conjunction with an art-in-architecture project in Zurich. Large illuminated letters of the type we are familiar with from rooftop advertisements in big cities or on the urban fringe were intended to be displayed on the roof of a cooperative apartment complex in Zurich-Leimbach. Like a signpost, it was supposed to bear the names of various cities and the directions in which they lay. The project, which won a public municipal art-in-architecture competition, was never realized due to the opposition of the complex's inhabitants. Without further ado, the artist consequently converted the illuminated letters into an indoor work of art: the letters lie on the gallery floor, thrown together chaotically and evidently long since forgotten. Bessie Nager's installation addresses communication and its boundaries, namely the point at which the spoken and the written word are no longer understood and read solely as a random heap of letters of the alphabet.

Bessie Nager, Cuxhaven, 2005

2006
WOHNÜBERBAUUNG NOTKERSEGG, ST. GALLEN
Öffentlicher Projektwettbewerb, 1. Preis
Stadt St. Gallen / Swissbuilding Concept
—
NOTKERSEGG RESIDENTIAL DEVELOPMENT, ST. GALLEN
Public project competition, 1st prize
City of St. Gallen / Swissbuilding Concept

2006
INNENMINISTERIUM BERLIN, DE-BERLIN
Öffentlicher Projektwettbewerb
Bundesanstalt für Immobilienaufgaben

Frei geschwungene Schalen nehmen die Geometrien des Bahn-viadukts und der Spree auf und spannen eine organische Anlage zwischen Bundesspange und Bahnhofsareal auf. Die Schalen werden abwechselnd als geschützte Innenhöfe und als Plug-and-work-Büroflächen genutzt. An einigen Punkten berühren sich die Schalen und ermöglichen Querverbindungen in Form von Kommunikationszonen, sodass eine in sich geschlossene Arbeitslandschaft entsteht, die den Sicherheitsanforderungen des Ministeriums gerecht wird.

—
INTERIOR MINISTRY BERLIN, DE-BERLIN
Public project competition
Bundesanstalt für Immobilienaufgaben

Freely curving shells follow the geometries of the railroad via-duct and the Spree, creating an organic entity between the Bundesspange (Federal Row) and the site of the train station. The shells are used alternately as protected courtyards and as plug-and-work office spaces. They share tangents at certain points, leading to cross-connections in the form of commu-nication zones. A hermetic workscape emerges that caters to the security requirements of the ministry.

2006–2011/13
ALTERSZENTRUM TABEA, HORGEN
Projektwettbewerb nach Präqualifikation, 1. Preis
Verein Haus Tabea

Der längliche Neubau besetzt den Straßenrand und setzt den städtischen Straßenraum fort. Losgelöst vom Bestand wer-tet er das Gelände des Alterszentrums durch einen selbstbe-wussten architektonischen Eingriff auf. Alt und Neu gewähren einander freien Raum, der als Außen(Wohn-)raum bespielt werden kann. Gleichzeitig werden Neubau und Bestand über die Eingangsebene miteinander verschränkt. Der neue Eingang dient als Verteiler in die unterschiedlichen Gebäudeteile und be-herbergt als Quartierzentrum die gemeinschaftlichen Nutzungen.
—
TABEA CENTER FOR THE ELDERLY, HORGEN
Project competition after prequalification, 1st prize
Verein Haus Tabea

The long building adjacent to the road defines and continues the urban space of the street. Standing independently of the ex-isting building, the new building enhances the grounds of the retirement center through its self-confident architectural pres-ence. Old and new grant each other open space, which can be used as an outdoor living room. At the same time, the new and existing buildings are interlinked at the ground floor level. The new entrance serves as a central point from which to access the different buildings and functions as a neighborhood center with spaces for community use.

2006–2008
WOHNEN UND EINKAUFEN AMTHAUSPLATZ, LAUFEN
Studienauftrag auf Einladung, 1. Preis
Stadt Laufen / Coop Immobilien
—
AMTHAUSPLATZ RESIDENTIAL AND
COMMERCIAL SPACE, LAUFEN
Study contract by invitation, 1st prize
City of Laufen / Coop Immobilien

2006
PRODUKTIONSGEBÄUDE, SCHÜBELBACH
Projektwettbewerb nach Präqualifikation, 5. Preis
BSZ Stiftung Seewen
—
PRODUCTION BUILDING, SCHÜBELBACH
Project competition after prequalification, 5th prize
BSZ Stiftung Seewen

2006
ERWEITERUNG KUNSTMUSEUM, BERN
Öffentlicher Projektwettbewerb, engere Wahl
Stiftung Kunstmuseum Bern
—
ART MUSEUM EXPANSION, BERN
Public project competition, short list
Stiftung Kunstmuseum Bern

2006–2018
VERKAUF UND DIENSTLEISTUNG GRÜZE, WINTERTHUR
Direktentwicklung
Grüzefeld Immobilien AG
—
SALES AND SERVICE GRÜZE, WINTERTHUR
Direct development
Grüzefeld Immobilien AG

2006
UMBAU RADIO DRS, ZÜRICH
Planerwahlverfahren
Schweizer Radio DRS
—
CONVERSION OF RADIO STATION DRS, ZURICH
Contract award procedure
Schweizer Radio DRS

2006
UMBAU SCHULHAUS ANTON GRAFF, WINTERTHUR
Projektwettbewerb nach Präqualifikation, 2. Preis
Hochbauamt Kanton Zürich
—
CONVERSION OF THE ANTON GRAFF SCHOOL BUILDING,
WINTERTHUR
Project competition after prequalification, 2nd prize
Building Authority, Canton of Zurich

2006
ALTERSHEIM KÖSCHENRÜTI, ZÜRICH
Öffentlicher Projektwettbewerb, 1. Preis
Stadt Zürich
—
KÖSCHENRÜTI RETIREMENT HOME, ZURICH
Public project competition, 1st prize
City of Zurich

21.01.–11.03.2006
NIKLAUS RÜEGG – DER RENNSCHLAF

18.03.–13.05.2006
HUBER.HUBER

20.05.–15.07.2006
KLAUS BORN – NEUE WERKE

24.08.–21.10.2006
CHRISTOPH SCHREIBER
Christoph Schreiber, 06_13, 2005/2006

Das Fiktive wird gemeinhin als Gegenbegriff zum Realen aufge-
fasst. Christoph Schreiber hingegen lässt in seinen Bildern
die alltägliche Wirklichkeit unvermittelt an Fiktionalität grenzen,
und zuweilen wird das vermeintlich Wirkliche derart überhöht,
dass die Grenze zwischen realer und fingierter Welt verwischt.
Die kulissenartige Bildmontage evoziert etwa pointiert die
Befindlichkeit des Passanten in einer anonymen Stadtlandschaft.
—
Fiction is generally regarded as the antithesis of reality. However,
in his images Christoph Schreiber causes the reality of everyday life to directly verge on fictionality, occasionally inflating the
supposedly real to such an extent that the boundary between
the real and the fabricated world becomes blurred. The set-like
montage, for example, explicitly evokes the sensitivities of
passers-by in an anonymous urban landscape.

28.10.–23.12.2006
GEORG AERNI – TERRITORIEN

2006–2009
TAGESSTÄTTE, DIELSDORF

Projektwettbewerb nach
Präqualifikation, 1. Preis
Stiftung Vivendra
—
DAY CENTER, DIELSDORF
Project competition after
prequalification, 1st prize
Stiftung Vivendra

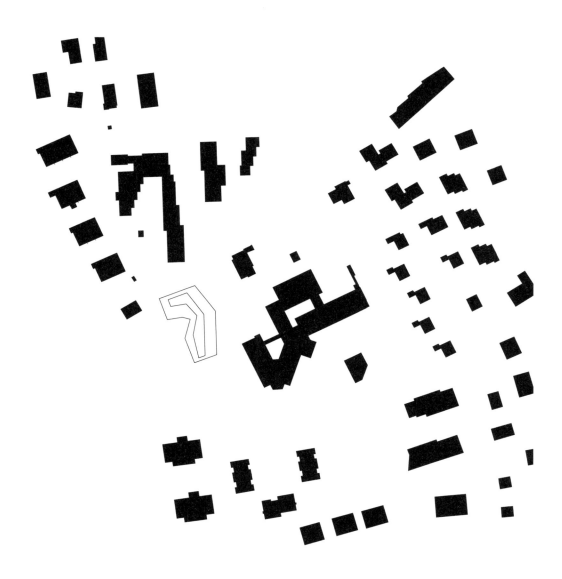

Eine Tagesstätte für zerebral gelähmte Kinder, Jugendliche und Erwachsene zu planen ist für Architekten eine besondere Herausforderung. Können wir uns überhaupt in das Leben, in die Bedürfnisse und Schwierigkeiten eines zerebral gelähmten Menschen einfühlen? Verstehen und umsetzen, was gefordert ist? Es ist zu berücksichtigen, dass körperliche Einschränkungen bestehen und womöglich die Sinneswahrnehmungen und das Sprechvermögen beeinträchtigt sind. Es braucht zur Nutzung von Rollstühlen mehr Platz, Zusatzeinrichtungen, um Pausen einzulegen und Therapeuten und Pfleger, die mit ihren Klienten ein vielfältiges Beschäftigungsprogramm bewältigen. Und nicht zuletzt

Planning a day center for children, teens, and adults with cerebral palsy is a special challenge for architects. Are we even capable of empathizing with the life, the needs, and difficulties experienced by someone with cerebral palsy? Understand what is required and then realize it? We have to take into account the fact that these individuals have physical limitations, and possibly impaired sensory perception and speech. More space is needed for wheelchairs, auxiliary facilities for breaks, and for therapists and caretakers who have to conduct a wide variety of activities with their clients. And last but not least, the people who use the day center have to be fed.

wollen die Nutzerinnen und Nutzer der Tagesstätte auch kulinarisch verpflegt sein.

Zentrum der Gestaltung war deshalb die Schaffung eines Arbeits- und Aufenthaltsortes mit hoher Lebensqualität und einer Atmosphäre, die zwischen offen und geborgen, zwischen heiter und klar oszilliert. Begriffe wie Würde und Selbstbestimmung, Individualität und Persönlichkeit sowie Integrität und Vertrauen haben den Entwurf begleitet.

Umgeben von Ein- und Mehrfamilienhäusern einerseits und großmaßstäblichen Krankenhausbauten andererseits, liegt die Tagesstätte in einem sehr heterogenen Umfeld. Das Volumen folgt in seiner Formgebung der dominanten Hangkante und schafft sich unter Einbezug bestehender Gebäudefluchten und wesentlicher städtebaulicher Kanten seinen eigenen, spezifischen Kontext.

Die überhohe Eingangshalle ist direkt vom Roswisweg zugänglich und mündet in die großzügige Erschließung, die von der abwechslungsreichen inneren Fassade begleitet wird und zum gemeinsamen Verweilen einlädt. Vielfältige Licht- und Schattenspiele, die durch Ober-, Seiten- und Kunstlicht entstehen, tauchen die einzelnen Räume je nach Tages- und Jahreszeit in völlig andere Stimmungen. Kombiniert mit den überhohen Räumen und unterschiedlichen Dachneigungen bietet sich eine Vielzahl an Perspektiven und Eindrücken.

Insgesamt entstand ein Projekt, das mit Empathie auf die Anliegen der Nutzer und Betreuer eingeht und – auch durch den Einsatz von ökologischen Materialien und ressourcenschonenden Energieträgern – einen Ort bietet, der das Wohlbefinden fördert.

For these reasons, the design concentrated on creating a place for working and spending time that would reflect a high standard as well as an atmosphere that oscillates between open and snug, cheerful and clear. Notions such as dignity and self-determination, individuality, personality, integrity, and trust accompanied the design process.

Surrounded by detached homes and apartment buildings on one side, and very large hospital buildings on the other, the day center is located in very heterogeneous surroundings. Volumes are shaped to conform to the dominant sloping side, so that the building creates its own specific context while taking into consideration the existing building alignments and essential urban planning angles.

The extremely high entrance hall is directly accessible from Roswisweg and converges in the generous open space accompanying the varied inner façade that invites groups to linger for a while. There is a great deal of play between light and shadow, created by light from above, the sides, and from artificial sources, so that there can be completely different atmospheres in the rooms depending on the time of day or year. Combined with the extremely high ceilings and the different angles of the roof, it creates a multiplicity of perspectives and impressions.

Altogether, this is a project that insightfully caters to the concerns of users and caretakers—also thanks to the ecologically friendly materials and resource-saving energy sources—and provides a place that promotes a sense of well-being.

2006–2009   Tagesstätte, Dielsdorf

Ansicht Nord /
North elevation

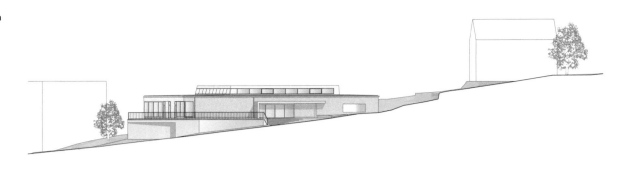

Querschnitt /
Cross section

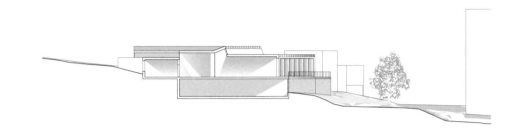

Erdgeschoss /
Ground floor

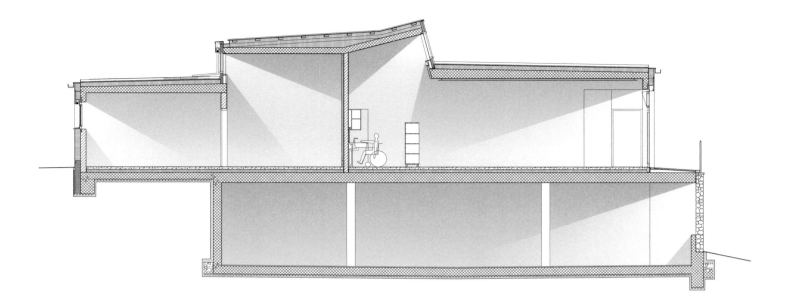

2006–2009   Tagesstätte, Dielsdorf

2007–2012
WOHNÜBERBAUUNG HINTERBERGSTRASSE, ZÜRICH
Studienauftrag auf Einladung, 1. Preis
Integra / Mobimo

Das Grundstück ist geprägt durch das abfallende Gelände, seine fächerartige Form und die Aussichtslage zum See und zur Sonne. Durch die Aufteilung des Raumprogramms in zwei Gebäude entstehen quartierverwandte Volumen, die sich gut in die unregelmäßige Parzellengeometrie einfügen. Im Innern ist die statische und haustechnische Struktur so ausgelegt, dass die Wohnungstypologien langfristig variiert und veränderte Bedürfnisse in den eigenen vier Wänden umgesetzt werden können.
—
HINTERBERGSTRASSE RESIDENTIAL DEVELOPMENT, ZURICH
Study contract by invitation, 1st prize
Integra / Mobimo

The lot is marked by its sloped terrain, its fan-like form, and the view to the lake and the sun. Assigning two buildings to the space creates volumes that relate to their surrounding space and fit in well with the irregular geometry of the lot. The static and building-service structure inside is arranged so that the apartment typologies can be varied over the long term, accommodating the changing needs of the residents within their own four walls.

2007
BÜRO- UND FORSCHUNGSGEBÄUDE, ZUCHWIL
Studienauftrag auf Einladung
Synthes
—
OFFICE AND RESEARCH BUILDING, ZUCHWIL
Study contract by invitation
Synthes

2007
LABOR- UND BÜROGEBÄUDE UNI IRCHEL, ZÜRICH
Öffentlicher Projektwettbewerb, 6. Preis
Hochbauamt Kanton Zürich
—
UNI IRCHEL LABORATORY AND OFFICE BUILDING, ZURICH
Public project competition, 6th prize
Building Authority, Canton of Zurich

2007
VERWALTUNGSGEBÄUDE BAG, LIEBEFELD
Projektwettbewerb nach Präqualifikation, 5. Preis
Bundesamt für Bauten und Logistik BBL
—
BAG ADMINISTRATIVE BUILDING, LIEBEFELD
Project competition after prequalification, 5th prize
Federal Office for Buildings and Logistics FBL

2007
SENIORENRESIDENZ, CELERINA
Studienauftrag auf Einladung, 1. Preis
Stiftung Senioren im Engadin

Die zwei Neubauten, Seniorenresidenz und Personalhaus, schmiegen sich mit ihrer mehrfach geknickten und geschliffenen Form die Straßenkante entlang und spannen mit dem bestehenden Hotel Cresta Palace einen großzügigen Parkraum auf. Außen werden typische Merkmale der Engadiner Bauweise aufgenommen, während innen eine zurückhaltende Materialisierung umgesetzt wird, um die Aufmerksamkeit auf die durch tiefe Laibungen gerahmten Ausblicke ins Alpenpanorama zu lenken.
—
RETIREMENT HOME, CELERINA
Study contract by invitation, 1st prize
Stiftung Senioren im Engadin

With their angled and polished form, the two new buildings—a senior citizens' residence and staff building—snuggle up along the edge of the street, and together with the existing Hotel Cresta Palace they generate a spacious park area. Typical features of Engadine construction have been taken up on the exterior, while inside a reserved choice of materials is employed in order to direct views framed by deep embrasures toward the Alpine panorama.

2007
LEHRE UND FORSCHUNG ETH LEE, ZÜRICH
Öffentlicher Projektwettbewerb, 5. Preis
ETH Zürich

Der Neubau LEE vereint mehrere Nutzungen der ETH Zürich
unter einem Dach: die Graphische Sammlung, das Departe-
ment MTEC sowie einen Pressebereich. Volumetrische Rücksprünge und leicht verschobene Geschosse nehmen Bezug
auf die benachbarten Gebäude und schaffen sanfte Übergänge.
Die Fassade wird als Gesicht zur Stadt verstanden, das integrativ wirken soll und gleichzeitig Teil des innovativen Energie-
konzepts ist: Die adaptive Hülle reagiert auf die klimatischen
Bedingungen und verändert ihr Erscheinungsbild in Abhängigkeit
von Tages- und Jahreszeit.

—

ETH LEE TEACHING AND RESEARCH, ZURICH
Public project competition, 5th prize
ETH Zurich

The new LEE building of the ETH Zurich combines three usages
under one roof: the Collection of Prints and Drawings, the
MTEC, and the press area. Volumetric recesses and slightly off-
set floors make reference to the neighboring building, creating
gentle transitions. The façade is seen as a face to the city, an integrative factor and part of the innovative energy concept:
the reactive skin responds to climatic conditions and changes its
appearance depending on the time of day and the season.

2007–2008
STADTRAUM HB, ZÜRICH
Testplanung diverse Baufelder
SBB Immobilien

—

URBAN SPACE HB, ZURICH
Test planning for different lots
SBB Immobilien

2007
WOHN- UND GESCHÄFTSHAUS SEEFELD, ZÜRICH
Studienauftrag auf Einladung, 2. Preis
Pensionskasse Alcan

—

SEEFELD RESIDENTIAL AND OFFICE BUILDING, ZURICH
Study contract by invitation, 2nd prize
Pensionskasse Alcan

13.01.–24.02.2007
ANDREA WOLFENSBERGER –
VON DEN HEREINBRECHENDEN RÄNDERN

02.03.–05.05.2007
CHRISTOPH HÄNSLI – BAUWAND & WEEKEND PROJECTS

12.05.–14.07.2007
TERESA CHEN – PROJECTIONS

23.08.–20.10.2007
DOMINIQUE LÄMMLI – VERLIEBT IN DIE PLANETEN …

27.10.–22.12.2007
DAVID WILLEN – FLUCHTEN II
David Willen, Kerzers, 2007

David Willen hat mit *Fluchten* einen fotografischen Werkzyklus
geschaffen, der unterschiedliche Ansichten wie die einer
Hors-sol-Plantage in Kerzers oder die Gänge des CERN in Genf
vereint. Das verbindende Element bildet die Flucht der extremen Zentralperspektive. Fluchten können für lange, schwierige
Wege stehen, für Einsamkeit, letztlich auch fürs Flüchten.
Einmal beschreibt Flucht als technischer Begriff eine Optik, dann
wieder suggeriert das Wort Zustände höchster Anspannung.

—

With *Vanishing Points,* David Willen created a cycle of works that
unites diverse views, such as one of a greenhouse plantation
at Kerzers or corridors in the CERN nuclear research facility in
Geneva. The element uniting them is the vanishing line from
an extreme one-point perspective. Vanishing points can stand for
long, difficult paths, for loneliness, but also for escape. Technically, the vanishing point describes a visual effect, and in German
the word also suggests heightened states of tension.

2007–2014
WOHNÜBERBAUUNG
BLÜMLIMATT, THUN

Projektwettbewerb nach
Präqualifikation, 1. Preis
HRS
—
BLÜMLIMAT RESIDENTIAL
DEVELOPMENT, THUN
Project competition after
prequalification, 1st prize
HRS

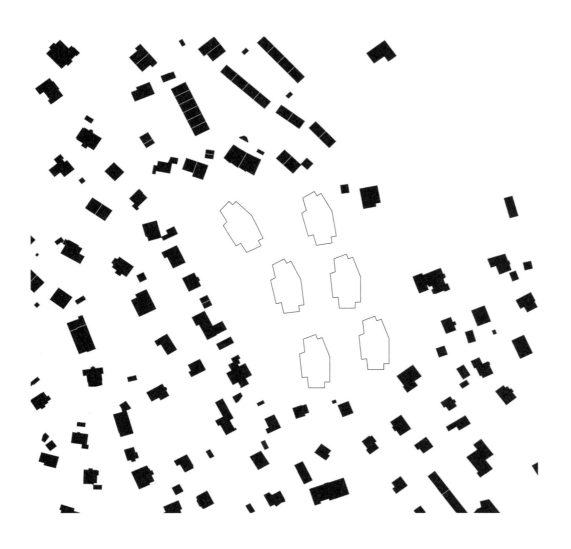

Das Blümlimattquartier unweit vom Schloss Thun liegt an einem Hang zwischen Krankenhaus und dem Göttibach mit Sicht über den See auf die Alpenkette des Berner Oberlands. Villen, Chalets und Einfamilienhäuser bestimmen den Charakter des Quartiers, das weitgehend in den 1920er- und 1930er-Jahren überbaut wurde. Die Neubauten bilden ein Ensemble, das eigenständig und integrativ zugleich ist. Durch die Ausbildung von polygonalen Volumen und akzentuierten »Kopfsituationen« wird die Körnigkeit des Quartiers aufgenommen und jeder Wohnung eine dreiseitige Orientierung geboten. Der anspruchsvollen Topografie mit rund 20 Metern Höhenunterschied wird durch eine Staffelung der Gebäude begegnet, die eine har-

The Blümlimatt district is located not far from Thun Castle, on a hill between the hospital and the Göttibach, with a view across the lake to the Alps of the Bernese Oberland. It is characterized by villas, chalets, and detached homes, most of which were rebuilt in the twenties and thirties. The new buildings form an ensemble that is both independent and integrative alike. By means of the formation of polygonal volumes and accentuating building termination situations, it fits into its surroundings and makes for the three-sided orientation of each dwelling. Terracing the buildings, harmoniously integrating them into the hillside, and giving each apartment an unobstructed view responded to the demanding

monische Einbindung in den Hang bewirkt und jeder Wohnung freie Sicht gewährt.

Ein geschwungenes Wegnetz erschließt den Hang, der zwischen den Wohngebäuden hindurchfließt. Die Wege weiten sich zu kleinen Plätzen, führen zu den Gebäudezugängen und knüpfen an den Höheweg und Blümlimattweg an. Treffpunkte bei den Eingangshallen, Sitznischen entlang der Wege und Spielplätze bieten unterschiedliche Außenraumqualitäten. Funktionale Flächen wie Einfahrten und Besucherparkplätze liegen immissionsfrei an den Rändern. Unterschiedliche Wiesentypen, Staudengewächse und Solitärbäume verweben das Areal mit dem Quartier.

Im Innern wurde – auch aufgrund dessen, dass die Wohnungen für den Verkauf bestimmt waren – eine hohe Individualisierbarkeit angestrebt. Das zentrale Treppenhaus bildet zusammen mit den angrenzenden Steigzonen und der tragenden Fassade das Grundgerüst, während die weiteren Flächen frei bespielbar sind. Auf diese Weise konnte die Anzahl, Typologie und Größe der Wohnungen während des gesamten Planungsprozesses auf einfache Weise variiert werden. Die nutzungsneutralen Raumgrößen bieten eine individuelle Nutzbarkeit und ermöglichen es, veränderte Bedürfnisse – Nachwuchs, Homeoffice, Auszug der Kinder – in den eigenen vier Wänden zu befriedigen. Und auf lange Sicht kann die gesamte Geschossfläche neu organisiert oder umgenutzt werden.

In Kombination mit dem effizienten Energiekonzept und dem ökonomischen Landverbrauch entstand so ein landschaftlich integratives Ensemble, das die Lagequalitäten nutzt und langfristig eine Vielzahl an Wohnbiografien ermöglicht.

topography, with a height difference of approximately twenty meters.

A network of curving paths covers the slope and flows among the buildings. The paths widen out into small squares, lead to building entrances, and connect to Höheweg and Blümlimattweg. Meeting points near the entryways, sheltered seating along the paths, and playgrounds offer a variety of outdoor activities. Functional areas such as driveways and visitor parking lots are located along the peripheries, which shields residents from any harmful emissions. Different kinds of meadows, perennials, and solitary trees intertwine the site with the district.

We strove for a high level of interior adaptability inside, also because the apartments were intended for sale. Combined with the adjacent riser zones, the main stairwell and the load-bearing façade form the basic structure, while the other areas can be freely configured. In this way, the number, type, and size of the apartments could be varied in simple ways throughout the planning process. As the function of the rooms is not predetermined, residents can use the space however they wish and adapt it to satisfy changing needs—children, home office, empty nesters—within their own four walls. And in the long run, the entire floor plan can be rearranged or repurposed.

In combination with the concept of efficient energy and economical land use, this ensemble integrates into the landscape, makes use of the qualities of the location, and in the long term will allow people to lead a variety of lifestyles.

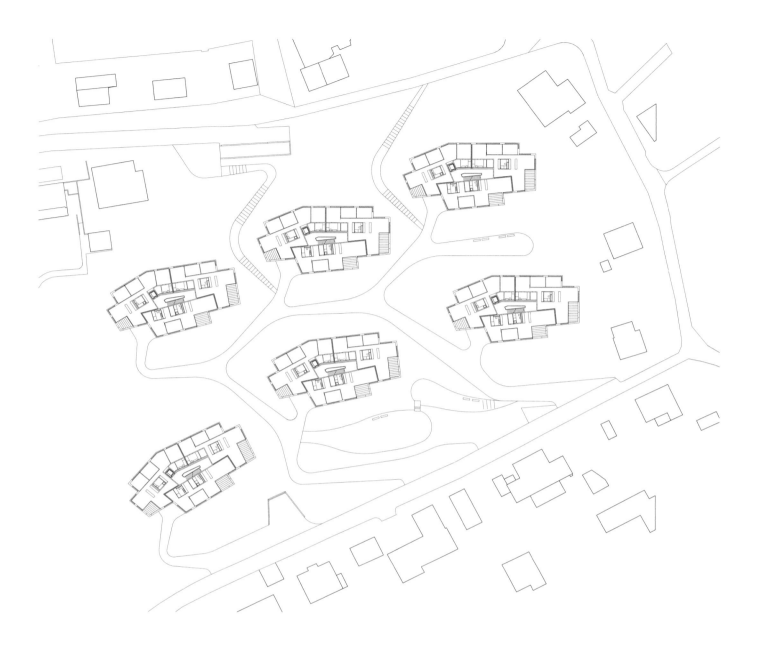

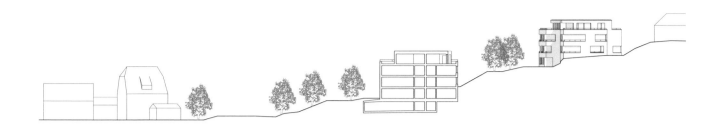

2007–2014   Wohnüberbauung Blümlimatt, Thun

2007–2010
HAUS ENGLISCHVIERTEL-STRASSE, ZÜRICH

Direktentwicklung
Privat
—
ENGLISCHVIERTEL-
STRASSE APARTMENT
BUILDING, ZURICH
Direct development
Private

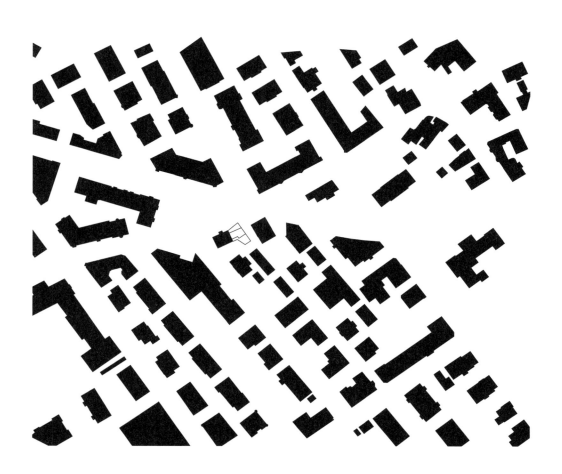

Prominent auf die Baulinie gesetzt, nimmt der Baukörper den Dialog nach allen Seiten auf: volumetrisch, im Zusammenspiel der Öffnungen und Schalungszeichnungen und mit den hofseitigen städtischen Zwischenräumen. Die monolithische Fassade antizipiert durch die gestockte Oberfläche des selbstverdichteten Betons den mineralischen Verputz der umliegenden Häuser. Die Zuschlagsmischung aus Kalksteinen schafft einen warmen, erdigen Farbton, der zum Ambiente des Hottingerplatzes passt und dieses stärkt.

Das regelmäßige Schalungsbild ergibt eine subtile Gliederung des Gebäudes. Innerhalb dieses Gestaltungsrasters sind die Fensteröffnungen spielerisch verteilt und geben präzise Blicke in den städtischen Raum frei. Durch die Laibungstiefen und die glatten, ungestockten Oberflächen um die Fenster wird ein Bild ähnlich den Sandsteinewänden der historischen Nachbarbauten evoziert.

Prominently aligned, the building itself carries on a dialogue in every direction: in terms of volume, in the interplay of openings and formwork details, and with the intermediate urban spaces on the courtyard side. Thanks to the bush-hammered surface of the self-compacting concrete, the monolithic façade anticipates the mineral plaster on the surrounding houses. The supplemental mix of limestone creates a warm, earthy hue that fits into and reinforces the ambience of Hottingerplatz.

The regular appearance of the formwork results in a subtle articulation of the building. The window openings are playfully scattered across the design grid and provide precise views of the city. Intrado depths and the smooth surfaces around the windows evoke an image similar to the sandstone façades of the neighboring historical buildings.

The materials and usage on the ground floor differ from those on the upper stories. Generous

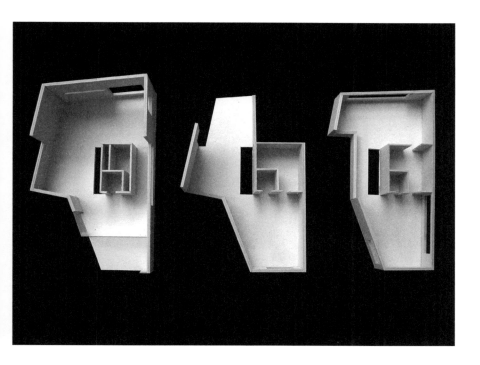

Das Erdgeschoss setzt sich durch Materialisierung und Nutzung von den Obergeschossen ab. Großzügige Verglasungen, als Schaufenster ausgebildet, präsentieren die dahinterliegende Ateliernutzung. Die Obergeschosse öffnen sich zurückhaltend zum Straßen- und Hofraum – mit Ausnahme der beiden übergroßen Fenster, welche die zweigeschossigen Räume dahinter sichtbar machen. Die oberen Geschosse entwickeln sich um den durchgehenden rot lasierten Sichtbetonkern. Zweigeschossige Räume verknüpfen die verschiedenen Ebenen miteinander und schaffen eine offene Raumfolge durch alle Stockwerke. Die Abtrennung erfolgt ausschließlich über raumhohe Möbel und Schiebetüren. Dadurch entstehen Räume, die sich in die Höhe schrauben und den Kern umfließen, unterstützt durch die fugenlosen, mineralischen Bodenbeläge. Der Kern selbst nimmt – neben Lift und Haustechnikerschließung – die Nasszellen auf, die sich als farbige Nischen absetzen.

Die privaten Außenräume sind durch präzise Schnittstellen zum öffentlichen Raum gekennzeichnet: die Loggia und die gefasste Dachterrasse sind Teil des Gebäudevolumens und tragen der städtischen Dichte Rechnung. Im Hof schaffen niedrige Umfassungsmauern und visuell durchlässige Schlosserarbeiten klare Zonierungen, während Richtung Hottingerplatz der sickerfähige Asphalt – und mit ihm der öffentliche Raum – bis an das Gebäude führt. Ergänzt durch ein nachhaltiges Energiekonzept konnte so das Thema »Wohnen in der Stadt« auf besondere und beispielhafte Art umgesetzt werden.

glass surfaces, built to resemble shop windows, present the studios behind it. The upper floors are open in a reserved way to the street and courtyard, with the exception of the two extra large windows, which allow one to see the two-story spaces behind. The upper floors develop around the exposed concrete, all of which is coated in red varnish. Two-story spaces link the different levels with each other and create an open sequence of rooms on all of the floors. Partitioning is achieved exclusively by means of floor-to-ceiling furniture and sliding doors, creating spaces that wind upward and flow around the core, supported by the seamless stone flooring. Besides the elevator and building services enclosure, the core also contains the bathrooms, colorful niches that stand out.

Private exterior spaces are characterized by precise interfaces with public space: the loggias and the enclosed roof terraces are part of the building's volume and take urban density into account. In the courtyard, low surrounding walls and see-through metalwork create clear zones, while in the direction of Hottingerplatz the porous asphalt—and with it the public space—leads up to the building. Supplemented by a concept of sustainable energy, the theme "urban living" was realized in an exceptional and exemplary way.

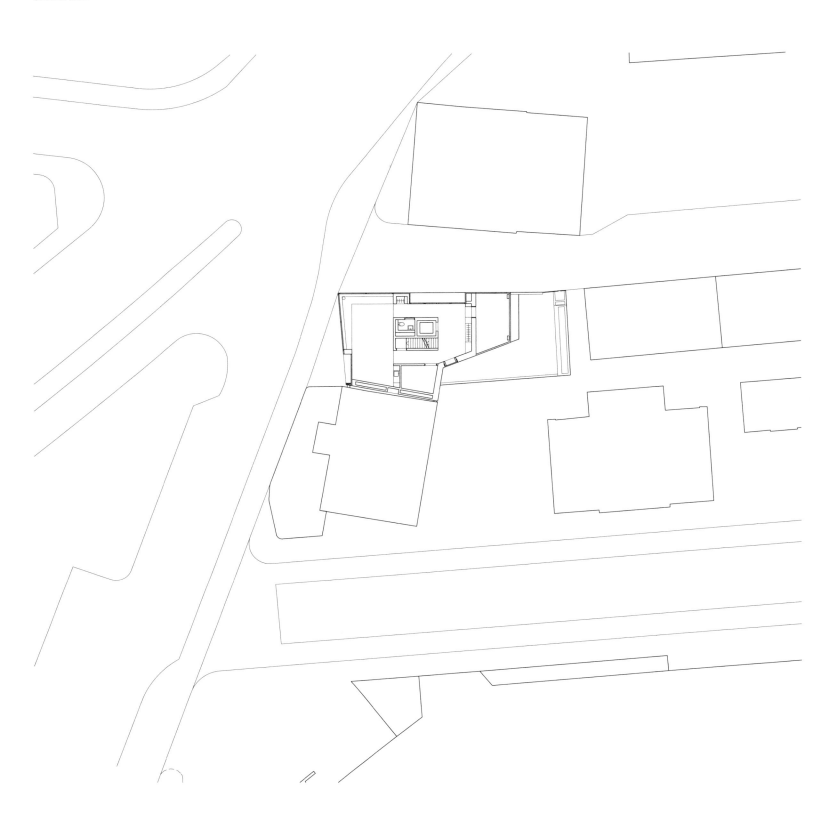

3. Obergeschoss, Attika /
4th floor, attic

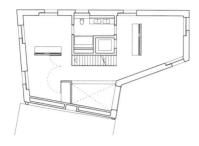 

1., 2. Obergeschoss /
2nd, 3rd floor

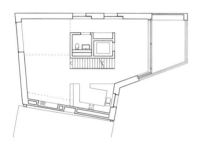 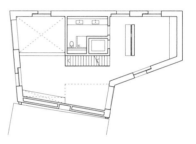

2007–2010   Haus Englischviertelstrasse, Zürich

Südostfassade/
Southeast façade

Südwestfassade/
Southwest façade

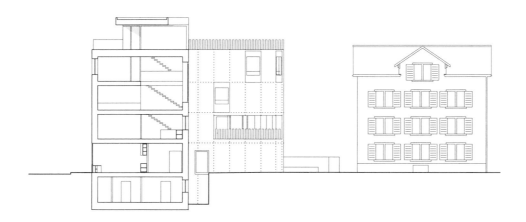

Nordwestfassade/
Northwest façade

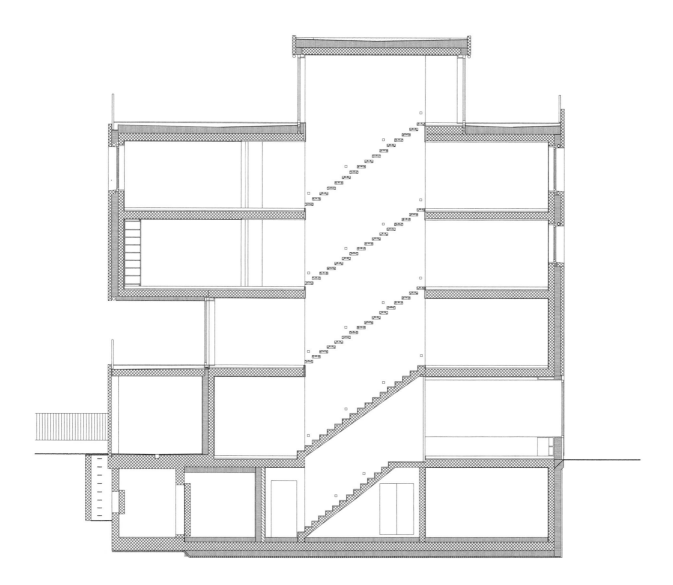

2007–2010   Haus Englischviertelstrasse, Zürich

2007–2010 Haus Englischviertelstrasse, Zürich

2008–2011
WOHNÜBERBAUUNG RÖTIBODEN, WÄDENSWIL
Studienauftrag auf Einladung, 1. Preis
Mobimo

Die beiden Volumen fügen sich durch ihre polygonale Form
und ihre Größe auf selbstverständliche Weise in den Kontext ein.
Die städtebauliche Setzung verschafft den Wohnungen großzügige Aus- und Durchblicke, während die Grundrisstypologie
präzise auf die Lage »Linkes Zürichseeufer« reagiert: Alle
Wohnungen sind dreiseitig orientiert und haben am Gebäude-
ende einen durchgehenden Wohnbereich – mit Sonne gegen
Süden und Seeblick gegen Norden.

—

RÖTIBODEN RESIDENTIAL DEVELOPMENT, WÄDENSWIL
Study contract by invitation, 1st prize
Mobimo

With their polygonal form and their size, both buildings fit
in naturally with their context. In terms of urban planning, their
placement provides the apartments with generous interior
and exterior views, while the floor plan carefully responds to the
"Left Bank of Lake Zurich": all of the apartments are oriented
toward three sides and feature a full-length living area at the end
of the building, with sun to the south and a view of the lake to
the north.

2008
STUDENTENWOHNUNGEN HÖNGGERBERG, ZÜRICH
Öffentlicher Projektwettbewerb
ETH Zürich

—

HÖNGGERBERG STUDENT HOUSING, ZURICH
Public project competition
ETH Zurich

2008
DIENSTLEISTUNGSGEBÄUDE FÄRBI-AREAL, SCHLIEREN
Studienauftrag auf Einladung, 2. Preis
Halter Entwicklungen

—

FÄRBI SITE SERVICE BUILDING, SCHLIEREN
Study contract by invitation, 2nd prize
Halter Entwicklungen

2008
KUNST AM LIMMATQUAI, ZÜRICH
Projektwettbewerb nach Präqualifikation, 2. Preis
Stadt Zürich

—

ART ON THE LIMMATQUAI, ZURICH
Project competition after prequalification, 2nd prize
City of Zurich

2008–2012
WOHNEN UND GEWERBE FALMENSTRASSE, USTER
Studienauftrag auf Einladung, 1. Preis
Gesellschaft für Haus- und Grundbesitz

—

FALMENSTRASSE RESIDENTIAL AND
COMMERCIAL SPACE, USTER
Study contract by invitation, 1st prize
Gesellschaft für Haus- und Grundbesitz

2008–
WOHNÜBERBAUUNG SCHÜRMATT, MURI
Projektwettbewerb nach Präqualifikation, 1. Preis
Gemeinde Muri / Privat

Dem Projektansatz liegt ein hoher Respekt vor der Weite und
dem Fließen des Landschaftsraumes zugrunde. Die Wohnungen
werden in langen, peripheren Baukörpern konzentriert, während
wolkenartige Baumgruppen identitätsstiftende Orte schaffen.
Im Innern wird der Bezug zur Landschaft über zweigeschossige
Räume und ausladende Balkone inszeniert. Die rationelle Grundstruktur und konsequente Systemtrennung gewährleisten hierbei
eine hohe Kosteneffizienz in der Erstellung und im Unterhalt.

—

SCHÜRMATT RESIDENTIAL DEVELOPMENT, MURI
Project competition after prequalification, 1st prize
Municipality of Muri / Private

The project's approach is based on great respect for the open
expanse and flow of the landform. The apartments are concentrated in long, peripheral structures, while cloud-like groups
of trees lend identity to the location. Inside, the relationship
to the landscape is staged by means of two-story spaces and
protruding balconies. The rational basic structure and consistent separation of systems ensure a high degree of efficiency in
terms of building costs and maintenance.

2008
BÜRO- UND FORSCHUNGSGEBÄUDE, STEINACH
Projektwettbewerb nach Präqualifikation
Micro Innovation AG
—
OFFICE AND RESEARCH BUILDING, STEINACH
Project competition after prequalification
Micro Innovation AG

2008–2012
WOHNEN UND GEWERBE ZENTRUM, VILLMERGEN
Planerwahlverfahren, 1. Preis
Stipa AG
—
RESIDENTIAL AND COMMERCIAL CENTER, VILLMERGEN
Contract award procedure, 1st prize
Stipa AG

2008
WOHNÜBERBAUUNG STÖCKACKER, BERN
Öffentlicher Projektwettbewerb, 7. Preis
Fonds für Boden- und Wohnbaupolitik der Stadt Bern
—
STÖCKACKER RESIDENTIAL DEVELOPMENT, BERN
Public project competition, 7th prize
Fonds für Boden- und Wohnbaupolitik der Stadt Bern

2008
MEHRGENERATIONENHAUS, WINTERTHUR
Projektwettbewerb nach Präqualifikation, engere Wahl
Verein Mehrgenerationenhaus
—
MULTIGENERATIONAL BUILDING, WINTERTHUR
Project competition after prequalification, short list
Verein Mehrgenerationenhaus

12.01.–01.03.2008
MATTHIAS BOSSHART – FILM-STÜCKE

19.04.–24.05.2008
NIKLAUS RÜEGG – SUPER PURSUIT MODE

31.05.–12.07.2008
BESSIE NAGER – RELOADED
Bessie Nager, Dolder, 2006/2008

Bessie Nager schafft komplexe visuelle Cluster, die in direkter Auseinandersetzung mit den Inhalten und Strukturen des Internets entstanden sind. Ihre *Cityscapes* zeigen kaleidoskopartig verdichtete Bilder von medial vermittelten Welten. Tief ins Bild reichende Räume verschwimmen in multifokalen Fluchtpunkten, werden zu mehrdimensionalen Bühnen und evozieren die betörende Gleichzeitigkeit des Hyperspace, der einer pulsierenden Megacity gleich nie zur Ruhe kommt.
—
Bessie Nager creates complex visual clusters that came about from her direct examination of the contents and structures in the Internet. Her *Cityscapes* feature kaleidoscopically condensed images of media-transmitted worlds. Spaces that extend into the depths of the image become blurred in multifocal vanishing points and turn into multidimensional stages, evoking the tantalizing simultaneity of a hyperspace that never comes to rest in a pulsating megacity.

27.08.–18.10.2008
GUIDO BASELGIA – SILBERSCHICHT I

25.10.–20.12.2008
GEORG AERNI – HOLOZÄN

2008–2012
MEHRFAMILIENHAUS FREIESTRASSE, ZÜRICH

Studienauftrag auf Einladung,
1. Preis
BVK Kanton Zürich
—
FREIESTRASSE APARTMENT
BUILDING, ZURICH
Study contract by invitation,
1st prize
BVK, Canton of Zurich

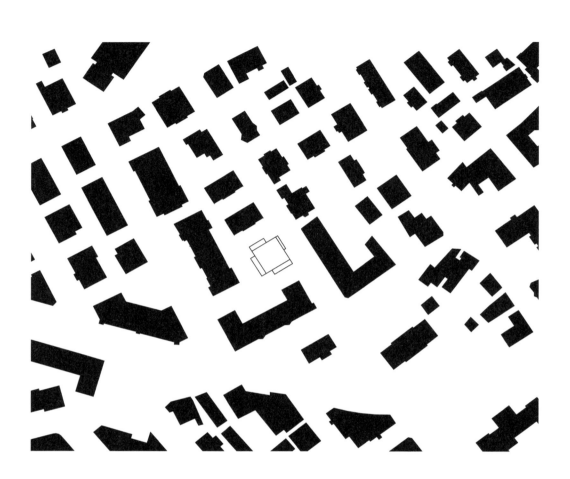

»Verdichten und Verweben« waren die zentralen Motive, um bei diesem Ersatzneubau die geforderte Ausnutzung quartierverträglich umsetzen zu können und einen vielschichtigen Bezug zu den Bestandsbauten zu etablieren. Das Erkermotiv nimmt die Fluchten der Nachbargebäude auf, akzentuiert den Eingang des Gebäudes und gliedert das Volumen. Die Materialisierung, Farbigkeit sowie das liegende Fensterformat mit profilierten Laibungen sind quartierverwandt und setzen die Geschichte des Ortes fort.

Das Farbkonzept respektiert beziehungsweise interpretiert den gewachsenen Kontext. Den Hintergrund des Konzeptes bilden die im Quartier vorkommenden Farbkreise sowie die Theorie des Künstlerpaares Albers, welches aufzeigt, wie sich die Farbwirkung je nach Umgebungsfarbe verhält und welche Farbkombinationen eine harmonisch-ästhetische Wirkung erzeugen. Durch die

"Condense and weave" were the key motifs employed to make this new replacement building compatible with the district and enter into a multi-layered relationship with existing buildings. The oriel motif picks up on the perspectives provided by the neighboring structures, accentuating the entrance and articulating the volume of the building. The materials, colors, and the horizontal window format with profiled embrasures are closely related to other buildings in the quarter and carry on the history of the site.

The color concept respects and interprets the evolved context. The concept is based on the neighborhood's existing color scheme, as well as on Josef and Anni Albers' theory, which points out how the color effect behaves depending on the surrounding color, and what sort of color combinations create a harmonious, aesthetic impression. Through the different coloration of the façades,

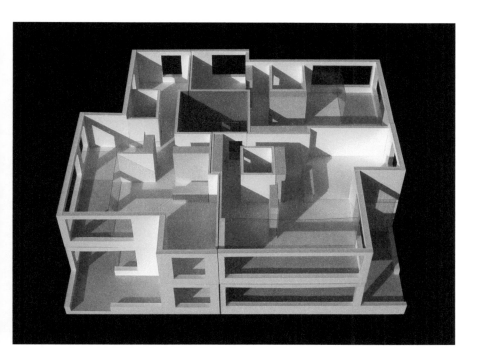

unterschiedliche Farbigkeit der Fassaden treten sie in einen präzisen Dialog mit den jeweils benachbarten Gebäuden und unterstützen gleichzeitig die windmühlenartige Gliederung des Volumens.

Neben den Vorteilen der urbanen Lage bietet der Neubau auch unerwartet intime Räume und Möglichkeiten, um sich dem Stadtleben zu entziehen. Jede Wohnung verfügt über mindestens einen Balkon, der als »Innenraum im Außenraum« ausgebildet ist. Trotz der beschränkten Freifläche rund um das Gebäude gewinnt man durch die geschickte Platzierung der Öffnungen und Balkone den Eindruck, von einem großzügigen Grünraum umgeben zu sein.

Strategien der ökologischen und energetischen Nachhaltigkeit werden zur Steigerung des Wohnkomforts genutzt. Optimale Tageslichtverhältnisse sparen Energie und Kosten – und wirken sich gleichzeitig positiv auf die Raumatmosphäre aus. Die optimierten Erschließungs-, Statik- und Steigzonenkonzepte sind nicht nur wirtschaftlich, sondern erweitern die bewohnbaren Flächen, gewährleisten langfristige Nutzungsflexibilität und können auf vielfältige Wohnbedürfnisse reagieren. Denn zwischen den Zeilen und jenseits der Kennwerte gilt eine wesentliche Erkenntnis: Im Zentrum des Entwurfs steht der Mensch, das subjektive Wohlbefinden und die Identifikation der Bewohner mit ihrem Zuhause. Bruno Taut, ein Vertreter des Neuen Bauens, bringt diesen Anspruch auf den Punkt: »Wie die Räume ohne den Menschen aussehen, ist unwichtig, wichtig ist nur, wie die Menschen darin aussehen.«

they enter into a precise dialogue with each of the neighboring buildings, and at the same time support the windmill-like articulation of the volume.

Besides the advantages of the urban location, the new building also offers unexpectedly intimate spaces and potential ways to retreat from city life. Every apartment has at least one balcony, constructed as an "indoor room outdoors." Despite the limited open space around the building, clever placement of openings and balconies gives one the feeling of being surrounded by a large green space.

Strategies for ecological and energy sustainability are employed to increase living comfort. An optimum amount of daylight saves energy and costs, while having a positive effect on the spatial atmosphere. The optimized infrastructure, engineering, and riser zone concepts are not only economical, they also expand the living space, maintain its flexible usage over the long term, and can accommodate a variety of individual lifestyle requirements. For between the lines and beyond the parameters, there is an important insight: the individual, subjective well-being, and the residents' identification with their home are the center of the design. Bruno Taut, one of the New Objectivity architects, puts it in a nutshell: "What rooms look like without people is unimportant; the only thing that counts is what people look like in them."

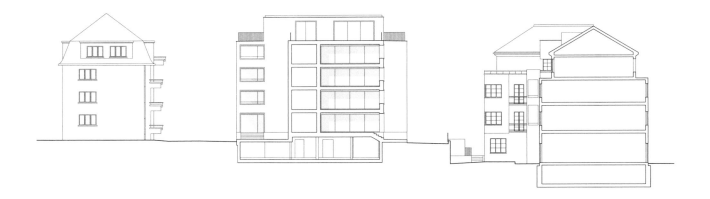

Ansicht Ost/
East elevation

Attika/
Attic

2. Obergeschoss/
3rd floor

2008–2012   Mehrfamilienhaus Freiestrasse, Zürich

2008–2012   Mehrfamilienhaus Freiestrasse, Zürich

CARMEN PERRIN – ECLIPSES

Carmen Perrin entlockt alltäglichen Materialien eine eigene Formensprache und kreiert leichte, semitransparente Gebilde, die den Sehvorgang des Rezipienten auffächern. Ihre Arbeiten sensibilisieren uns für Wahrnehmungsprozesse und eröffnen ungeahnte Räume, die sich durch das Sinnliche hindurch auftun.

Die »Eklipse« bezeichnet ein astronomisches Ereignis, bei dem ein Himmelskörper für eine bestimmte Zeit partiell oder vollständig verdeckt wird. Die Künstlerin überträgt diesen Mechanismus in ihre Arbeit und entwickelt daraus beispielsweise Tableaus, bei denen sich verschiedene Figuren auf ein und demselben Bild überlagern und dadurch kaum einzeln erkennbar sind. Vielmehr kann eine Bildebene die andere – wie bei der Mond- oder Sonnenfinsternis – gänzlich auslöschen.

Bei den perforierten Holzstühlen findet eine Eklipse im übertragenen Sinn statt: Die Künstlerin blendet mit ihren Eingriffen die ursprüngliche Zweckbestimmung aus. Die Stühle werden durchlöchert, bis der äußerste Punkt erreicht ist, der die Stabilität des Objektes noch gewährleistet. Für Perrin wird die räumliche Struktur der perforierten Stühle zu einem porösen Raum. Der solide Gegenstand mutiert zum Gefäß, das die Leere einfasst. Die ursprüngliche Eigenschaft des Materials wird im Sinne der Eklipse überblendet und ins Gegenteil gedreht.

Carmen Perrin elicits a unique formal idiom from everyday materials and creates light, semitransparent objects that expand the viewer's perception. Her works sensitize us for visual processes and open up unforeseen spaces through the sensuous.

Eclipses are astronomical events that take place when a celestial body is temporarily obscured in whole or in part. The artist transfers this mechanism into her works and develops, for example, tableaus by laying various figures one over the other in the same picture, causing them to become nearly unrecognizable individually. In fact, one pictorial layer can completely blot out another—like during a solar or lunar eclipse.

An eclipse takes place in a figurative sense in her perforated wooden chairs. The artist masks their original purpose through her interventions. The chairs are perforated up to the point that the object's stability is just still maintained. For Carmen Perrin, the spatial structure of the chairs becomes a porous space. The solid object mutates into a vessel that surrounds the void. The material's original features are masked in the sense of an eclipse and reversed.

Carmen Perrin, Espace éponge, 2008,
Perforierte Holzstühle, bemalt

2009
BEGEGNUNGSZENTRUM STADTHOF, RAPPERSWIL
Studienauftrag auf Einladung
Stiftung Fokus

Der Neubau verwebt sich mit seiner Umgebung, indem ortstypische Elemente in eine zeitgemäße Formensprache transfor-
miert werden. Die polyvalenten Raumgruppen werden als
Wohnturm gestapelt, der seitlich stark abfällt, um zu den Gebäudehöhen der Bestandsbauten zu vermitteln. Die Mitte der Anlage bildet der polygonale große Saal, der zum »sozialen Herzen«
des Begegnungszentrums wird.
—
STADTHOF COMMUNITY CENTER, RAPPERSWIL
Study contract by invitation
Stiftung Fokus

The transformation of typical local elements into a contemporary
formal language has interwoven the new building into its surroundings. The polyvalent spatial groupings are stacked to constitute a residential tower that drops off sharply to the side
in order to mediate the heights of the neighboring buildings. The
polygon-shaped, large hall in the middle of the complex forms
the "social heart" of the community center.

2009
GEMEINDEHAUS, VOLKETSWIL
Gesamtleistungswettbewerb nach Präqualifikation
Gemeinde Volketswil
—
COMMUNITY HALL, VOLKETSWIL
Overall performance competition after prequalification
Municipality of Volketswil

2009
CENTURY BUILDING, CN-CHINA
Studie
Taiming
—
CENTURY BUILDING, CN-CHINA
Study
Taiming

2009
VERWALTUNGSGEBÄUDE BIT, ZOLLIKOFEN
Gesamtleistungswettbewerb nach Präqualifikation
Bundesamt für Bauten und Logistik BBL
In Zusammenarbeit mit alb Architektengemeinschaft

Der lineare Platz- und Gassenraum wirkt als verbindendes
Element über das gesamte Areal und passt sich in seinem Verlauf den Konturen des Geländes an. Die angegliederten,
polygonal verformten Atriumbauten bieten ein integratives
Baumuster bei gleichzeitig optimaler Nutzungsflexibilität
im Innern. Die zwiebelschalenartigen Grundrisse schaffen frei
einteilbare Flächen, abwechslungsreiche Raumfolgen und
optimale Arbeitsbedingungen bei gleichzeitig hoher Flächen-
und Energieeffizienz.
—
BIT ADMINISTRATIVE BUILDING, ZOLLIKOFEN
Overall performance competition after prequalification
Federal Office for Buildings and Logistics FBL
In collaboration with alb Architektengemeinschaft

The linear plaza and network of alleys serve as a unifying element over the entire site, adapting its course to the contours of
the grounds. The attached, polygon-shaped atria provide
both an integrative type of construction and optimum flexibility
of use. The onion-skin-like floor plans create freely dividable
areas, contrasting sequences of rooms, and optimal working
conditions with higher surface and energy efficiency.

2009
VERWALTUNGSGEBÄUDE, BIEL
Öffentlicher Projektwettbewerb
Stadt Biel
—
ADMINISTRATIVE BUILDING, BIEL
Public project competition
City of Biel

2009–2018
BÜRO UND HOTEL, SCHWERZENBACH
Studienauftrag auf Einladung, 1. Preis
Tectus SA

Die drei Neubauten ergänzen den Bestand zu einem Ensemble, dessen Silhouette in der Fernwirkung einen hohen Wiedererkennungswert hat und als Gesamtsystem die hohen Nachhaltigkeitsanforderungen erfüllt. Im Inneren werden die einzelnen Gebäudeabschnitte durch neue Treppenanlagen verknüpft, um eine flexible Nutzung als Büro und Hotel zu gewährleisten.
—
OFFICE AND HOTEL, SCHWERZENBACH
Study contract by invitation, 1st prize
Tectus SA

The three new buildings extend the existing stock to become an ensemble whose silhouette represents a high recognition factor from a distance, while as an overall system it fulfills the high sustainability requirements. Inside, the individual building segments are connected by means of a new staircase in order to ensure flexible use as an office and hotel.

17.01.–14.03.2009
ANDREA WOLFENSBERGER

20.03.–09.05.2009
EBERLIMANTEL

16.05.–11.07.2009
KLAUS BORN – NEUE WERKE

26.08.–24.10.2009
CHRISTOPH HÄNSLI

07.11.2009–06.02.2010
CHRISTOPH SCHREIBER
Christoph Schreiber, Kompliziertes Verhältnis, 2009

Christoph Schreiber fertigt collagenartige digitale Fotografien in der Manier klassischer Stillleben, die skurrile und surreale Welten eröffnen. Eines seiner Werke zeigt etwa die leere Puppenhülle eines Falters, der auf dem Rand einer Cappuccinotasse geschlüpft ist. Objekte werden in Schreibers Werken zu etwas »Anderem« – sie verharren im Augenblick der Verwandlung. Mit Humor untersucht Christoph Schreiber so die grundsätzliche Tragödie des Lebens.
—
Christoph Schreiber produces collage-like digital photographs in the manner of classic still lifes that reveal scurrilous and surreal worlds. One of his works shows the empty cocoon of a moth that hatched on the rim of a cappuccino cup. Objects become something "different" in Schreiber's works—they poise in the moment of transformation. Christoph Schreiber employs humor to explore the fundamental tragedy of life.

2009
FACHHOCHSCHULE CAMPUS DERENDORF, DE-DÜSSELDORF

Projektwettbewerb nach Präqualifikation, Ankauf Bau- und Liegenschafts- betrieb NRW

—

UNIVERSITY OF APPLIED SCIENCES, DERENDORF CAMPUS, DE-DÜSSELDORF Project competition after prequalification, design purchase Bau- und Liegenschafts- betrieb NRW

Die Ausprägung einer klaren Identität sowie einer engen Verflechtung mit dem umgebenden Stadt-quartier waren zentrale Anforderungen für den neuen Standort der Fachhochschule. Darüber hinaus mussten Bestandsbauten integriert und das Areal als Ganzes höchsten Nachhaltigkeitsansprüchen gerecht werden.

Das Projekt geht diese Ansprüche auf unter-schiedlichen Ebenen an: Räumlich schafft die volumetrische Setzung eine einprägsame Figur mit starkem innerem Zusammenhalt und gleichzeitiger Durchlässigkeit zur Umgebung. Betrieblich werden die einzelnen Fachbereiche auf jeweils zwei Bau-körper verteilt und durch ein gemeinsames Sockel-geschoss verbunden. So können sowohl die

Creating a clear identity and closely integrating the surrounding urban district were the key challenges for the new site of the university of applied sciences. Furthermore, the existing buildings had to be inte-grated and the area as a whole had to do justice to the highest requirements of sustainability.

The project addresses these demands on dif-ferent levels: in terms of space, the volumetric placement of a memorable figure with strong inter-nal coherence, and at the same time a sense of transparency in relation to the environment. For operations, the individual departments were divided into two buildings linked by a common basement. In this way, both the functional synergies as well as the proportions and harmonious transition to

funktionellen Synergien wie auch die maßstäbliche Einbindung und der harmonische Übergang zu den bestehenden Wohnbauten gewährleistet werden. Strukturell werden flexibel zu nutzende Geschossflächen entwickelt, die als Zellenbüros oder als Open Space nutzbar sind. Große Vortragssäle werden als »Raum im Raum« ausgebildet und schalltechnisch entkoppelt.

Alle Gebäude sind auf einem gleichmäßigen Raster aufgebaut, der gleich tiefe Raumschichten entlang der Fassade bietet. Eine dienende Raumschicht im Innern enthält die vertikale Erschließung, Servicezonen und Besprechungsräume, die über Atrien belichtet werden. So entsteht – unabhängig von der jeweiligen Raumeinteilung – eine vielfältige Lern- und Lehratmosphäre, die räumliche Erlebnisse, informelle Treffpunkte und flexible Arbeitsplätze bietet. Die Oberflächen der Räume werden grundsätzlich roh belassen und verweisen zusammen mit der Metallfassade auf die industrielle Vergangenheit des Ortes.

Die Kriterien der DGNB konnten problemlos erfüllt werden, indem die einzelnen Gebäude integral konzipiert und miteinander zu einem Gesamtsystem verbunden wurden – unter Einbezug regenerativer Energien, grauer Energie, Regenwassernutzung, Wärmerückgewinnung und Ausgleichsflächen für Pflanzen und Tiere. Unterschiedliche Kühl- und Wärmebedarfe beziehungsweise Kühl- und Wärmelasten können so kompensiert werden und erlauben als wirtschaftliches Kreislaufsystem einen ganzjährig ausgeglichenen Betrieb.

the existing buildings could be maintained. Structurally, we designed flexible floor space that could be divided into cubicle offices or used as open space. Large lecture halls were built with the "room-within-a-room" concept in mind, and uncoupled in terms of acoustics.

All of the buildings are based on a uniform grid, which provides spatial strata of equal depth along the façade. One interior stratum contains the vertical infrastructure, service areas, and meeting rooms, which are lit by atria. Regardless of how each space is divided, this provides a multifaceted atmosphere for teaching and learning that makes for spatial experience, informal meeting points, and flexible workplaces. The wall and ceiling surfaces of the rooms were basically left in a raw state; along with the metal façade, this makes reference to the site's industrial past.

By conceiving the individual buildings as integral, connecting them to constitute an overall system, it was not difficult to fulfill the DGNB's criteria. At the same time, we employed regenerative energy, rainwater retrieval, heat recovery, and ecological compensation areas for plants and animals. This made it possible to compensate for the different heating and cooling requirements so that the economical circulatory system can operate smoothly year round.

Ansicht West Südostgebäude/
West elevation southeast building

Längsschnitt Südostgebäude/
Cross section southeast building

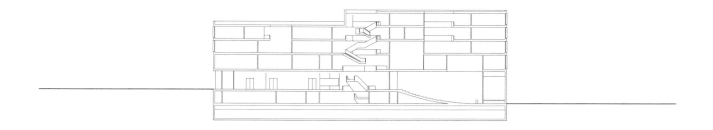

2009   Fachhochschule Campus Derendorf, DE-Düsseldorf

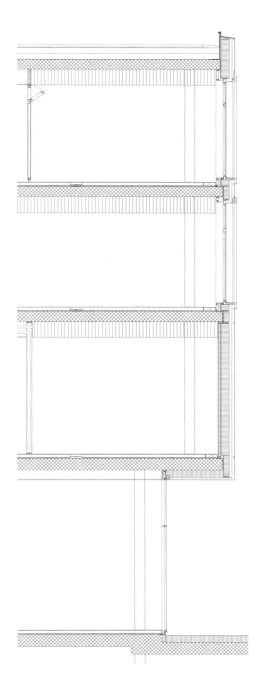

2009   Fachhochschule Campus Derendorf, DE-Düsseldorf

2009–2014
ELBARKADEN HAFENCITY, DE-HAMBURG

Projektwettbewerb nach
Präqualifikation, 1. Preis
GOD / GLD / Grundstücks-
gesellschaft Hongkongstraße
—
ELBARKADEN HAFENCITY,
DE-HAMBURG
Project competition after
prequalification, 1st prize
GOD / GLD / Grundstücks-
gesellschaft Hongkongstrasse

Der städtebauliche Kontext und die repräsentative Lage am Wasser bildeten die Ausgangssituation für den Entwurf des Gebäudeensembles im Osten der HafenCity. Die drei Hauptnutzer – Greenpeace, designxport und rund 90 Wohnungen – zeichnen sich durch Vor- und Rücksprünge im Gesamtensemble ab. Die Materialisierung in Klinker schafft in der Fernwirkung ein harmonisches Gesamtbild mit den unmittelbar angrenzenden historischen Bauten. In der Nahwirkung erzeugen die unterschiedlichen Verlegearten und Farbtöne des Klinkers einen differenzierten Ausdruck, der Erinnerungen an hochwertige traditionelle Handwerkskunst weckt.

Die Schaffung von öffentlich zugänglichen und gemeinschaftlich nutzbaren Innen- und Außenräumen stellt eines der Grundprinzipien einer nachhaltigen städtebaulichen Planung dar. Ein vielfältiger Mix mit Erdgeschossnutzungen wie Läden,

The urban development context and the representative site on the water formed the starting point for the design of the ensemble of buildings on the east side of HafenCity. The three main users—Greenpeace, designxport, and around ninety apartments—are distinguished by projections and recesses in the ensemble. From a distance, the brick harmonizes with the neighboring historical buildings. Close up, the different kinds of bricklaying and shades of color of the brick create a differentiated impression that brings to mind high-quality traditional craftsmanship.

Designing publicly accessible and shared indoor and outdoor spaces is one of the basic principles of sustainable urban planning. A diverse blend of shops, exhibition spaces, and restaurants on the ground floors is one of the things required to create a sense of identity and public life. The

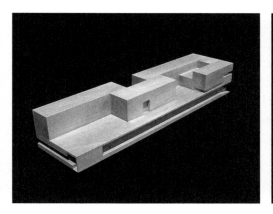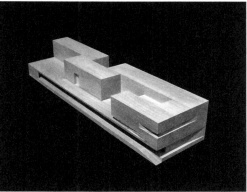

Ausstellungsräumen und Restaurants ist dabei eine der Voraussetzungen für Identität und Öffentlichkeit. Dies gelingt bei den Elbarkaden durch das Angebot von öffentlichen Nutzungen auf zwei Ebenen, ausgerichtet auf das Wasser und mit Durchgängen zur Hongkongstraße. Die sich zum Wasser hin öffnende Stadtloggia bildet dabei eine nach Westen ausgerichtete Raumkulisse, die zum Flanieren anregt und Assoziationen an die historischen Alsterarkaden weckt. Die Dachflächen sind als fünfte Fassade gestaltet und unterschiedlichen Nutzungen – vom Kinderspielplatz über den städtischen Garten bis hin zur ökologischen Ausgleichsfläche und Retentionsfläche – zugewiesen.

Auf Gebäudeebene wurde ein gesamtheitliches Konzept entwickelt, das alle Bereiche des nachhaltigen Bauens einschließt: In einem interdisziplinären Planungsprozess wurden Bauteilvergleiche und energetische Simulationen erarbeitet, die das Gebäude als Gesamtsystem behandeln und am Standort vorhandene erneuerbare Energie berücksichtigen. Neben Erdwärme und Solarenergie wurde auch Windenergie zur Deckung des Energiebedarfs integriert, damit die natürlichen Schwankungen bei der solaren Stromproduktion im Tages- wie auch im Jahresverlauf kompensiert und der Eigendeckungsgrad signifikant erhöht werden können.

Die rationelle Grundstruktur des Entwurfs bildet die Basis für eine dreifache Flexibilität: Planungsflexibilität durch einen modularen Aufbau, Gebrauchsflexibilität durch austarierte Grundrisslayouts und Umnutzungsflexibilität durch ein effizientes Statik- und Schachtkonzept. Die konsequente Systemtrennung erlaubt zudem einen bauteilspezifischen Unterhalt beziehungsweise Ersatz und gute Rezyklierbarkeit. Im Spannungsfeld von Integration, Flexibilität und Energie wurden auch der Öffnungsanteil und die Öffnungsarten ausbalanciert. Großzügige Einschnitte akzentuieren

Elbarkaden succeed in doing this by providing public usages on two levels, facing the water, with through access to Hongkongstrasse. The urban terrace facing the water forms an open setting toward the west, which invites people to stroll around, and evokes associations with the historical Alster Arcades. The roofs are designed as a fifth façade and assigned different usages—from playground and urban garden to ecological compensation site and retention area.

A holistic concept was developed at the building level that includes all areas of sustainable building: in an interdisciplinary planning process, comparisons for building elements and energy simulations were worked out so that they would deal with the building as an overall system and take into consideration the renewable energy available at the site. Besides geothermal heating and solar power, wind power was also integrated for the purpose of covering energy demands, since it would compensate for natural fluctuations in solar-powered electricity production during the day and over the course of the years. This meant that the building's own energy cover could be significantly increased.

The design's rational basic structure forms the foundation for threefold flexibility: planning flexibility thanks to modular construction, flexibility of use provided by perfectly balanced floor plan layouts, and repurposing flexibility provided by an efficient structural engineering and shaft concept. Consistent system separation moreover allows for component-specific maintenance or replacement and good recyclability. Between the priorities of integration, flexibility, and energy, the share and types of openings were balanced out. Generous recesses accentuate particular interior spaces; otherwise the façades are quietly and evenly designed and allow for space to be divided as desired.

Inside, the design allows for the operation of a variety of climate zones and passive cooling-down

besondere Innenräume, ansonsten sind die Fassaden ruhig und regelmäßig gestaltet und erlauben eine freie Raumeinteilung.

Im Innern ermöglicht der Entwurf den Betrieb verschiedener Klimazonen und eine passive Nachtauskühlung. In den differenzierten Schnittlösungen wird ersichtlich, dass die von Energieeffizienz geleiteten Motive Hand in Hand mit der Schaffung von vielfältigen Blickbeziehungen, unterschiedlichen Nutzungsmöglichkeiten sowie deren Vernetzung mit dem Kontext gehen, damit letztlich ein ausgeklügeltes Ganzes entsteht, das mehr ist als die Summe seiner Teile.

at night. In the differentiated layout solutions it becomes clear that energy-efficient motifs go hand in hand with the creation of a variety of view axes, different uses, and their integration into the context, so that in the end we have a cleverly thought-out whole that is more than the sum of its parts.

Schnittsequenz/
Section sequence

Gesamtsystem/
Unified system

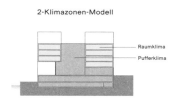 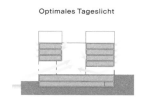 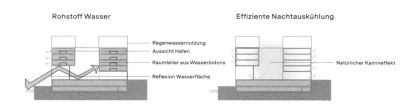

Energiebilanz/
Energy blance

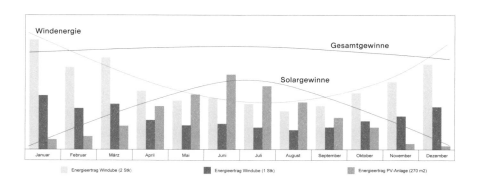

184

Fassadenvarianten/
Façade versions

a) Holzzement + Mauerwerk Stein + Vormauerung Klinker

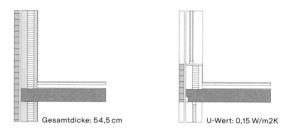

Gesamtdicke: 54,5 cm   U-Wert: 0,15 W/m2K

b) Füllziegel + Mineralwolle + Klinker

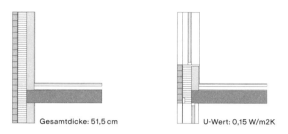

Gesamtdicke: 51,5 cm   U-Wert: 0,15 W/m2K

c) 2-schalige Holzaußenwand + Holz-Klinker-Verblender

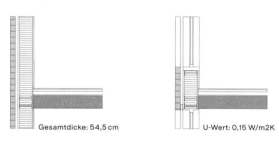

Gesamtdicke: 54,5 cm   U-Wert: 0,15 W/m2K

d) 2-schalige Holzaußenwand + Holz-Klinker-Riemchen

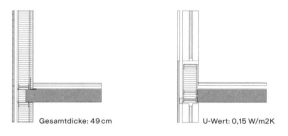

Gesamtdicke: 49 cm   U-Wert: 0,15 W/m2K

e) Betonfassade + Kerndämmung + Vormauerung Klinker

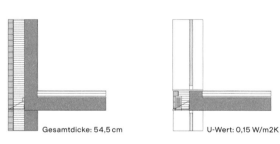

Gesamtdicke: 54,5 cm   U-Wert: 0,15 W/m2K

f) Mauerwerk Kalksandstein + WDVS + Riemchenverkleidung

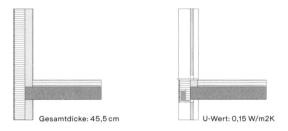

Gesamtdicke: 45,5 cm   U-Wert: 0,15 W/m2K

Umweltwirkungen/
Environmental effects

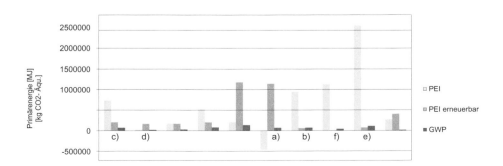

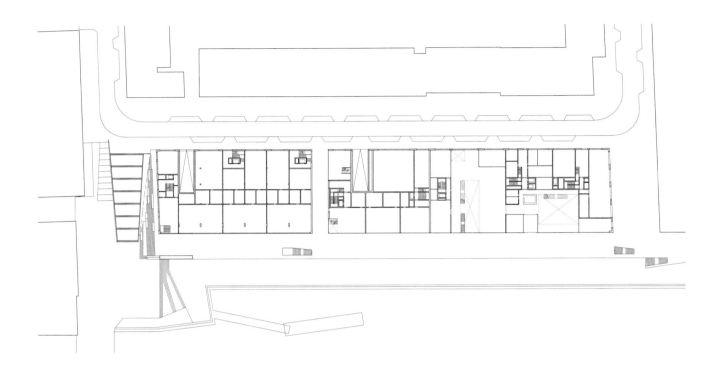

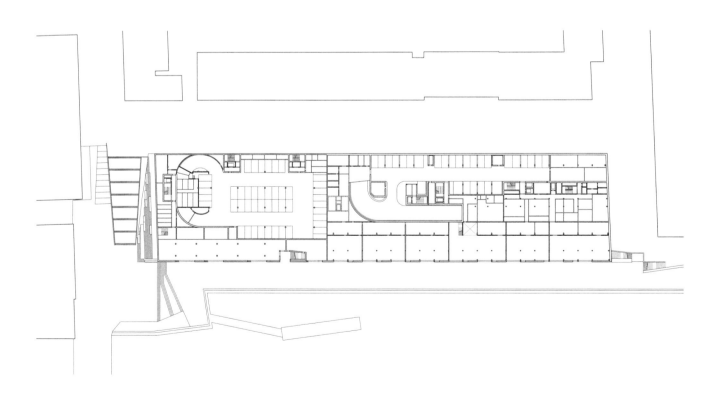

Dachgeschoss/
Attic

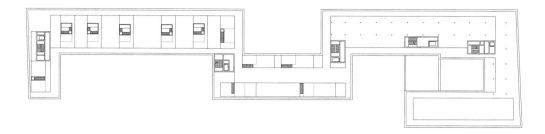

6. Obergeschoss/
7th floor

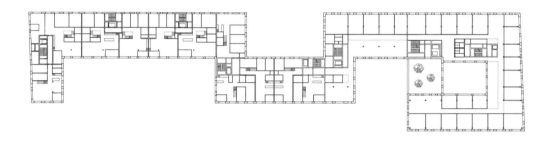

3. Obergeschoss/
4th floor

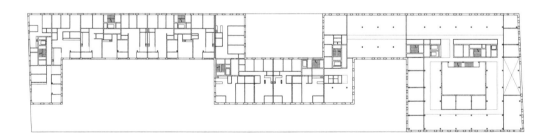

1. Obergeschoss/
2nd floor

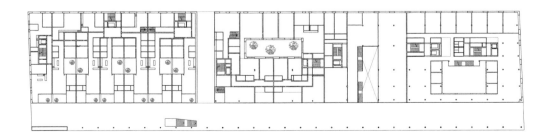

2009–2014   Elbarkaden HafenCity, DE-Hamburg

Schnitt/Section
Greenpeace

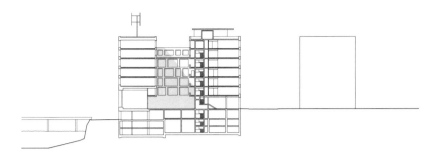

Schnitt/Section
designxport

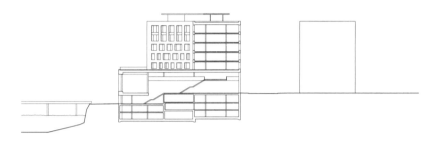

Schnitt Wohnen/
Section living

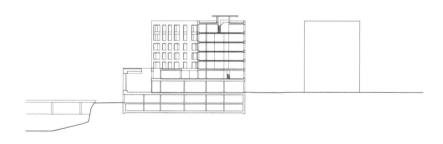

Ansicht West/
West elevation

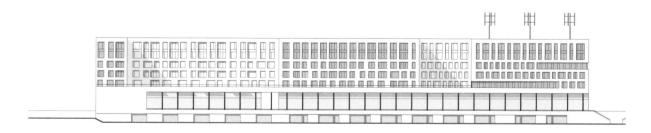

Detail Schnitt – Ansicht /
Detail section – elevation

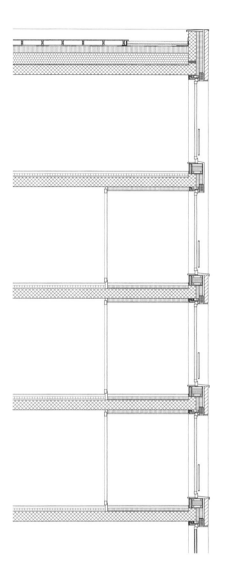

2009–2014   Elbarkaden HafenCity, DE-Hamburg

2009–2015
ALTERS- UND GESUNDHEITSZENTRUM, KÜSNACHT

Projektwettbewerb nach Präqualifikation, 1. Preis
Gemeinde Küsnacht
—
TÄGERHALDE CENTER FOR THE ELDERLY, KÜSNACHT
Project competition after prequalification, 1st prize
Municipality of Küsnacht

Der Ersatzneubau des Alters- und Gesundheitszentrums Tägerhalde in Küsnacht zeigt in hohem Maß Respekt vor der Weite des Landschaftsraums und der kleinteiligen Nachbarschaft. Vielfältige Außenräume sowie ein sanfter Übergang in den umgebenden Landschaftsraum stellen die Einbindung und Vernetzung mit dem Quartier und unter den einzelnen baulichen Einheiten her. Der großzügige Vorplatz wird zur attraktiven Adresse und zum hochwertigen Aufenthaltsort. Der geschützte Innenhof schafft ergänzend einen halböffentlichen Ort der Kontemplation in unmittelbarer Nähe zum Haupteingang, während die Dachterrasse den dementen Bewohnern als geschützter Aufenthalt im Freien dient. Um Wohnen in verdichteten Strukturen mit hoher Lebensqualität realisieren zu können, ist den Außenräumen erhöhte Aufmerksamkeit zu schenken. Sichtgeschützte private Freiflächen können knapp geschnittene Individualbereiche kompensieren, während gemeinschaftlich genutzte Außenräume zusätzliche Nutzungsmöglichkeiten

The new replacement building for the Tägerhalde center for the elderly in Küsnacht shows a great deal of respect for the breadth of the landscape and the compartmentalized neighborhood. Diverse open spaces and a gentle transition to the surrounding landscape link the building to the quarter and create a connection to the individual units. The generous square in front of the building becomes an attractive address and a high-quality place to linger. The protected interior courtyard also creates a semipublic place of contemplation directly adjacent to the main entrance, while the roof terrace serves as a protected outdoor space for dementia patients. In order to be able to realize a high quality of life in condensed structures, more attention must be paid to exterior spaces. Sheltered views and private open spaces can compensate for modest individual areas, while commonly used outdoor spaces cover additional opportunities for use and social aspects. This is particularly important in retirement homes, where the immediate surroundings gain

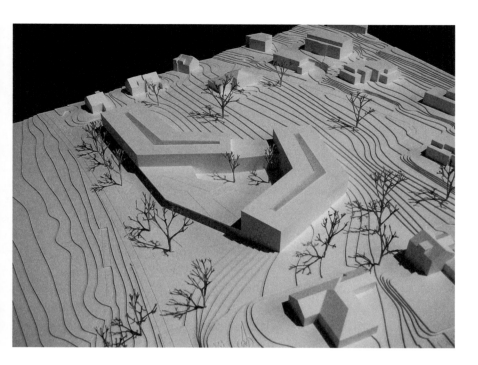

und soziale Aspekte abdecken. Gerade bei Alterszentren ist dies von zentraler Bedeutung, da das unmittelbare Wohnumfeld an Bedeutung gewinnt aufgrund des oft stark eingeschränkten Bewegungsradius'. Die differenzierte Gestaltung stimuliert das Erinnerungsvermögen und evoziert vertraute Gefühle. Intensive Düfte und stark farbige Blumen erschließen sich den Bewohnern emotional, wecken primäre Erinnerungen und erzeugen Vertrautheit. Ergänzend wird ein therapeutischer Arbeitsbereich mit »Erdtischen« ausgebildet. An ihnen kann auch vom Rollstuhl aus gegärtnert werden. Insgesamt entsteht ein ausgewogenes Gleichgewicht unterschiedlicher Freiräume, die zum kollektiven und individuellen Gebrauch einladen.

Im Innern stand das Schaffen einer wohnlichen Atmosphäre für die Bewohner und ein optimales Ambiente für die Mitarbeitenden im Vordergrund. Graduelle Übergänge von den privateren Wohn und Pflegeräumen zu den zentral platzierten Gesellschaftsräumen, die als Treffpunkte für die Bewohnerinnen und Bewohner untereinander, aber auch besonders für Besucherinnen und Besucher attraktiv sind, bieten eine Vielzahl an Aufenthaltsmöglichkeiten. Die Gebäudestruktur gliedert sich in einen Flachbau, der Allgemeinnutzungen sowie Verwaltung und Hotellerie beherbergt, und die zwei dem Flachbau aufgesetzten Wohntrakte. Die insgesamt 99 Zimmer sind auf eine optimale Pflege ausgelegt, während die elf Wohnungen eine alternative Lebensform im Alter ermöglichen: Als »Wohnen mit Service« konzipiert, begegnen sie dem Bedürfnis, auch im hohen Alter einen eigenen

importance for people whose radius of movement is often very limited. Differentiated design stimulates the memory and evokes familiar feelings; intense scents and colorful flowers become accessible to the residents on an emotional level, awaken primary memories, and create a sense of familiarity. In addition, a therapeutic work area with "earth tables" has been developed. It allows gardening even from a wheelchair. Altogether, this is a balance of different open spaces that invites people to use them either collectively or individually.

Inside, the focus was on creating a homelike atmosphere for the residents and an ideal ambience for the employees. Gradual transitions from the more private living and nursing rooms to the centrally positioned common rooms, which serve as meeting places for residents but are also attractive to visitors, offer a variety of places to spend time. The building is divided into a flat building for general use as well as for the administration and hotel, and two residential wings have been set on top of the flat building. A total of ninety-nine rooms are configured for optimum care, while the eleven apartments offer an alternative lifestyle for seniors. Conceived as "assisted living," they meet people's need to have their own household, even in old age, and at the same time allow residents to take advantage of individual services in their immediate environment.

Only few materials were used for the whole project: attuned to the respective usage, the minimized variety makes maintenance easier and conveys a calm and generous impression. Ecological

Haushalt zu führen – und gleichzeitig einzelne Dienstleistungen im direkten Umfeld in Anspruch nehmen zu können.

Die Materialisierung im gesamten Projekt ist auf wenige Materialien eingeschränkt: Abgestimmt auf die jeweilige Nutzung, vereinfacht die reduzierte Vielfalt den Unterhalt und vermittelt einen ruhigen und großzügigen Ausdruck. Der Eco-Standard wird unter anderem mit dem Einsatz von lösemittelfreien Farben und Klebstoffen, formaldehydfreien Holzwerkstoffen und einem Anteil von Recyclingbeton erreicht. Auch wird die Masse an grauenergieintensivem Beton niedrig gehalten und bleibt weitgehend den Geschossdecken und erdberührten Außenwänden vorbehalten. Im Innenraum werden die Betonwände auf das für die Aussteifung statisch notwendige Minimum reduziert. Fenster und Glasflächen sind dreifachverglast ausgeführt und ermöglichen neben der sehr guten Wärmedämmwirkung einen angenehmen Aufenthalt auch unmittelbar hinter den Glasflächen. Die Außenwandelemente sind in Holzleichtbauweise konstruiert und grundsätzlich von der Primärstruktur getrennt, um den Ersatz dieses Bauteils entsprechend seinem Nutzungszyklus zu gewährleisten. Die Küsnachter Lärche aus dem gemeindeeigenen Wald findet sich sowohl hier als auch als Furnier und Wandverkleidung im Innern – um Aspekte wie Heimat und Identität auch auf Materialebene zu thematisieren.

standards were met by using solvent-free paints and glues, formaldehyde-free wood-based materials, and a share of recycled concrete. The amount of embodied-energy-intensive concrete is kept to a minimum and is largely reserved for the ceilings in every story and for exterior walls that touch the earth. Indoors, concrete walls are reduced to the minimum required for bracing. Windows and glass surfaces are triple-glazed, which, besides their very good insulation, allow people immediately behind the glass surfaces to linger comfortably. The exterior wall elements are made out of lightweight wood and basically separate from the primary structure, so that they can be easily replaced when the time comes. Küsnacht larches from the community's own forest can be found here as well as in indoor veneer and wall paneling—which picks up on the themes of homeland and identity on the material level.

Begegnungsräume
Unterschiedliche
Außenraumqualitäten/
Meeting places
Various exterior spaces

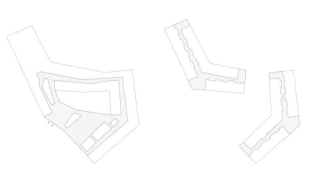

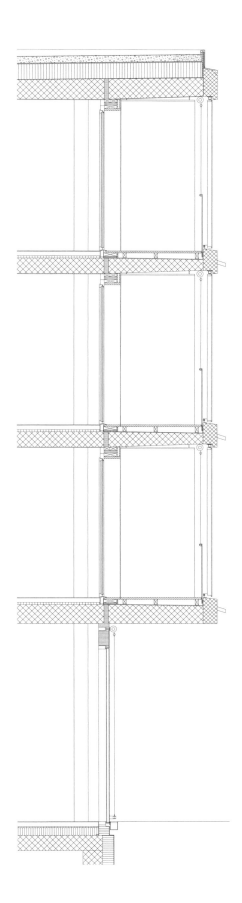

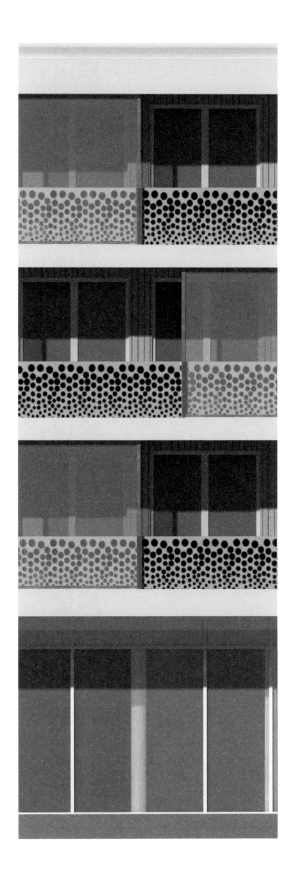

Ansicht Südwest/
Southwest elevation

Erdgeschoss/
Ground floor

Querschnitt /
Cross section

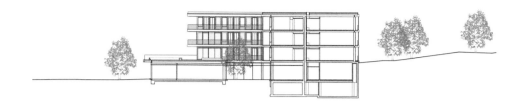

2. Obergeschoss /
3rd floor

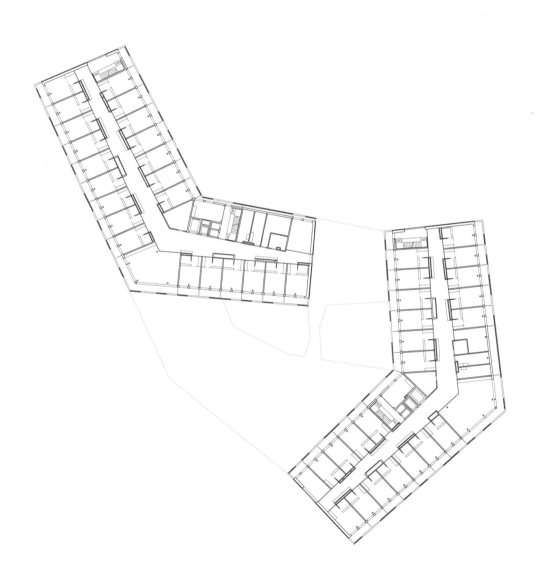

2009–2015   Alters- und Gesundheitszentrum, Küsnacht

2009–2015 Alters- und Gesundheitszentrum, Küsnacht

2009
VERWALTUNGSGEBÄUDE
BSU, DE-HAMBURG

Projektwettbewerb nach
Präqualifikation
Behörde für Stadtentwicklung
und Umwelt BSU
—
BSU ADMINISTRATIVE
BUILDING, DE-HAMBURG
Project competition after
prequalification
Department of Urban Develop-
ment and the Environment

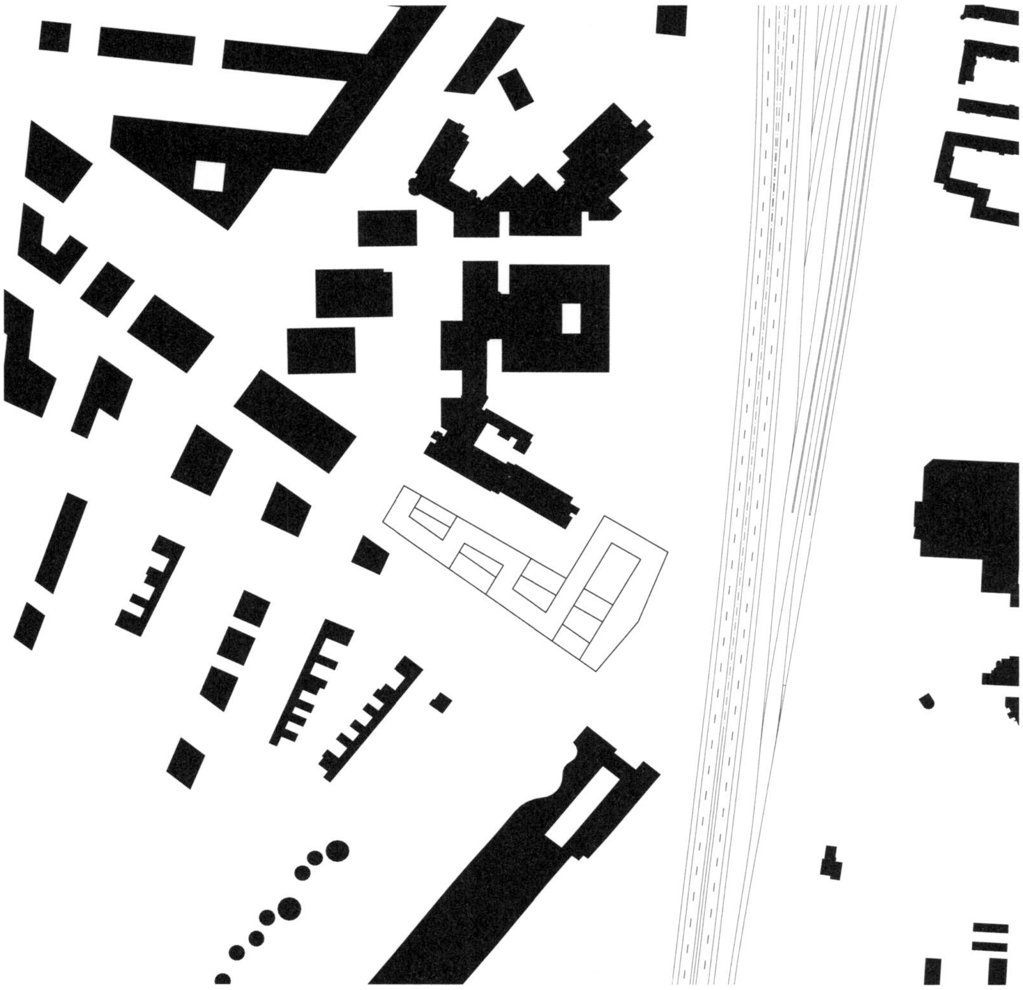

Städtebaulich wirkt der Neubau als skulpturale Großform, die auf der Südseite einen räumlichen Abschluss des IBA-Geländes schafft und im Osten einen markanten Hochpunkt als Eingangsportal und Geste des Empfangs Richtung S-Bahnhof Wilhelmsburg bildet. Architektonisch trägt der Neubau die im Innern stattfindende Beschäftigung mit dem Thema Nachhaltigkeit nach außen: Im Sinne der Mehrfachfunktion und des effizienten Einsatzes der Mittel werden technische Komponenten explizit als Gestaltungsthema und weithin sichtbares Zeichen für den Einsatz erneuerbarer Energien genutzt. Fotovoltaik und Windenergie sind in die Fassade integriert und loten die ästhetischen Qualitäten von Technik aus.

In terms of urban planning, the new building for the Department of Urban Development and the Environment has the appearance of a large sculptural form that finishes off the IBA compound on the south side and serves as a remarkable high point as the entrance portal on the east, while providing a gesture of welcome in the direction of the Wilhelmsburg commuter train station. Architecturally, the new building carries the indoor treatment of the theme of sustainability outdoors: keeping multifunctionalism and the efficient use of materials in mind, technological components are explicitly used as a design theme and as a visible sign for the use of renewable energy. Photovoltaic and wind power are integrated into

Eine zeitgenössische Fassade soll nicht nur die thermischen Voraussetzungen für behagliche Innenräume im Sommer wie im Winter schaffen, auch die aktive und passive Solarenergienutzung ist eine zentrale Anforderung, die zu den klassischen baukonstruktiven und gestalterischen Aspekten hinzugekommen ist. Wenn zudem – wie beim Verwaltungsgebäude BSU – ein Gebäude mit Leuchtturmcharakter zu erstellen ist, entsteht oft die Notwendigkeit zur Entwicklung einer neuen Fassadentypologie, da sich die Vielzahl an teilweise widersprüchlichen Anforderungen nicht in konventionellen Fassadensystemen abbilden lässt.

Diese Offenheit gegenüber neuen Technologien ist zentral, um Innovationen zu schaffen. Gleichzeitig gilt es, mit Augenmaß vorzugehen. Nicht alles, was technisch möglich ist, ist auch sinnvoll. Denn auch wenn sich viele Probleme technisch lösen lassen, besteht die Gefahr, dass dies unerwünschte Nebenwirkungen hat, die erst später und an anderen Orten zutage treten. Michael Braungart und William McDonough bezeichnen diese Art von Technik als »brute force«, weil sie mit »Gewalt« gegen die inneren Kräfte des Systems angeht, statt mit den Kräften zu arbeiten. Die Technisierung von Gebäuden darf nicht dazu führen, dass planerische Fehlentscheidungen und Mängel in Hinblick auf eine sinnvolle Gebäudekonzeption technisch kompensiert werden. Nach dem Grundsatz »Lieber Energie einsparen als aufwendig erzeugen« wurden deshalb auch beim Verwaltungsgebäude BSU primär Schritte verfolgt, die den Energie- und Ressourcenbedarf in der Erstellung wie auch im Betrieb

the façade, sounding out the aesthetic qualities of technology.

A contemporary façade should not only create the proper thermal conditions for comfortable interiors in both summer and winter, but active and passive solar power is also a major requirement that has been added to the classic construction and design aspects. When—as is the case with the BSU administrative building—the building being constructed is moreover supposed to have beacon character, it is often necessary to develop a new type of façade, since the numerous specifications, some of them contradictory, cannot be reproduced in conventional façade systems.

In order to produce innovations, this open attitude toward new technologies is crucial. At the same time, one has to exercise good judgment. Not everything that is technologically possible is also sensible, for even if many problems can be solved through technology, there is the risk that it can have undesirable side effects that do not come to light until later, and in other places. Michael Braungart and William McDonough call this kind of technology a "brute force," because it behaves "violently" toward the system's internal forces instead of working alongside them. Adding technology to buildings should not result in having it compensate for mistakes in planning and a lack of sensible design. Therefore, in accordance with the basic tenet that it is "better to save energy than produce it at too much expense," initial steps were taken with the BSU administrative building that would keep the need for energy and resources

niedrig halten – und damit die Technik auf ein sinnvolles Maß beschränken.

Der hohe Raumkomfort wird in erster Linie durch passive Maßnahmen gewährleistet: Thermischer Komfort durch die gute Hülle, dichte Konstruktionen und genügend Speichermasse. Olfaktorischer Komfort durch die konsequente Wahl baubiologischer Materialien, einem garantierten Luftaustausch sowie der Möglichkeit der Nutzer, Fenster selbst zu betätigen. Visueller Komfort durch Ausblicke, Oberlichter und eine gleichmäßige Ausleuchtung aller Arbeitsplätze mit individuellen Lichtlenkmaßnahmen. Die Kühlung erfolgt passiv durch Nachtlüftung und aktiv durch die Vorkonditionierung der Zuluft (Grundwassernutzung über Energiepfähle). Lehmständerwände regulieren neben dem thermischen Ausgleich auch den Feuchtehaushalt.

Die Geschossflächen sind damit als langfristig flexible Arbeitslandschaft nutzbar, bei welcher die einzelnen Abteilungen wachsen oder schrumpfen können. Einzig im Bereich der Vertikalerschließungen werden räumliche Schwerpunkte definiert, die als Pausenbereiche und informelle Treffpunkte fungieren – und so als identitätsstiftende innere Adressen dienen.

low—in both construction and operation—and thus limit technology to a sensible amount.

The very comfortable spaces were primarily achieved through passive measures. Thermal comfort comes from the good shell, dense construction, and sufficient storage capacity. Olfactory comfort derives from the consistent selection of ecological building materials, guaranteed air exchange, and windows that can be opened and closed by people in the building. Visual comfort comes from views, skylights, and the even lighting in all of the workplaces by individual means of directing the light. Cooling is achieved passively by natural cooling at night, and actively by preconditioning the air supply (groundwater use via energy piles). Clay partition walls regulate both temperature balance and moisture.

The floor spaces can therefore be used as a flexible workscape in the long term, and accommodate a department's possible increase or decrease in size. Spatial focuses are only defined in the area close to the vertical circulation that function as break rooms and informal meeting places—and thus provide a sense of identity for the interiors.

Integrative Raumskulptur mit
Fernwirkung
Sichtbarkeit regenerativer
Energien /
Integrated spatial sculpture
with presence at a distance
Visibility of renewable
energies

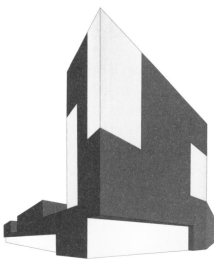
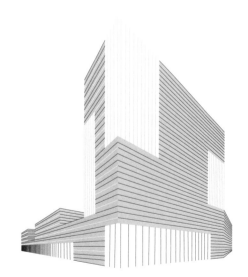

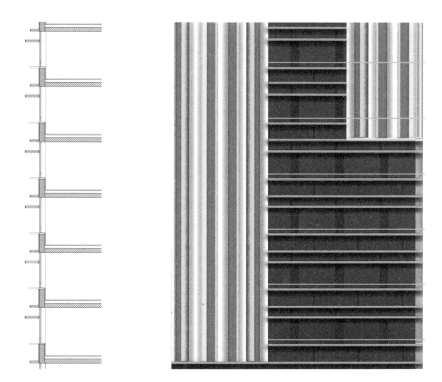

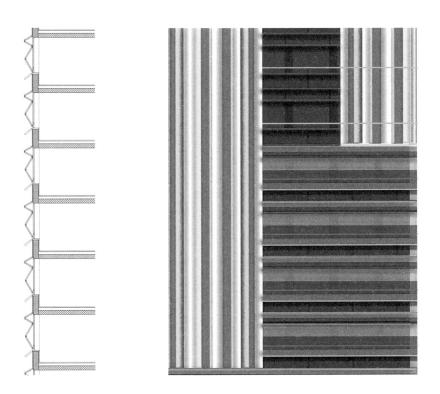

2009   Verwaltungsgebäude BSU, DE-Hamburg

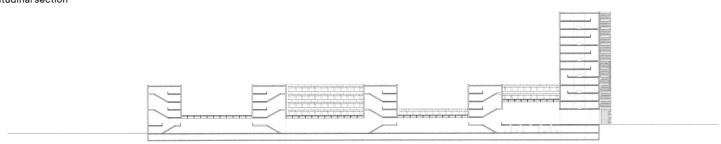

1. Obergeschoss/
2nd floor

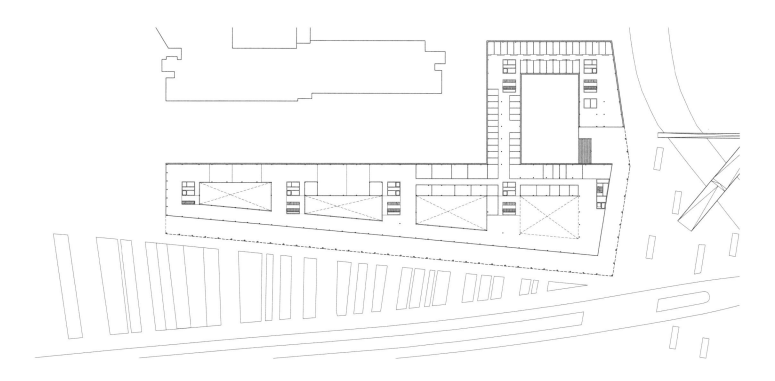

Querschnitte/
Cross sections

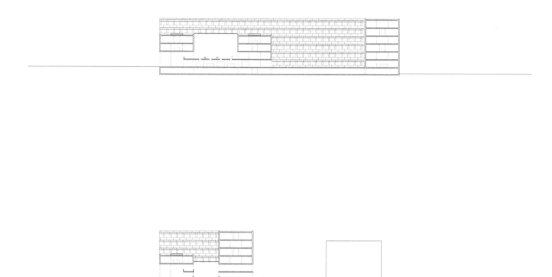

4. Obergeschoss/
5th floor

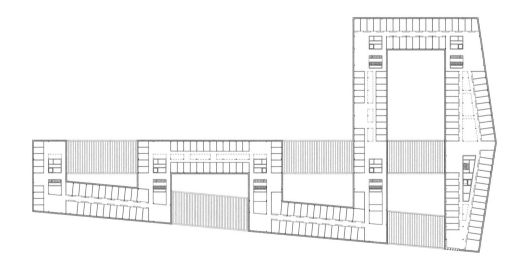

2009   Verwaltungsgebäude BSU, DE-Hamburg

2010
WOHNÜBERBAUUNG ESSLINGER DREIECK, ESSLINGEN
Studienauftrag auf Einladung, 2. Preis
Rehalp Verwaltungs AG / Bonacasa

Die fünf Neubauten werden im Grundriss diamantförmig zuge-
schliffen und in der Höhe gestaffelt, damit die entstehenden
Facetten unterschiedliche Gebäudehöhen aus dem Quartier auf-
nehmen können. Die Typologie der polygonalen Punkthäuser
fasst jeweils 15 Wohnungen in einem Volumen zusammen und
ist konsequent auf die Anforderungen des Minergie-P- und
des Bonacasa-Standards ausgerichtet.
—
ESSLINGER DREIECK RESIDENTIAL DEVELOPMENT,
ESSLINGEN
Study contract by invitation, 2nd prize
Rehalp Verwaltungs AG / Bonacasa

The floor plans of the five new buildings are cut in a diamond
shape and stacked so that the facets that are created can take up
the different building heights in the district. Each of the polygonal point-blocks contains fifteen apartments in one building
and has been rigorously adapted to Minergie-P and Bonacasa
requirements.

2010
KRAFTWERK 3, ZÜRICH
Studienauftrag auf Einladung
Genossenschaft KraftWerk
—
KRAFTWERK 3, ZURICH
Study contract by invitation
Genossenschaft KraftWerk

2010
WOHNÜBERBAUUNG MARTINSBERG 2, BADEN
Studienauftrag auf Einladung, 3. Preis
Avadis Anlagestiftung
—
MARTINSBERG 2 RESIDENTIAL DEVELOPMENT, BADEN
Study contract by invitation, 3rd prize
Avadis Anlagestiftung

2010
ALTERSZENTRUM, GELTERKINDEN
Projektwettbewerb nach Präqualifikation, 3. Preis
Bürgergemeinde Gelterkinden
—
CENTER FOR THE ELDERLY, GELTERKINDEN
Project competition after prequalification, 3rd prize
Civic Community of Gelterkinden

2010–2013
MEHRFAMILIENHAUS STETTBACHSTRASSE, ZOLLIKON
Studienauftrag auf Einladung, 1. Preis
Privat
—
STETTBACHSTRASSE APARTMENT BUILDING, ZOLLIKON
Study contract by invitation, 1st prize
Private

2010
VERWALTUNGSGEBÄUDE SINERGIA, CHUR
Testplanung
Hochbauamt Kanton Graubünden

Die städtebauliche Setzung sieht einen kompakten Körper vor,
damit im Inneren kurze Wege entstehen und das Grundstück bei
Bedarf nachverdichtet werden kann. Die Erschließung entwickelt sich entlang der Lichthöfe, um attraktive Begegnungs-
zonen und eine individuelle Ausrichtung der Abteilungen
zu ermöglichen. In Kombination mit der konsequenten Systemtrennung und der Ausführung im Minergie-P-Eco-Standard
entsteht ein zeitgemäßes Verwaltungszentrum mit hochflexiblen Strukturen.
—
SINERGIA ADMINISTRATIVE BUILDING, CHUR
Test planning
Building Authority, Canton of Graubünden

The urban setting calls for a compact structure, so that interior
distances are short and additional buildings can be built on
the lot later, if necessary. Access proceeds along the atria for
the purpose of providing attractive meeting zones and an
individual orientation of the departments. In combination with
the consistent separation of systems and adherence to the
Minergie-P-Eco-Standard, this makes for a modern administrative center with highly flexible structures.

2010
FACHHOCHSCHULE SOZIALARBEIT / GESUNDHEIT, FRIBOURG
Öffentlicher Projektwettbewerb
Hochbauamt Kanton Fribourg

Das kompakte Volumen fügt sich als selbstverständlicher Baustein in den städtischen Kontext und vermittelt zwischen den unterschiedlichen Straßenniveaus. Die Fassade wird mit prismatischen Öffnungen ausgebildet, die anhand von Sonnenstanddiagrammen pro Fassade differenziert wurden. Im Inneren werden zwei Lichthöfe geschaffen, die durch ihre Sichtbezüge und Aufenthaltsflächen zum kommunikativen Zentrum und Treffpunkt der Studenten werden.

—

UNIVERSITY OF APPLIED SCIENCES SOCIAL WORK / HEALTH, FRIBOURG
Public project competition
Building Authority, Canton of Fribourg

The compact building fits in naturally with the urban context, mediating between the various street levels. The façade is formed with prismatic openings, which were differentiated based on sun position diagrams. Inside there are two atria whose sightlines and recreation areas create a communicative center and meeting point for the students.

2010
WOHNEN UND GEWERBE WEBI-AREAL, AARBURG
Projektwettbewerb nach Präqualifikation
Fortimo Invest

—

WEBI SITE RESIDENTIAL AND COMMERCIAL SPACE, AARBURG
Project competition after prequalification
Fortimo Invest

2010
ALTERSZENTRUM BLUMENRAIN, ZOLLIKON
Projektwettbewerb nach Präqualifikation
Gemeinde Zollikon

—

BLUMENRAIN CENTER FOR THE ELDERLY, ZOLLIKON
Project competition after prequalification
Municipality of Zollikon

12.02.–20.03.2010
DAVID WILLEN – DAS ENDE DER SORGLOSIGKEIT

26.03.–22.05.2010
POSITION 1

28.05.–17.07.2010
DOMINIQUE LÄMMLI – ZEICHNUNG & MALEREI
Dominique Lämmli, Spike 1, 2009

Dominique Lämmli entführt uns mit ihren Zeichnungen in eine Traum- und Fantasiewelt. Durch das Morphieren zwischen zweiter und dritter Dimension werden Illusionsräume geschaffen, in denen wir uns nicht mehr genau verorten können. Bildfragmente überlagern sich, bilden Volumen und Tiefe. Der Bildinhalt gemahnt an die Formenwelt der Architektur, gleichzeitig verbinden sich figurative Zeichnungen, malerische Flächen und Leerräume zu eindrücklichen Landschaften.

—

Dominique Lämmli's drawings carry us into a world of dreams and fantasies. Morphing between the second and third dimension creates illusionary spaces in which we can no longer quite situate ourselves. Fragments of images are layered one above the other, forming volumes and depths. The contents of the images recall the world of architectural forms, and at the same, figural drawings, painterly areas, and blank space join to produce striking landscapes.

26.08.–02.10.2010
TERESA CHEN – LIMINAL SPACE

11.11.–14.11.2010
GEORG AERNI – KUNST 10 ZÜRICH – ARTEFAKTE

2010–2014
ALTERSWOHNUNGEN
KÖSCHENRÜTI, ZÜRICH

Öffentlicher Projektwettbewerb, 1. Preis
Stiftung Alterswohnungen der
Stadt Zürich SAW
—
KÖSCHENRÜTI APARTMENTS
FOR THE ELDERLY, ZURICH
Public project competition,
1st prize
Stiftung Alterswohnungen der
Stadt Zürich SAW

Bei der Planung dieses Minergie-Eco-Neubaus wurde neben den allgemein bekannten Nachhaltigkeitsstrategien ein Ansatz gewählt, der eines der architektonischen Kernthemen ins Zentrum der Überlegungen rückt: den Grundriss. Das Ziel war, durch räumliche und funktionelle Optimierungen dem stetigen Anstieg der Wohnfläche pro Person entgegenzuwirken.

Die städtebauliche Setzung reagiert auf den Übergang von der Stadt zur Landschaft und schafft einen Ort, der zwischen durchlässig und gefasst changiert. Städtebauliche Kanten werden aufgenommen und lassen die Gebäude in selbstverständlicher Nachbarschaft zur Landschaft und den Bestandsbauten stehen. Die Aufteilung in zwei winkelförmige Volumen bietet eine Durchwegung und spannt außenräumliche Schwerpunkte auf. Kollektive Nutzungen wie Wohlfühlbad, Gemeinschaftsraum, Spitex (spitalexterne Hilfe), Wäscheservice, aber auch eine Demenzstation mit

While planning this Minergie, environmentally friendly new building, besides all of the generally known sustainability strategies we chose an approach that shifted one of architecture's key themes to the center of our deliberations: the floor plan. The goal was to counteract the constant increase of living area per person by optimizing the space and its functions.

The urban placement responds to the transition from city to countryside and creates a place that alternates between transparency and solidity. Urban peripheries are echoed and allow the building to fit in naturally with the landscape and the existing structures. Dividing the building into two angled volumes offers a through passage and generates an emphasis on the exterior. Collective usages, such as a wellness bath, common room, Spitex (home care assistance), laundry service, and a dementia section with twenty residents are arranged on the ground floor and contribute enlivenment and diversity.

20 Bewohnerinnen und Bewohnern sind im Erdgeschoss angeordnet und tragen zur Belebung und Vielfalt bei.

Die Erschließung dient als Erweiterung des privaten Wohnraums und schafft eine informelle Begegnungszone. Der spielerische Umgang mit Enge und Weite und die Ausbildung von Nischen und farbigen Abschnitten rhythmisieren den Raum und bilden individuelle Vorbereiche für die Wohnungen. Die Bandfenster im Bereich der Küche erlauben auch aus dem Wohnungsinneren die Teilnahme am gemeinschaftlichen Geschehen.

Die Skelettbauweise bietet eine langfristige Anpassungsfähigkeit der Grundrisse an die Wohnbedürfnisse. Die nichttragende Fassadenkonstruktion aus vorgefertigten Holztafelelementen und die Einhaltung einer maximalen Regelspannweite von 5 m reduziert die in Primär- und Sekundärkonstruktion enthaltene Energie um fast 30 % gegenüber einer herkömmlichen Massivbauweise.

Die einzelnen Wohnungen wurden sorgfältig austariert, um trotz der beschränkten Wohnfläche ein Höchstmaß an Großzügigkeit zu ermöglichen. Aufgrund der realisierten Grundrissoptimierungen entschloss sich eine Vielzahl von Mietinteressenten für die kleinere 1,5-Zimmer-Wohnung anstelle des ursprünglich reservierten größeren Wohnungstyps. Dadurch konnte nicht nur die Wohnfläche – und damit auch der gesamte Energie- und Ressourcenverbrauch – um fast 20 % gesenkt werden. Durch die Reduktion der Mietkosten um bis zu 15 % zeigt das Projekt beispielhaft, dass nachhaltiges Bauen nicht zwangsläufig zu einer Erhöhung der Erstellungskosten und damit auch des Mietzinses führt.

The infrastructure expands the private living space and creates an informal meeting area. The playful treatment of proximity and distance, and forming niches and colorful sections lend a sense of rhythm to the space and provide individual entryways to the apartments. The ribbon windows in the kitchen area make it possible for people to participate in social events from inside their apartments.

The skeleton construction allows the floor plan to be adapted to residents' needs over the long term. The non-load-bearing façade made of prefabricated wood elements and compliance with a maximum span width of five meters reduce the energy used in primary and secondary construction by nearly 30 percent compared with conventional massive construction.

The individual apartments were carefully balanced to allow for the greatest sense of space, despite the limited amount of living area. Due to the optimization of the floor plans, many of the people interested in renting an apartment opted for a smaller 1.5-room one instead of the larger apartments they originally reserved. This enabled us to reduce the living space—and hence all of the energy and resource consumption—by nearly 20 percent. Because rents were reduced up to 15 percent, this project shows in an exemplary way that sustainable building does not necessarily have to lead to an increase in construction costs and consequently an increase in rent.

Querschnitt Südtrakt /
Cross section south wing

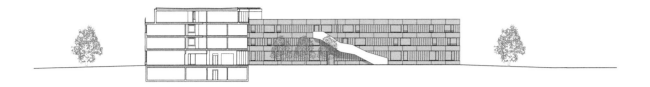

Querschnitt durch Hof /
Cross section through courtyard

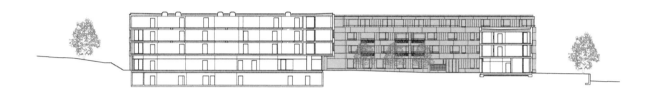

Obergeschoss /
Upper floor

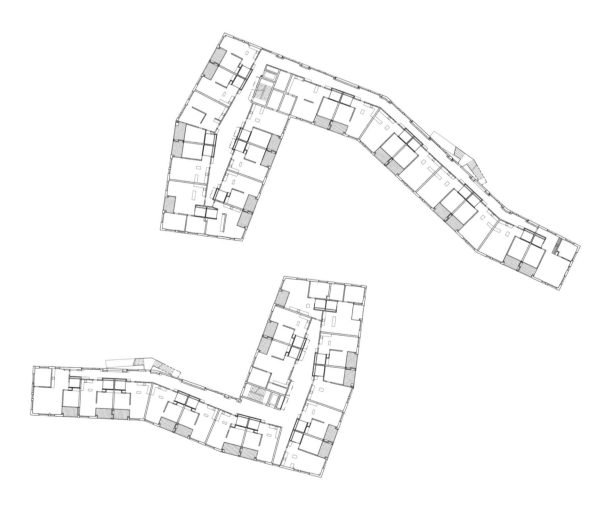

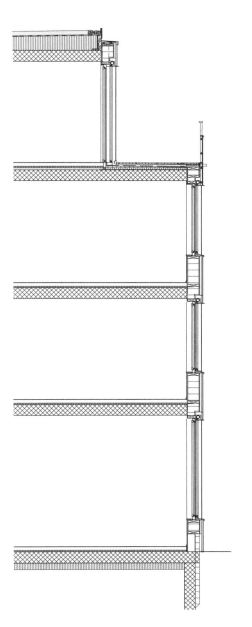

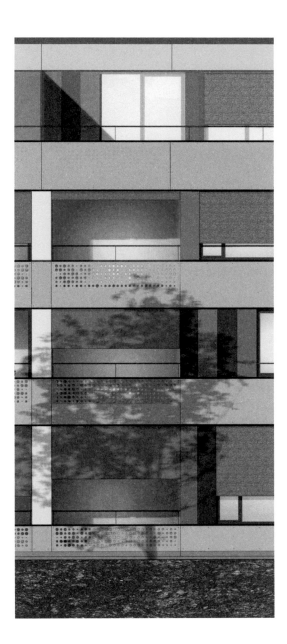

2010
VERWALTUNGSZENTRUM GUISANPLATZ, BERN

Projektwettbewerb nach Präqualifikation, 4. Preis
Bundesamt für Bauten und Logistik BBL
—
GUISANPLATZ ADMIN-ISTRATIVE CENTER, BERN
Project competition after prequalification, 4th prize
Federal Office for Buildings and Logistics FBL

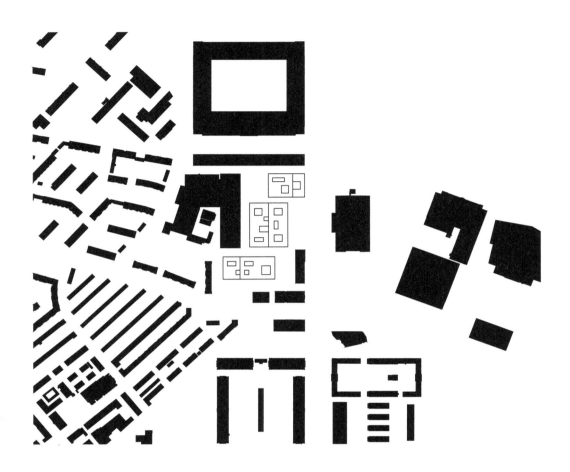

Die denkmalgeschützten Bestandsbauten, die Nähe zum Wohnquartier, die betrieblichen Anforderungen und das integrale Nachhaltigkeitskonzept waren beim neuen Verwaltungszentrum die entwurfsbestimmenden Faktoren. Die kompositorisch angeordneten Neubauten bilden ein harmonisches Ensemble mit dem Bestand, das umgenutzte Gebäude des EJPD (Eidgenössisches Justiz- und Polizeidepartement) wird auf selbstverständlicher Art in das Gesamtkonzept einbezogen.

Der Außenraum ist als durchlässiger und kommunikativer Freiraum konzipiert, der sowohl für Mitarbeiter, Besucher und Quartierbewohner attraktiv ist. Spannungsvolle Wechsel von engen und weiten Situationen sowie große Beete unterschiedlicher Thematik schaffen differenzierte Stimmungen. Lineare Elemente für Bepflanzung und Sitzgelegenheiten binden das Areal übergeordnet zusammen.

The existing landmarked buildings, the proximity to the residential district, the operating requirements, and the integral sustainability concept were the factors that determined the design of the new administrative center. Compositionally arranged, the new buildings form a harmonious ensemble with the existing ones; the repurposed EJPD (Swiss Justice and Police Department) building was naturally included in the overall concept.

Outdoors, the area was conceived as a transparent and communicative open space attractive to employees, visitors, and residents of the district. The intriguing shifts from dense and wide situations as well as large beds of plants with different themes create nuanced atmospheres. Linear elements for plants and seating make for the coherence of the site.

The buildings have a self-confident, urban presence. Flexible office areas cover the buildings

Die Gebäude treten als selbstbewusste, städtische Volumen in Erscheinung. Die flexiblen Bürozonen überziehen die Gebäude mit einer feinmaschigen Struktur, die ihre Körperhaftigkeit unterstützt. Die Sockel- und Attikageschosse werden akzentuiert und schaffen einen oberen und unteren Abschluss. Ausgehend von den großzügigen Logen werden die Gebäude über Atrien erschlossen, die als innere Adresse, Raumerlebnis, informeller Treffpunkt und Tageslichtspender gleichermaßen dienen. Diese Mehrfachfunktion macht die Atrien zum kommunikativen Herzen der Gebäude und unterstützt die Philosophie einer Raumlandschaft des gegenseitigen Austauschs, die für Mitarbeiter wie Besucher anregend ist.

Die konsequente Systemtrennung, effiziente Statik und der Einsatz nachwachsender Baumaterialien erlauben es, hochflexible Gebäude mit minimalem Aufwand an grauer Energie zu erstellen, die zugleich dauerhaft, reinigungsfreundlich und betriebskostenoptimiert sind. Sowohl die beiden Neubauten als auch das Gebäude des EJPD sind konsequent auf die Anforderungen des Minergie-P-Eco-Standards ausgerichtet. Das Energiekonzept basiert auf Erdsondenfeldern, die über den gesamten Jahresverlauf bewirtschaftet werden. Der benötigte Strombedarf wird primär über die Fotovoltaikanlage bereitgestellt. Im Sommer ermöglichen die Erdsonden ein energieeffizientes Freecooling für Räume mit erhöhten internen Lasten, während alle übrigen Räume passiv gekühlt werden (Nachtauskühlung).

with a finely woven structure that supports their physicality. The basement and parapet stories are accentuated and finish off the buildings from below and above. Starting from the generous porter's lodges, the buildings are opened up via atria, which serve as interior locations, spaces of experience, informal meeting points, and providers of daylight. These multiple functions make the atria the communications heart of the building while supporting the philosophy of a spatial landscape for mutual exchange, which animates employees and visitors alike.

The consistent separation of systems, efficient engineering, and renewable construction materials make it possible to erect highly flexible buildings with a minimum of embodied energy. At the same time, they are also durable, easy to clean, and have optimized operating costs. Both of the new buildings, including the EJPD building, meet Minergie-P-Eco standards. The energy concept is based on geothermal probe fields, which can be operated throughout the entire year. Electricity demands are primarily met by solar power. In the summer, the geothermal probes allow for energy-efficient free cooling for rooms with heightened interior heat stress, while all of the other rooms are cooled passively (overnight cooling).

Erdgeschoss/
Ground floor

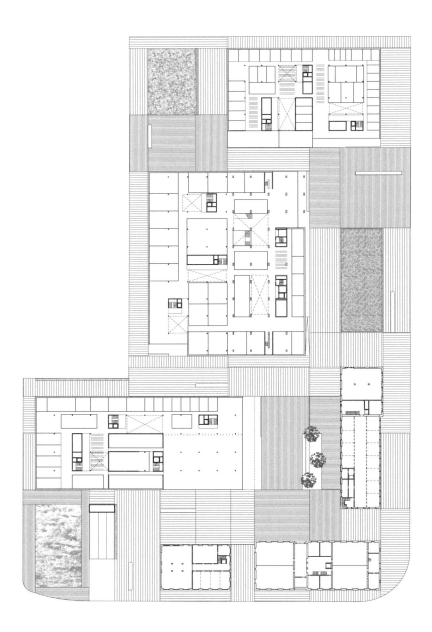

Querschnitt Nordgebäude/
Cross section north building

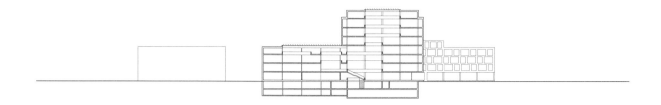

2. Obergeschoss/
3rd floor

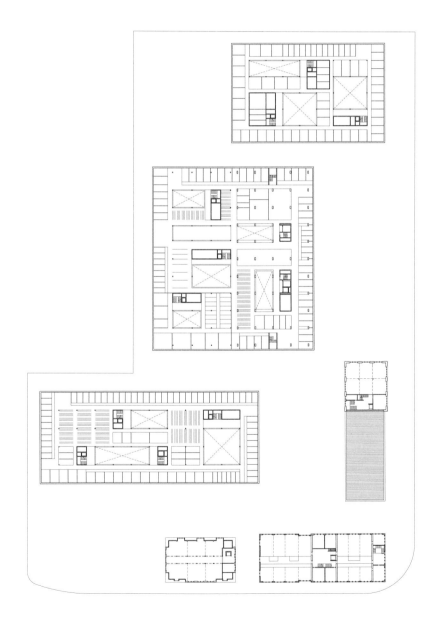

2010   Verwaltungszentrum Guisanplatz, Bern

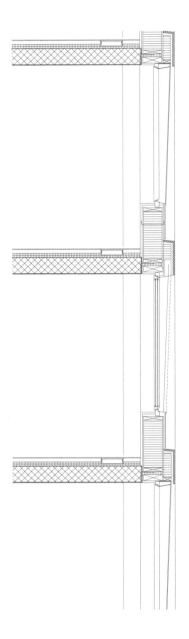

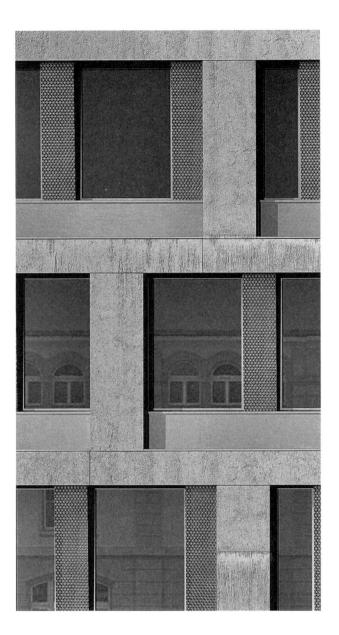

2010–
SPRINTER MASDAR CITY,
AE-MASDAR

Direktentwicklung nach
Präqualifikation
Masdar City
—
SPRINTER MASDAR CITY,
AE-MASDAR
Direct development
after prequalification
Masdar City

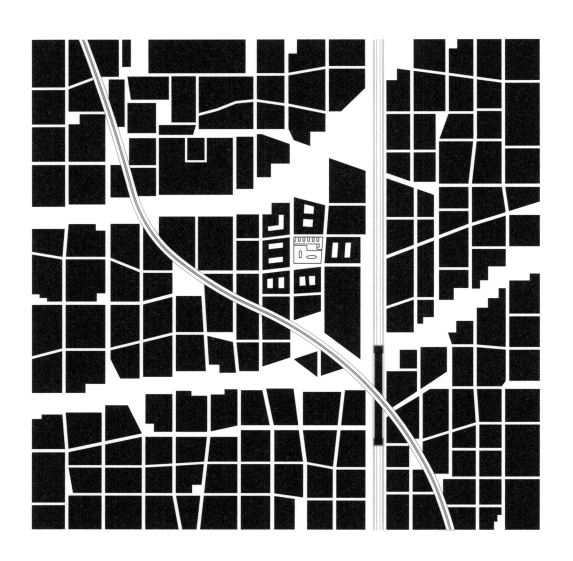

Ganzheitliche Architektur ist vor allem kontextuelle Architektur. Mit Kontext ist dabei nicht nur die städtebauliche Umgebung gemeint, sondern das vielfältige gesellschaftliche, ökologische und ökonomische Gefüge, in dem Gebäude existieren. Die vielerorts noch unbesiedelte Wüste kann so als Testgelände für ein neues Verständnis von Architektur und Städtebau dienen. Denn auch wenn bei Masdar City die Bedenken der Creatio ex nihilo einer City auf der Hand liegen, so stellt das Projekt doch erstmalig den Versuch dar, eine komplette Stadt CO_2-neutral zu erstellen und zu betreiben – unter Berücksichtigung der lokalen Kultur.

    Als Teil des Masterplans von Norman Foster beruht der Entwurf des Sprinters auf der Analyse

Holistic architecture is first and foremost contextual architecture. Context does not mean just the urban environment but the multiple social, ecological, and economic fabric in which buildings exist. The desert, which is not yet settled in many places, can serve as a testing ground for a new understanding of architecture and urban planning. For even though, as in the case of Masdar City, the misgivings about creating something out of nothing, as it were, are obvious, this project is the first to attempt to build and operate a city that is completely carbon neutral while at the same time taking the local culture into consideration.

    As part of Norman Foster's master plan, the Sprinter's design is based on the analysis and

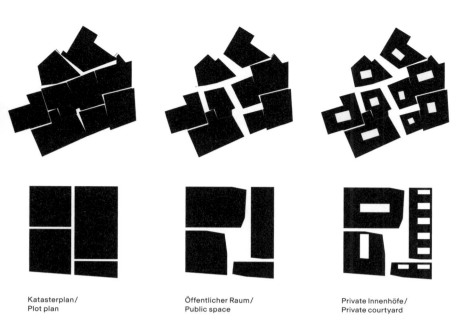

Katasterplan/
Plot plan

Öffentlicher Raum/
Public space

Private Innenhöfe/
Private courtyard

und Interpretation traditioneller arabischer Stadt-strukturen, welche durch Form und Orientierung von Baumassen und Freiräumen ein angenehmes Mikroklima erzeugen. Die Interaktion mit dem Kontext gestaltet sich dabei als symbiotischer Dialog. Das Gebäude profitiert von der Beschattung der umliegenden Gebäude, der hohen Dichte, dem gemischten Nutzungsangebot und der guten öffentlichen Infrastruktur. Zugleich bildet es einen integralen Bestandteil der Stadt, bietet schattige und natürlich belüftete öffentliche und halböffentliche Räume, eine flexible und effiziente Gebäudestruktur und differenzierte Nutzungsmöglichkeiten. Faktoren wie Windrichtungen, Sonneneinfallswinkel und andere wurden in Zusammenarbeit mit einem ETH-Spin-off in dynamischen Simulationen einbezogen und lieferten wertvolle Erkenntnisse für die Volumetrie, Fassadengestaltung und Nutzungsverteilung. Die Hofform ist beispielsweise das Ergebnis einer solchen CFD-Modellierung, die das Ziel hatte, die solare Einstrahlung auf die Fassade so weit wie möglich zu minimieren.

Das Grundstück befindet sich direkt neben dem Masdar City Headquarter. Mehr als 10.000 m² an unterschiedlichen Nutzungen sind geplant: Im Erdgeschoss des Sprinter-Gebäudes befindet sich eine Mischung aus Einzelhandels- und Gewerbenutzungen. Die Fassaden des Erdgeschosses sind zurückversetzt, um einen weitestgehend verschatteten Außenraum für Fußgänger zur Verfügung zu stellen. Der öffentliche Zugang zum Gebäude erfolgt über interne Gassen, die alle zu einem gemeinschaftlich genutzten, zentralen Hof führen. In den Obergeschossen werden frei einteilbare Büroflächen für den Swiss Cleantech Hub angeboten,

interpretation of the structure of traditional Arab cities, which create a pleasant microclimate through form and the orientation of building mass and open space. In doing so, interaction with the context takes the form of a symbiotic dialogue. The building benefits from the shading provided by the surrounding structures, the high density, mixed usage, and the good public infrastructure. At the same time it is an integral part of the city, offering shady, naturally ventilated public and semipublic spaces, a flexible and efficient building structure, and a variety of possible usages. Working with an ETH spin-off in dynamic simulations, factors such as wind direction, angle of sunlight, et cetera, were studied and provided valuable knowledge for volumetric analysis, façade design, and division of use. The shape of the courtyard, for example, is the result of this kind of CFD model, whose goal is to minimize incident solar radiation on the façade to the greatest extent possible.

The property is located immediately adjacent to Masdar City Headquarters. More than 10,000 m² of mixed usage are planned: there is both retail and office space the ground floor of the Sprinter building. The ground-floor façades are mostly recessed in order to create shady space outdoors for pedestrians. The public can access the building via internal passageways, all of which lead to a commonly used central courtyard. On the upper floors there is office space that can be divided to suit the Swiss Cleantech Hub, a company that engages in the research of new technology. The neighboring building houses the Swiss Embassy and apartments. The private, inner courtyards are clearly separated from the public and common outdoor areas,

in dem der Erforschung neuer Technologien nach-
gegangen wird, während im Nachbargebäude
die Schweizer Botschaft und Wohnungen unterge-
bracht sind. Die privaten Innenhöfe sind klar getrennt von den öffentlichen und gemeinschaftlichen
Außenräumen, die mittels Gassen und Durchgängen miteinander verbunden sind und dadurch
eine freie Zirkulation der kühlenden Meerwinde
ermöglichen.

Die Fassade besteht aus gelochten Terrakotta-
fliesen, deren Material lokal vorhanden und deren
Verarbeitung den ortsansässigen Handwerkern vertraut ist. Das Muster wird in Abhängigkeit von
Höhe und Orientierung der Fassade subtil verändert,
um überall ein Optimum aus minimaler Sonneneinstrahlung und maximalem Außenraumbezug zu
ermöglichen. Im Entwurf trifft so autochthone
Architektur auf Innovation, passive Maßnahmen wie
natürliche Lüftung, Solarkamine und Speichermasse
auf hochwirksame aktive Technologien wie Erd-
kanäle sowie Kühldecken mit Wärme- und Feuchte-
rückgewinnung, traditionelle Materialien wie
Adobe (Lehmziegel), Keramikfliesen und Stampf-
lehm auf innovative Konstruktionstechniken. Die
Neuinterpretation traditioneller Elemente, Bilder und
Gebäudetypologien bildet damit die Grundlage
für eine intelligente und spezifische zeitgenössische
Architektur, in der sich Funktion, Struktur, Materialien und Form gegenseitig bedingen.

which are connected by alleys and passageways
and thus allow the cooling ocean breezes to freely
circulate.

The façade consists of perforated terra cotta
tiles—material that is available locally and familiar to
local craftspeople. Depending on the façade's
height and orientation, the pattern is subtly altered
in order to achieve an optimum of minimal sunshine
and maximum reference to exterior space. Thus
autochthone architecture meets innovation in the
design, while passive measures, such as natural
ventilation, solar chimneys, and storage capacity
meet highly effective technologies such as sub-
terranean canalization and cooling roofs that recy-
cle warmth and moisture; and traditional materials such as adobe, ceramic tiles, and rammed clay
meet innovative construction techniques. Hence,
the reinterpretation of traditional elements, images,
and building types creates the foundation for an
intelligent and specific kind of contemporary architecture in which function, structure, material, and
form are mutually dependent.

Optimierte Volumetrie für die
Nutzung lokaler Winde
CFD-Modelling der Innenhöfe/
Optimized volumetry for usage
of local winds
CFD-modelling of court yards

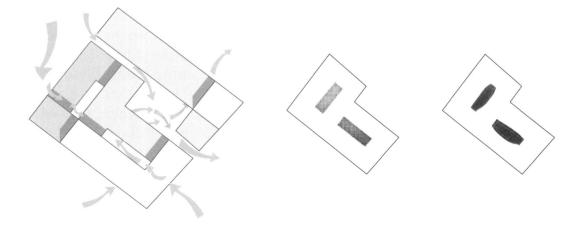

Detail Schnitt – Ansicht Außenfassade/
Detail section – elevation exterior façade

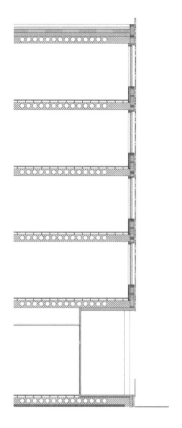 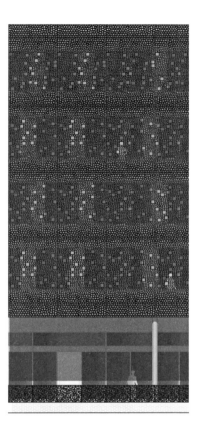

Detail Schnitt – Ansicht Innenhof/
Detail section – elevation courtyard

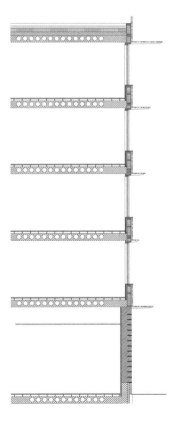 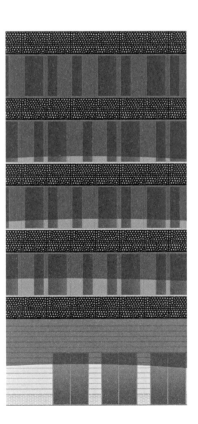

2010–   Sprinter Masdar City, AE-Masdar

2010
NEUES ZENTRUM KAGRAN, AT-WIEN

Projektwettbewerb nach Präqualifikation Wirtschaftsagentur Wien
—
KAGRAN NEW CENTER, AT-VIENNA
Project competition after prequalification Wirtschaftsagentur Wien

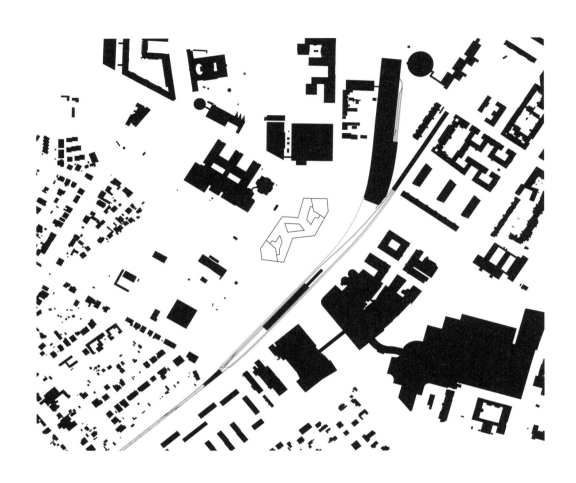

Das Neue Zentrum Kagran tritt selbstbewusst in Erscheinung und wirkt durch die hohe Wiedererkennbarkeit und vielfältige Tages- und Nachtaktivitäten als urbaner Anziehungspunkt. Die Ausbildung von zwei gegenüberliegenden Hauptplätzen und dem dazwischenliegenden Forum bietet eine attraktive Durchwegung des Areals, die präzise an die bestehenden Fußgängerströme anknüpft.

Die Hochhäuser werden in der Höhe differenziert, um eine perspektivische Wirkung aus Richtung Stadtmitte zu erreichen. Die geneigte Dachlandschaft des Verwaltungsbaus wirkt dabei als dynamisches Bindeglied zwischen den Hochhäusern und akzentuiert gleichzeitig das zentral gelegene Forum, das als wind- und witterungsgeschützter Aufenthaltsraum dient und die Durchführung größerer Events ermöglicht.

Fassade, Struktur und Energiekonzept sind aufeinander abgestimmt, sodass höchster Nutzer-

The Kagran New Center has a self-confident appearance, and its high degree of recognizability and the numerous activities that take place there there both day and night have turned it into a popular urban attraction. The expansion of two main squares opposite the building and the forum between them offers an attractive way to navigate the area, linking up to the existing streams of pedestrians.

The high-rises are of different heights, achieving an interesting perspective from the city center. The slanted roofing on the administrative building looks like a dynamic link between the high-rises, while accentuating the centrally placed forum, which serves as a protective shelter from wind and weather and enables the presentation of larger-scale events.

Façade, structure, and energy concept are harmonized, so that the greatest possible ease of use is achieved with a minimum of energy expenditure.

komfort mit minimalem Energieaufwand erreicht wird. In Anbetracht der geforderten Nutzungsflexibilität sind die Fassaden zurückhaltend ausgebildet. Eine einfache, die Vertikalität betonende Struktur überzieht das Gebäude im Raster von 1,35 m. Im Innern bilden die Kerne und Stützen die Primärstruktur in den ansonsten frei einteilbaren, nutzungsflexiblen Geschossflächen.

Hinsichtlich Energiekonzept wurde der Grundsatz verfolgt, dass das Gebäude selbst den Hauptanteil der »Arbeit« verrichtet und die Technik nur noch die »Feinjustierung« vornimmt. Erreicht wird dies, weil Synergien zum Tragen kommen und keine Wärme ungenutzt entweicht. Zur thermischen Raumkonditionierung werden nur wasserbasierte, reaktionsschnelle Energieabgabesysteme eingesetzt. Dadurch kann die freie Wärme – interne und solare – optimal und ohne Temperaturüberschwingungen passiv genutzt werden. Die konsequente Auslegung auf tiefe Heizwasser- und hohe Kühlwassertemperaturen schafft optimale Voraussetzungen für die effiziente Nutzung von erneuerbaren Energien bzw. Anergienutzung.

Städtebau, Nutzungskonzept, Struktur, Energie und Konstruktion bilden so ein ausgeklügeltes Ganzes, das mehr ist als die Summe seiner Einzelteile. Das Nachhaltigkeitskonzept ist weder einseitig fokussiert noch technisch appliziert, sondern wird in differenzierten Kreisläufen abgebildet, die den gesamten Lebenszyklus abdecken.

Given the required flexibility, the façades are modest. A simple structure that emphasizes verticality covers the building in a 1.35-meter grid. In the interior, the cores and the supports form the primary structure in the flexible-use floor spaces, which can otherwise be divided as required.

As far as the energy concept goes, we followed the basic guideline that the building itself would do most of the "work," and that the technology only perform the "fine adjustment." This is achieved because synergies are brought to bear and no heat goes unused. For moderating temperature indoors, only water-based, quick-response energy output systems were used. This makes it possible to use the free heat—internal and solar—in an optimal, passive way without temperature extremes. Consistent use of low hot-water and high cold-water temperatures makes for ideal conditions for the efficient use of renewable energies, or even anergy.

Urban planning, use concept, structure, energy, and construction thus constitute a cleverly thought-out whole that is more than the sum of its individual parts. The sustainability concept has neither a one-sided focus, nor is it administered technically; rather, it is depicted in differentiated cycles that cover the entire life span.

Regelgeschoss Wohnen
und Büro /
Typical floor plan living
and office

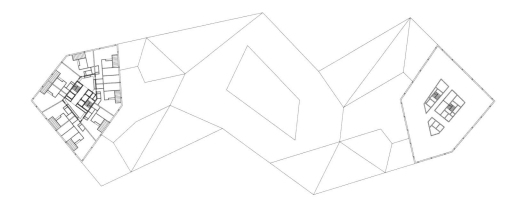

3. Obergeschoss /
4th floor

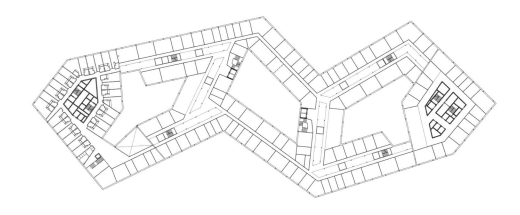

Erdgeschoss /
Ground floor

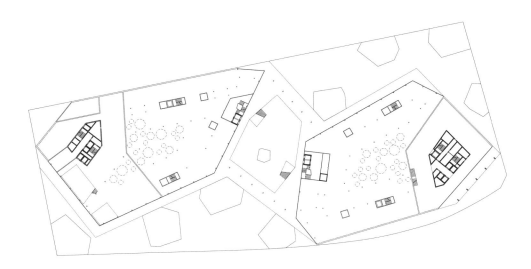

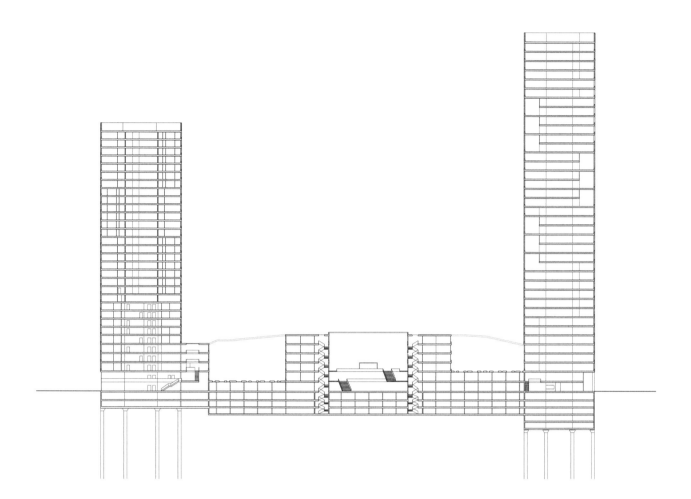

2010   Neues Zentrum Kagran, AT-Wien

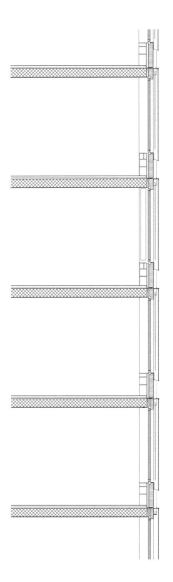

MATTHIAS BOSSHART – MOVE ABOUT

Matthias Bossharts Bildtafeln, die im Hintergrund zu sehen sind, präsentieren sich ornamental mit regelmäßiger Struktur, sich wiederholende geometrische Anordnungen kennzeichnen das Werk des Künstlers. Grundlage der Tafeln bilden fragile 16- und 35-mm-Filmstreifen, die er auf Verbundplatten in minutiöser Arbeit montiert, als gliedernde Segmentierung verwendet Matthias Bosshart verschiedene Lacke. Der Inhalt des Films, dem die Celluloidstreifen entnommen sind, wird unsichtbar gemacht, die Verweigerung der Vermittlung von filmischer Handlung ist immanent.

Durch die schwarzen Filmstreifen – die zwar nicht der Handlung des Filmes, wohl aber der Lichtführung folgen – werden etwa Assoziationen zu Gestaltungselementen der Antike geweckt. Die Streifen bilden Hektagone, Linien, Dreiecke und andere Muster, ähnlich wie sie zum Beispiel auch in der arabischen Baukunst verankert sind. Weitere Arbeiten wiederum gemahnen an Information Art und damit an Diagramme von Mikrochips oder an Strukturen, die nur durch das Mikroskop oder Teleskop wahrgenommen werden können. Die Tafeln oszillieren zwischen Mikro- und Makrokosmos und strahlen trotz ihrer Bewegtheit Ruhe und Ordnung aus, die meditative Momente beinhalten.

Matthias Bossharts Interesse gilt seit mehreren Jahrzehnten dem Experimentalfilm. Seine 16-mm-Filme setzen sich meist aus mehreren Sequenzen verschiedener Filme zusammen. So kombiniert er für seine neueste filmische Arbeit ältere, eigene Experimentalfilme. Die drei Filme, deren zugrundeliegendes Bildmaterial als »found footage« bezeichnet wird, hat der Künstler Bild für Bild in Diarahmen montiert, mit einem Diaprojektor auf Leinwand projiziert und mit einer 16-mm-Filmkamera in einer anderen Reihenfolge abgefilmt. Dieses neu entstandene filmische Werk wird in einer eigens dafür gebauten Maschine abgespielt, die gleichzeitig Projektor wie Projektionsfläche ist und damit Kunstinstallation und Experimentalfilm in einem.

Matthias Bosshart's panels, which can be seen here in the background, are typical examples of his ornamental pictures that feature a regular structure with recurring geometrical arrangements. Their substratum consists of fragile 16mm and 35mm filmstrips that he meticulously mounts onto composite panels, employing various lacquers to subdivide the segments. The content of the film from which the celluloid strips are taken is made invisible; the refusal to convey a cinematic plot is imminent.

The black filmstrips, which do not follow the film's plot but rather the lighting, arouse associations with design elements from antiquity. The strips form hectagons, lines, triangles, and other patterns, similar to those firmly established in the history of Arabic architecture. Other works in turn recall Information Art and microchip diagrams, or the structures that can be seen through microscopes or telescopes. The panels oscillate between the microcosm and the macrocosm, and despite their inherent movements they radiate a sense of calm and order that contains meditative elements.

Matthias Bosshart has been interested in experimental film for several decades. His 16mm films are for a large part assembled out of multiple sequences taken from diverse films. For his most recent work, he combined experimental films that he produced himself. For the three films, whose underlying visual material the artist refers to as found footage, he mounted each separate image in a slide frame, projected them onto a screen, and shot them in a different sequence with a 16mm camera. This new film is played back in a specially made device that is both projector and projection surface, and hence art installation and experimental film in one.

Matthias Bosshart, Ausstellungsansichten
Galerie Bob Gysin, Zürich, 2010

KARIN SCHWARZBEK

Karin Schwarzbeks Malerei setzt sich mit dem menschlichen Körper auseinander. Als Bildinhalt ist dieser kaum mehr erkennbar, er ist nahezu gegenstandslos und löst sich in malerische Flächen auf.

Hinter Haaren versteckte Gesichter evozieren, durch den subtil gewählten Bildausschnitt und Blickwinkel, Landschaftsansichten. Oft entstehen Themen während des Malens – unter dem jeweiligen vollendeten Werk verbergen sich zahlreiche Bildebenen. Wie und wann sich das Destillat in Bildform manifestiert, ist Produkt eines oft langen Bildfindungsprozesses.

Das Motiv bewegt sich zwischen Abstraktion und Gegenständlichkeit und entschwindet dem sich im Ungewissen befindenden Betrachter, ein Schwebezustand zwischen Ahnung und Erkenntnis tritt ein. Kontemplation schwingt im Werk der Künstlerin mit. Während in die frühen Tafelbilder der Einfluss von Ikonen mit ihren Mariendarstellungen strömte, ist in den aktuellen Bildern die meditative Komponente der Kunst eines Mark Rothko spürbar.

Karin Schwarzbeks Malerei ist vielschichtig, sie rotiert um den Bildgegenstand. Der Ausdruck ist reduziert und konzentriert. Bildmotive kehren in Varianten zurück, Fragmente lassen Raum für Interpretation und hinterlassen eine Faszination von Zwischenraum, Durchblick, Symmetrie und Rapport. Die Malereierfahrung findet nicht beim Bild und nicht beim Betrachter, sondern räumlich dazwischen statt. Dieser Raum dazwischen hat für die Künstlerin etwas Magisches, weil sich darin die Dimensionen unserer Wahrnehmung verschieben.

Karin Schwarzbek's painting addresses the human body. It is hardly recognizable in them as such; it is nearly abstract, dissolving in painterly surfaces.

As a result of subtly selected picture details and perspectives, faces hidden behind hair evoke views of landscapes. Themes sometimes develop during the painting process, and numerous pictorial layers are concealed underneath the respective completed work. How and when the distillate manifests in the form of a picture is the product of an often extended process of pictorial composition.

The motif veers between abstraction and figuration, vanishing before the viewer's gaze. He or she is left in the dark, and a state of uncertainty between intimation and recognition sets in. Contemplation resonates in the artist's work. While the influence of icons with their depictions of the Virgin Mary exuded from her earlier panel paintings, the meditative components of the art of a Mark Rothko can be detected in her recent works.

Karin Schwarzbek's painting is complex, revolving around the pictorial object. Expression is reduced and concentrated. Variations on pictorial motifs recur; fragments open up space for interpretation and leave behind a fascination for intermediate space, perspective, symmetry, and repetition. The experience of painting does not take place on the picture itself and not with the viewer, but in the space in between. For the artist, there is something magical about this space, as the dimensions of our perception shift within it.

Karin Schwarzbek, Ausstellungsansicht
Galerie Bob Gysin, Zürich, 2010

2011
WOHNÜBERBAUUNG ARBERGSTRASSE, WINTERTHUR
Studienauftrag auf Einladung, engere Wahl
Privat

Die polygonalen Volumen evozieren durch ihre Form und
Setzung eine Bewegung im Raum und schaffen fließende Raum-
sequenzen. Räumliche Schwerpunkte verstärken den inneren
Zusammenhalt und die Vernetzung mit dem Quartier. Die Vielfalt
an Wohnungstypen, Jokerzimmern, Treffpunkten und anderem
bietet generationenübergreifendes Wohnen, während durch das
innovative Energiekonzept und die Holzbauweise die ökologi-
sche Nachhaltigkeit sichergestellt wird.
—
ARBERGSTRASSE RESIDENTIAL DEVELOPMENT,
WINTERTHUR
Study contract by invitation, short list
Private

Through their form and placement, the polygon-shaped buildings evoke movement in space and create fluid sequences
of rooms. Spatial focal points reinforce its interior coherence and
its link with the district. The variety of apartment types, optional rooms, meeting points, and other spaces makes for cross-
generational living, with ecological sustainability ensured by
means of an innovative energy concept and wood construction.

2011
WERKSTÄTTEN BUECHERWÄLDLI, HIRZEN/UZWIL
Projektwettbewerb nach Präqualifikation, 5. Preis
Heilpädagogische Vereinigung Gossau-Untertoggenburg-Wil
—
BUECHERWÄLDLI WORKSHOPS, HIRZEN/UZWIL
Project competition after prequalification, 5th prize
Heilpädagogische Vereinigung Gossau-Untertoggenburg-Wil

2011
WOHNÜBERBAUUNG CASINOSTRASSE, DÜBENDORF
Projektwettbewerb nach Präqualifikation
Evangelisch-reformierte Kirchgemeinde Dübendorf
—
CASINOSTRASSE RESIDENTIAL DEVELOPMENT,
DÜBENDORF
Project competition after prequalification
Evangelical Reformed Church Municipality of Dübendorf

2011–2016
ALTERSWOHNUNGEN KEHL, BADEN
Projektwettbewerb nach Präqualifikation, 1. Preis
Verein Alterszentrum Kehl

Die Neubauten setzen die orthogonale Struktur des Bestandes
auf sinnfällige Weise fort und schaffen ein harmonisches
Gesamtensemble, das eine hohe Durchlässigkeit und großzügige Ausblicke gewährleistet. Im Innern macht die modulare
Vierspänner-Typologie einen langfristig flexiblen Wohnungsmix
möglich. Die Erschließung wird von zweigeschossigen Auf-
enthaltsräumen begleitet, um auf jedem Geschoss soziale »Dorf-
brunnen« für die älteren Bewohner anbieten zu können.
—
KEHL HOUSING FOR THE ELDERLY, BADEN
Project competition after prequalification, 1st prize
Verein Alterszentrum Kehl

The new buildings palpably continue the orthogonal structure of
the existing stock, creating a harmonious overall ensemble
that provides a high level of transparency and generous views.
The modular four-apartment typology in the interior enables
long-term, flexible residential combinations. Access is accompanied by two-story recreation rooms in order to be able to provide social "village wells" on each floor for the older residents.

2011–2018
WOHNEN UND ARBEITEN AREAL STOTZWEID, HORGEN
Kooperative Entwicklung
Trift AG
—
STOTZWEID RESIDENTIAL AND WORK SITE, HORGEN
Cooperative development
Trift AG

2011–2015
WOHNÜBERBAUUNG FELDGÜETLIWEG, MEILEN
Direktentwicklung
Mobimo

FELDGÜETLIWEG RESIDENTIAL DEVELOPMENT, MEILEN
Direct development
Mobimo

2011
JUSTIZVOLLZUGSANSTALT REALTA NUOVO, CAZIS
Testplanung
Hochbauamt Kanton Graubünden
—
REALTA NUOVO CORRECTIONAL FACILITY, CAZIS
Test planning
Building Authority, Canton of Graubünden

21.01.–12.03.2011
NIKLAUS RÜEGG – ELEPHANT MAKE-UP

18.03.–14.05.2011
GEORG AERNI – PROMISING BAY

20.05.–16.07.2011
CARMEN PERRIN – ENCORE ET ENCORE
Carmen Perrin, Encore et Encore, 2011

Der Titel der Ausstellung spielt auf Carmen Perrins Schaffens-
prozess an, der auf Akkumulation, Rapport und dem Wieder-
holen einer Arbeit oder eines Arbeitsvorgangs basiert. Kleine,
feine Metallfedern auf einem dunklen Untergrund nebeneinander aufzureihen entspricht exakt Carmen Perrins Arbeits-
konzept. Durch Spreizen, das heißt durch Auseinanderziehen
einzelner Federn, wird im Gesamtbild das Satzfragment »Encore
et encore« sichtbar, welches sich wiederum auf den Arbeits-
prozess bezieht.
—
The title of the exhibition alludes to Carmen Perrin's creative
process based on accumulation, rapport, and the repetition of
a work or a working process. Lining up small, delicate metal
springs on a dark background corresponds exactly to Carmen
Perrin's working concept. Pulling apart the individual springs
reveals the sentence fragment "Encore et encore," which in turn
refers to the working process.

25.08.–24.09.2011
POSITION 2
Position 2, Ausstellungsansicht Galerie Bob Gysin,
Zürich 2011

Die 2010 ins Leben gerufene Ausstellungsreihe Position vereint
mehrheitlich junge, noch wenig bekannte Kunstschaffende.
Christoph Brünggel nutzt mit seiner Arbeit die gesamte Höhe
des Raumes. Die von der Decke hängenden Tonbänder gemahnen an einen Monolithen, aus der Nähe entpuppt sich dieser
aber als volatil. Die Wandinstallation des bereits etablierten
Jos Näpflin erweitert den Galerieraum und öffnet ihn zu einem
idyllischen Garten.
—
The Position exhibition series initiated in 2010 brings together
mostly younger, still lesser known artists. Christoph Brünggel
makes use of the entire height of the space for his work. The audio-
tapes suspended from the ceiling recall a monolith that, however, upon closer examination turns out to be volatile. The wall
installation by the established artist Jos Näpflin extends the
gallery space, opening it onto an idyllic garden.

25.11.2011.–21.01.2012
MIRIAM STURZENEGGER

2011
EUROPAALLEE BAUFELD F, ZÜRICH

Projektwettbewerb nach
Präqualifikation, 2. Stufe
SBB Immobilien
—
EUROPAALLEE DEVELOP-
MENT PLOT F, ZURICH
Project competition after
prequalification, 2nd phase
SBB Immobilien

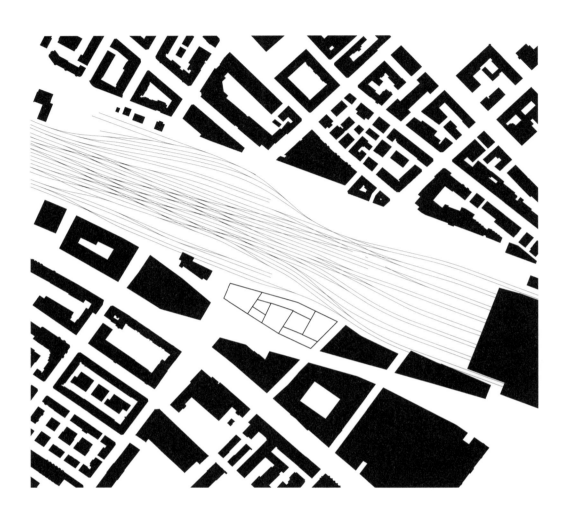

Als eines der letzten Baufelder in der großen städtebaulichen Erweiterung beim Zürcher Hauptbahnhof schafft das Projekt einen Abschluss Richtung
Gleiskörper. Das Zusammenspiel der drei Türme
auf einem Sockel nimmt die Typologie der benachbarten Baufelder auf und erzeugt eine spannungsvolle Komposition. Die einzelnen Gebäudeteile
bilden mit benachbarten Projekten weitere Ensembles und stärken die räumliche Kontinuität und
Vernetzung. Städtebaulich entsteht so ein Volumen,
das den Bestand und die zukünftigen Neubauten
auf Basis des Masterplans antizipiert, ohne dabei
an Eigenheit zu verlieren.

Besonderes Augenmerk wurde dem oberen
und unteren Abschluss gewidmet: Zum Gustav-
Gull-Platz liegt das Erdgeschoss 3 m hinter der Fassadenflucht und generiert einen bespielbaren

One of the last construction sites in the large-scale
expansion in the area of the Zurich train station,
the project closes in the direction of the track system. The interplay among the three towers on a
single base picks up on the types of buildings on the
neighboring sites, creating an intriguing composition. Along with the neighboring projects, the building's individual components form other ensembles and reinforce spatial continuity and connection.
In architectural terms, this creates a volume that
anticipates both the existing buildings and new ones
to come on the basis of the master plan, without
losing any sense of uniqueness.

Special attention was paid to the upper and
lower closures: facing Gustav Gull Square, the
ground floor lies three meters behind the row of
façades and generates an exemplary outdoor

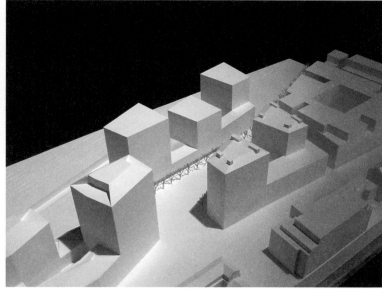

Außenraum für die öffentlichen Nutzungen. Ein Durchgang durch das Gebäude ermöglicht die Durchquerung des Areals und den Zugang zum Gebäude von beiden Seiten. Die drei Türme enden in Dachaufbauten; diese bilden durch ihre Facettierung einen ausdrucksstarken Abschluss, der zum unmittelbaren Kontext passt und sich in der Fernwirkung gut ins Stadtbild integriert. Neben Serviceflächen entstehen Aufenthaltsräume und Dachterrassen, die ein kollektives Nutzungsangebot und informelle Begegnungsorte schaffen.

Im Unterschied zur möglichst austarierten und kontextuell verankerten Volumetrie war im Innern eine maximale Freiheit hinsichtlich Nutzungs- und Wohnungsmix erwünscht. Um dieser Vorgabe gerecht zu werden, wurde ein ganzes Bündel an Maßnahmen entwickelt:

Die Fassade besteht aus einer feinmaschigen Struktur, die einerseits die Körperhaftigkeit der Gebäudegruppe unterstützt und andererseits die Nutzungsverteilung nicht abschließend determiniert. Das Tragwerk ist als Stahlbeton-Skelettbau konzipiert, der im Innern eine freie Raumeinteilung gewährleistet. Die Konstruktion ist konsequent systemgetrennt ausgebildet und das Energiekonzept setzt in erster Linie auf passive Maßnahmen, ergänzt durch nachrüstbare und unterhaltszugängliche Gebäudetechnik.

Insgesamt können so in einem städtebaulich maßgeschneiderten Volumen für den Erstbezug eine Vielzahl an unterschiedlichen Wohnungstypen, großzügige Büroflächen und attraktive öffentliche Nutzungen angeboten werden – und gleichzeitig langfristig (Um-)Nutzungsoptionen gewährleistet werden.

space for public use. A passageway through the building makes it possible to cross the area and the entrance to the building from both sides. The three towers end in rooftop superstructures; their faceting makes them a strong finish that fits into the immediate context, and from a distance is well integrated into the city skyline. Besides service areas, there are lounges and roof terraces that can be collectively used for informal meetings.

Unlike preferably balanced volumetry anchored in a context, in the interior maximum freedom with respect to a blend of usage and living was desired. In order to do justice to this parameter, a whole cluster of measures was developed:

The façade is made up of a fine-meshed structure that supports the physicality of the group of buildings on the one hand, and on the other does not determine the way that the space is ultimately divided for use. The supporting structure is a reinforced concrete skeleton that allows one to decide how the interior space will be arranged. The construction is consistently formed in a way such that systems remain separate, and the energy concept primarily relies on passive measures supplemented by building technology that is retrofittable and accessible for maintenance.

Altogether, this architecturally tailored, brand-new building offers a number of different types of apartments, generous office spaces, and attractive public usages—and at the same time there are options for altering the space for long-term (re)usage.

2011   Europaallee Baufeld F, Zürich

Längsschnitt/
Longitudinal section

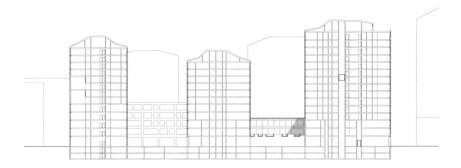

Südfassade/
South façade

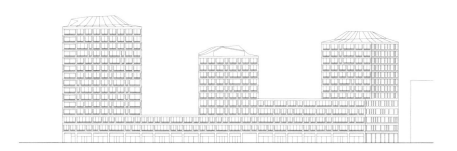

Regelgeschoss Wohnen/
Typical floor plan living

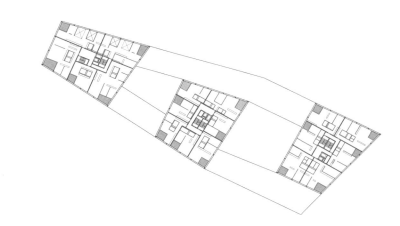

Regelgeschoss Büro/
Typical floor plan office

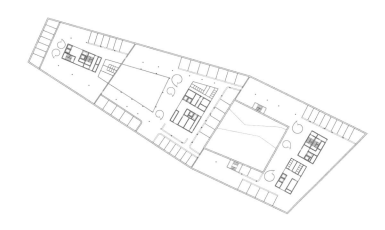

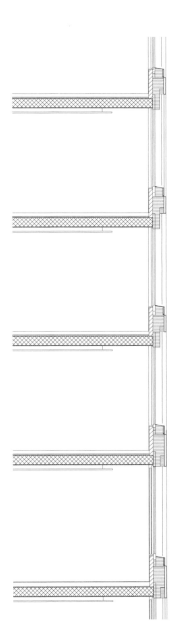

2011   Europaallee Baufeld F, Zürich

2011
BÜRO- UND SEMINAR-GEBÄUDE KFW, DE-FRANKFURT AM MAIN

Projektwettbewerb nach Präqualifikation, 1. Preis
KfW Bankengruppe
—
KFW OFFICE AND SEMINAR BUILDING, DE-FRANKFURT AM MAIN
Project competition after prequalification, 1st prize
KfW Bankengruppe

Der Ersatzneubau an der Bockenheimer Landstraße besetzt das Grundstück mit einem differenziert artikulierten Volumen, das sich in den historischen Kontext eingliedert. Der südliche Kopfbau reagiert auf der Westseite mit einem Rücksprung in den oberen Geschossen auf das benachbarte Wohngebäude, während der volumetrische Einschnitt auf der Ostseite der Villa Sondheimer Raum lässt und deren horizontale Gliederung aufnimmt.

Das Fassadenbild orientiert sich mit seiner Strukturierung und mineralischen Materialisierung an den Nachbarbauten und unterstützt so die städtebaulichen Anliegen. Die vertikal gegliederte Struktur gewährleistet dabei einen übergeordneten Ausdruck und lässt gleichzeitig Ausnahmen

The new replacement building on Bockenheimer Landstrasse fills the site with a sophisticatedly articulated volume suited to the historical context. The southern front section responds to the neighboring apartment building on the west side with a recess in the upper floors, while the volumetric recess on the east side of Villa Sondheimer leaves room and picks up on its horizontal organization.

The structured, stone façade adapts itself to the neighboring buildings and thus supports concerns in terms of urban planning. At the same time, the vertically articulated building guarantees an overriding expression while at the same time allowing for exceptions: an attractive weather-protected arcade emphasizes the main entrance, while large-

zu: Der Haupteingang wird durch eine attraktive witterungsgeschützte Arkade betont, während die öffentlichen Nutzungen über großformatige Fensterflächen akzentuiert werden. In Kombination mit den volumetrischen Rücksprüngen entsteht ein spannungsvolles Volumen mit zahlreichen Dach- und Terrassenflächen, die als soziale Treffpunkte dienen und Aussicht in den nahen Palmengarten und Richtung Villa eröffnen.

Der übersichtliche Eingang mit integrierter Loge bietet eine optimale Zutrittskontrolle bei hoher Besucherfreundlichkeit. Das halböffentliche Schulungs- und Seminarzentrum ist getrennt von den Bürogeschossen und erfüllt die Sicherheitsanforderungen der KfW-Gruppe im Tages- und Abendbetrieb. Die Nutzungseinheiten der Büroflächen sind direkt an die zentrale Erschließung gegliedert, als Bindeglied dient auf jedem Stockwerk eine Kommunikationszone für den informellen Austausch. Die rationelle Gebäudestruktur ist auf einem Raster von 1,25 m im Inneren und an der Fassade ausgelegt und ermöglicht die geforderte Organisation der Zellenstrukturen der Büros und Besprechungsräume. Der Raumbedarf und dessen Organisation ist so für den Erstbezug gewährleistet, kann aber aufgrund der flexiblen Planung jederzeit verändert werden.

Um den hohen energetischen Ansprüchen gerecht zu werden, nutzt das Gebäude natürliche und anthropogene Energie- und Stoffkreisläufe, der Wärme- und Strombedarf ist auf ein absolutes Minimum beschränkt und beruht auf dem Low-Exergy-Ansatz. Als Ganzes entsteht eine vielfältige Lern- und Arbeitslandschaft, die den KfW-Effizienzhaus-Standard mühelos erfüllt.

scale windows accentuate public usages. In combination with the volumetric recess, this creates an intriguing volume with numerous roof and terrace areas that serve as meeting points and open up views into the nearby palm gardens and in the direction the villa.

The neatly organized entrance with an integrated porter's lodge allows the controlled admission of even large numbers of visitors. The semi-public training and seminar center is separate from the office floors and fulfills the KfW group's safety requirements both day and night. Usage units in the office spaces are directly linked to the central access area. Every floor has a connecting link, a communication zone for informal conversations. The rational building structure is laid out in a 1.25-meter grid pattern inside and along the façade, making it possible to properly organize the cell structures in the offices and conference rooms. The need for organized space has been met for first occupancy, but thanks to flexible planning it can be altered at any time.

In order to do justice to the high demand for energy, the building uses natural and anthropogenic energy and material circulatory systems; the demand for heat and electricity is kept to an absolute minimum and is based on the low-exergy approach. Altogether, this is a multifaceted learning and working landscape that effortlessly fulfills the KfW's efficient house standard.

Südfassade/
South façade

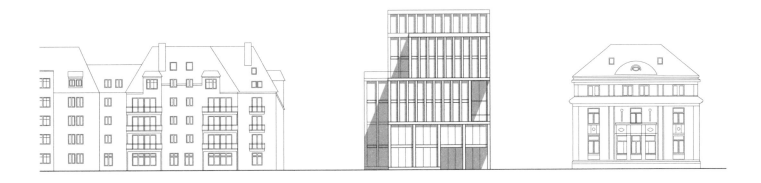

Erdgeschoss/
Ground floor

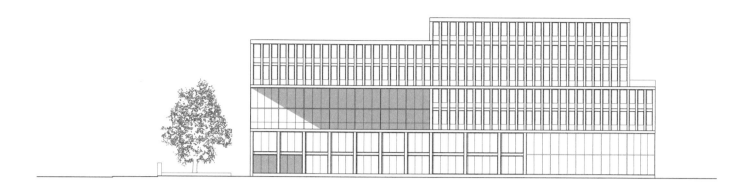

1., 2., 4. Obergeschoss/
2nd, 3rd, and 5th floor

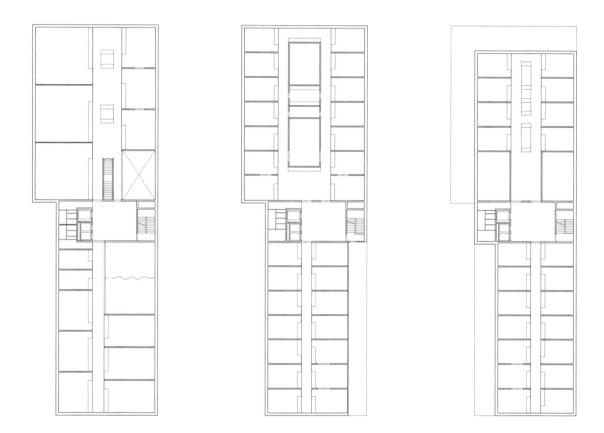

2011   Büro- und Seminargebäude KfW, DE-Frankfurt am Main

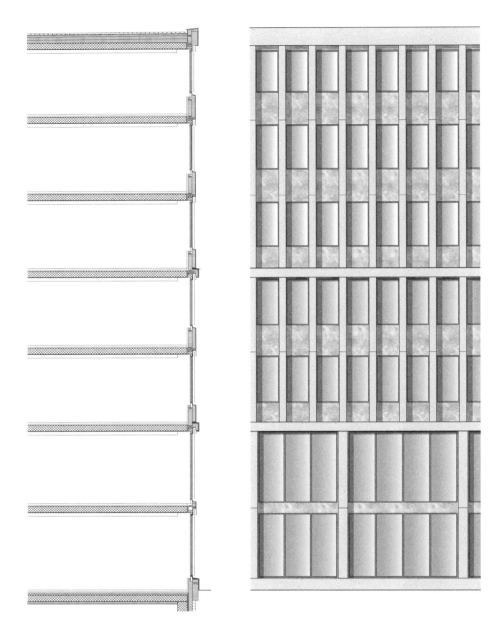

2011–2016
ALTERSZENTRUM, APPENZELL

Projektwettbewerb nach
Präqualifikation, 1. Preis
Hochbauamt Kanton
Appenzell Innerrhoden
—
CENTER FOR THE ELDERLY,
APPENZELL
Project competition after
prequalification, 1st prize
Building Authority, Canton of
Appenzell Innerrhoden

Der Poesie des Ortes folgend, wird der Neubau einem Findling ähnlich ins abfallende Gelände gesetzt. Die polygonale Abwicklung nimmt städtebauliche und topografische Richtungen des Kontextes auf und schafft ein integratives, facettiertes Volumen. Durch die Schnittlage entstehen fließende Übergänge zwischen Innen- und Außenraum, während die hohe Kompaktheit einen ökonomischen Landverbrauch bewirkt. Der Platz beim Haupteingang ist Zufahrt wie auch Ort für den Aufenthalt. Sitzmöglichkeiten werden aufgestellt und der Platz mit blühenden Vegetationsflächen gegliedert. Der »Demenzgarten« auf der Terrasse ist Garten wie auch Teil der das Gebäude umgebenden Landschaft. Die Wiese fließt hinein und wird Schritt für Schritt mit Gehölzen und Stauden ergänzt.

Das Gebäude ist so konzipiert, dass passive Maßnahmen, solare Gewinne und optimal aufeinander abgestimmte Systemkomponenten Synergien schaffen. Hoher Komfort bei niedrigem Energieverbrauch und effizienter Flächenverbrauch bei wirtschaftlichen Erstellungskosten bilden dabei

Adhering to the site's poetry, the new building is set into the slope as if it were a boulder. The polygonal unrolling picks up on directions in urban planning and the topography of the site, creating an integrative, multifaceted volume. Because it is set into the slope, there are fluid transitions between the indoors and the outdoors, while the building's highly compact design makes economical use of the land. The square near the main entrance is both a driveway and a place to sit and linger. Seating has been installed, and blooming plants divide the square into sections. The "dementia garden" on the terrace is both a garden and part of the landscape surrounding the building. The meadow flows into it and is gradually being augmented with trees and bushes.

The building has been conceived in such a way that passive measures, solar power, and optimally compatible system components create synergies. The focus is on creating a high degree of comfort with low energy usage and an efficient use of space while keeping construction costs to a minimum.

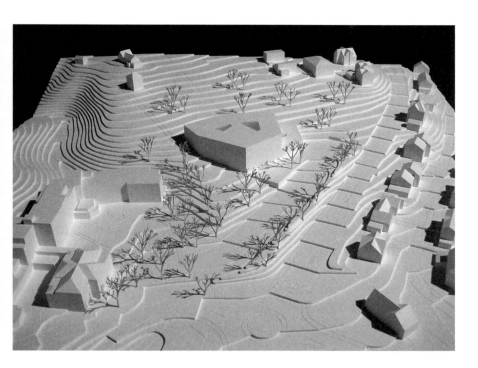

die Schwerpunkte. So entspringt dem Sinnbild des Findlings ein kompakter Baukörper, dessen Volumen-Flächen-Verhältnis, optimale Orientierung für Sonnenlichtnutzung und weitere passive Maßnahmen als Basis für einen minimalen Energiebedarf dienen. Die vorfabrizierte Fassade bietet dabei eine hochwertige Hülle ohne Wärmebrücken, die im Innern eine freie Raumeinteilung und langfristige Nutzungsflexibilität gewährleistet. Der Einsatz von lokalem Holz in der Fassade ist ökologisch sinnvoll und mit der Tradition der Appenzeller Holzbauweise kohärent zugleich.

Neben den räumlichen Proportionen und der spezifischen Materialisierung sind Sichtbezüge, Innen- und Außenbezüge, aber auch die Lichtführung von zentraler Bedeutung. Wissenschaftliche Untersuchungen – und persönliche Erfahrungen – haben den Einfluss von Tageslicht auf unsere Psyche nachgewiesen. Um diese positiven Effekte zu nutzen, kann es sinnvoll sein, Tageslicht auch in dunklen Zonen zu simulieren. Mit chronobiologischem Kunstlicht wird in Bereichen ohne Außenbezug der Tagesverlauf simuliert, um den Biorhythmus der Bewohnerinnen und Bewohner zu unterstützen und positiv auf depressive Verstimmungen einzuwirken.

Emotionale Aspekte bilden dabei die entscheidende Ergänzung zu quantitativen oder qualitativen Eigenschaften nachhaltigen Entwerfens. Begriffe wie Würde und Selbstbestimmung oder Freude und Zufriedenheit begleiteten deshalb das Projekt von Beginn an. Immer mit dem Ziel, eine Atmosphäre zu schaffen, die den gegenwärtigen und den zukünftigen Ansprüchen an Raum und

Thus out of the symbol of a boulder arises a compact structure whose volume-to-surface ratio, optimum orientation for taking advantage of sunlight, and other passive measures create a basis for minimal energy demands. The prefabricated façade is a high-quality shell without heat bridges, which guarantees that the interior can be divided as desired and flexibly used over the long term. The use of local wood in the façade makes ecological sense and at the same time coheres with traditional Appenzell wood construction.

Besides the spatial proportions and the specific materials, view axes, interior and exterior relationships, and lighting are of central importance. Scientific studies—and personal experience— have proven the influence of daylight on our mental state. In order to take advantage of these positive effects, it makes sense to simulate daylight even in dark areas. In areas that do not reference the outdoors, chronobiological artificial light reproduces the course of a day in order to support the biorhythms of the residents and to exert a positive influence on depressive moods.

Emotional aspects are the crucial addition to the quantitative or qualitative characteristics of sustainable design. Concepts such as dignity and self-determination or joy and contentment were therefore part of the project from the outset—always with the goal of creating an atmosphere that corresponds to the current and future demands for space and comfort, as well as to the well-being of all users: employees, visitors, and residents. The circulation figure around the atria forms the social

Komfort, aber auch dem Bedürfnis aller Nutzerinnen und Nutzer – Mitarbeiter, Besucher und Bewohner – nach Wohlbefinden entspricht. Die Erschließungsfigur um die Lichthöfe bildet dabei den sozialen Kern, an den sich die individuell nutzbaren Zimmer gliedern. Sitzgelegenheiten und Motive zum Entdecken und Beobachten regen zum Gebrauch dieser vielfältigen Rundläufe an. Das Hinzuziehen von Kunstschaffenden hat sich im Zusammenhang mit der Gestaltung solcher »sozialer Verkehrsflächen« als bereichernde Ergänzung erwiesen, da künstlerische Auseinandersetzungen mit dem Ort, dem Gebäude oder der Nutzung die Chance bieten, auf einer weiteren Ebene Emotionen zu wecken und Identität zu stiften.

Das Alterszentrum Appenzell zeigt so exemplarisch, wie dem Thema »Nachhaltig Wohnen im Alter« ganzheitlich begegnet werden kann. Es macht aber auch deutlich, dass unterschiedliche Kontexte und Betriebskonzepte – im Vergleich beispielsweise zum Alterszentrum Tägerhalde in Küsnacht – zu komplett anders gearteten Typologien führen, die jede für sich ihre Berechtigung haben, wenn sie situativ eine spezifische Antwort zur Aufgabenstellung geben.

heart of the building, around which the individually used rooms are arranged. Seating areas and motifs that can be discovered and observed encourage the use this multifaceted circular path. Including artists in the design of these kinds of "social traffic areas" has proved to be enriching, since the artists' examination of the site, the building, or usage offers a chance to awaken emotions on other levels and to create a sense of identity.

The Appenzell center for the elderly is exemplary of how "sustainable living for senior citizens" can be faced in a holistic way. Yet it also makes it clear that different contexts and operational concepts—in comparison, for instance, to the Tägerhalde center for the elderly in Küsnacht—can lead to completely different types of buildings, each of which is justified if it provides specific solutions for the respective situation.

Ökonomischer Landverbrauch
Vielfältige Erschließungsfigur /
Economical land consumption
Diverse circulation figure

 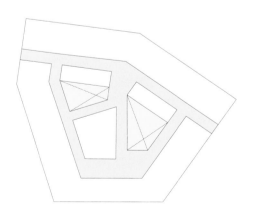

Längsschnitt /
Longitudinal section

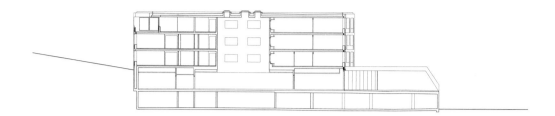

3. Obergeschoss /
4th floor

Erdgeschoss /
Ground floor

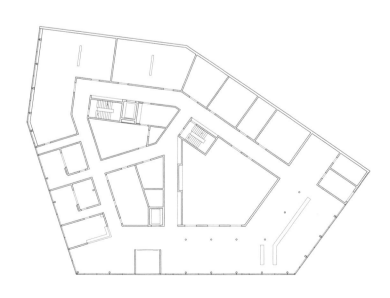

2011–2016   Alterszentrum, Appenzell

Detail Schnitt – Ansicht /
Detail section – elevation

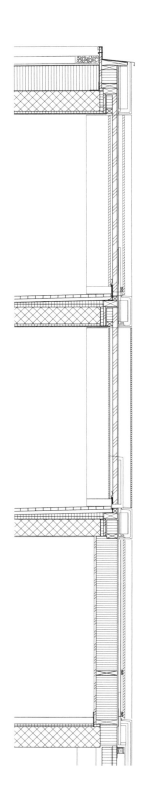
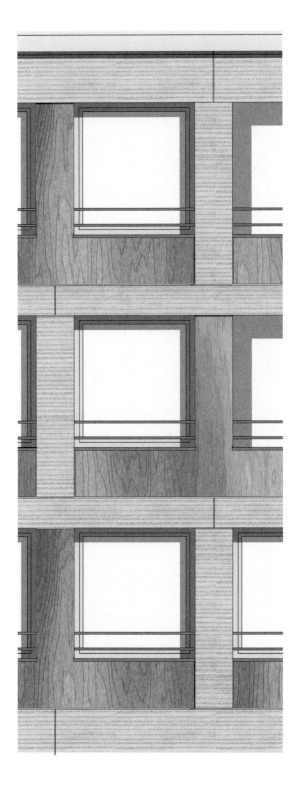

2011–2014
CHESA CRAMERI,
ZUOZ

Direktentwicklung
Privat
—
CHESA CRAMERI, ZUOZ
Direct development
Private

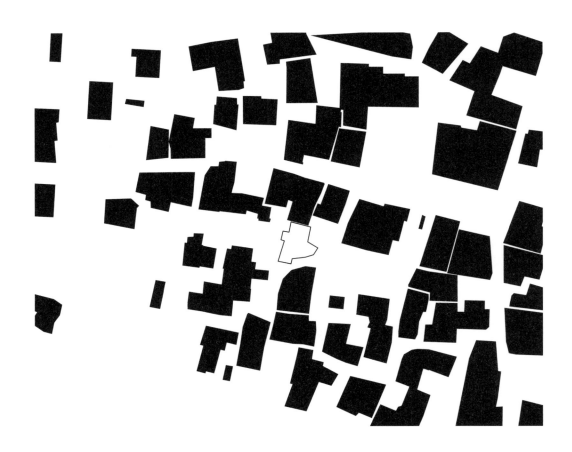

Der Sanierung und Umnutzung bestehender Gebäude wird zukünftig eine noch größere Bedeutung zukommen, um den Energieverbrauch und die Umweltwirkungen des Gebäudeparks im angestrebten Umfang reduzieren zu können. Bestandsmaßnahmen sind im Gegensatz zum Ersatzneubau zudem oftmals die sozial verträglichere Lösung und können den Genius Loci identitätsstiftend nutzen beziehungsweise erhalten.

Die Chesa Crameri in Zuoz, ein typisches Engadiner Bauernhaus, deckt die ganze Bandbreite an Umbaustrategien ab – vom integralen Erhalt einzelner Bauteile bis zum Einbau neuer Elemente –, wobei übergeordnet der Respekt vor dem historischen Gebäude und die Auflagen des Ortsbildschutzes die Rahmenbedingungen bildeten.

Die Herausforderung bestand darin, eine symbiotische Antwort auf die gegebenen Parameter sowie die heutigen Ansprüche zu formulieren. Die äußeren Eingriffe hatten eine energetische Sanie-

Renovating and repurposing existing buildings will be even more important in the future in order to be able to reduce the use of energy and the environmental impact of the building park to a desirable extent. Unlike new buildings to replace old ones, the renovation of existing structures is often the more socially compatible solution and can help to use or retain the identity-forming genius loci.

The Chesa Crameri in Zuoz, a typical farmhouse in Engadine, covers the entire spectrum of renovation strategies—from the integrated preservation of individual building components to the addition of new elements—whereby respect for the historical building and the requirements stipulated for protecting the overall appearance of the site constituted the framework conditions.

The challenge was to come up with a symbiotic answer for the given parameters and frame today's demands. The goal of the exterior interventions was to carry out renovation to reduce the

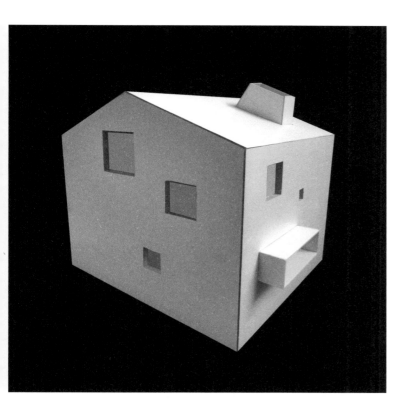

rung unter Erhalt des Erscheinungsbildes zum Ziel. Der Fassadenputz wurde ersetzt, der Dachstuhl isoliert, bestehende Fenster saniert und neue Fenster hinzugefügt. Wo immer möglich, wurden die vorhandene Struktur und die originalen Materialien erhalten oder restauriert. Neue Elemente fügen sich sensibel ein.

Der Wohnraum – ehemals als Scheune verwendet – wurde als »Haus im Haus« mit vorfabrizierten Holzrahmenelementen erstellt, geschützt durch den bestehenden Strickbau. Als Schnittstelle zwischen Innen- und Außenraum werden zwei Arten von Fenstern ausgebildet: Tiefe, mit Lärche ausgekleidete Nischenfenster machen die Dicke der Konstruktion spürbar und bieten einen direkten Blick nach außen. Ergänzt werden sie mit innenbündigen Fenstern, die hinter dem Holzstrickbau verlaufen. Neben dem Erhalt des äußeren Gesamteindrucks entsteht so ein subtiles Licht- und Schattenspiel. Die zusätzliche, freigestellte Treppe schafft als vertikales Verbindungselement den Bezug zwischen den Geschossen, während die horizontale Verbindung zwischen dem Massiv- und dem Holzbau jeweils mit einer raumbildenden Schwelle hergestellt wird und damit die Schnittstelle präzise ausformuliert.

Traditionelle und zeitgenössische Techniken finden so in der Chesa Crameri zusammen und werden zu einer harmonischen Einheit verbunden, die den heutigen Ansprüchen an das Wohnen und die Energieeffizienz gleichermaßen entspricht.

building's energy use while maintaining its appearance. The plaster on the façade was replaced, the attic was insulated, existing windows refurbished, and new windows added. Wherever possible, the existing structure and original materials were kept or restored. New elements were carefully added.

The living room—formerly a barn—was set up as a "house within a house," with prefabricated wood frame elements, protected by the existing timber frame. As an intersection between the interior and exterior, two kinds of windows were formed: deep niche windows lined with larchwood make the thickness of the construction palpable and offer a direct view to the outdoors. These are supplemented by windows flush right, running behind the timber frame. Besides maintaining the entire exterior, this also creates a subtle interaction of light and shadow. As a vertical connecting element, the additional, freestanding staircase creates a reference to the floors, while the horizontal connection between the massive and the wooden construction are produced with a spatial threshold, respectively, so that the intersection is explicitly expressed.

In the Chesa Crameri traditional and contemporary technology are joined to form a harmonious unit that meets today's demands for living space and energy efficiency.

2. Obergeschoss/
3rd floor

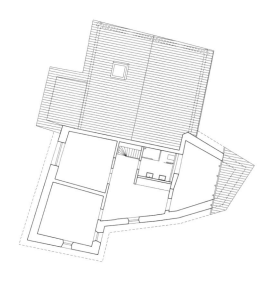

1. Obergeschoss/
2nd floor

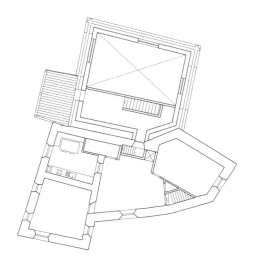

Erdgeschoss/
Ground floor

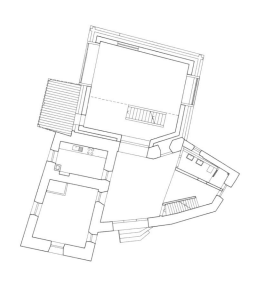

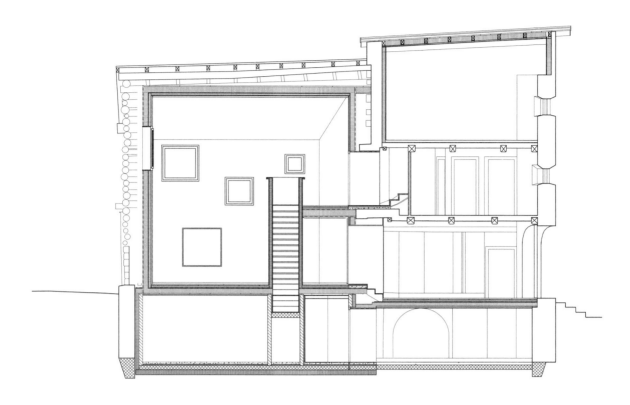

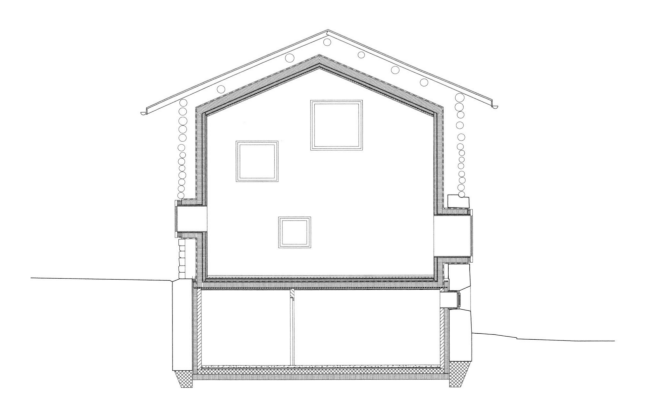

2011–2014   Chesa Crameri, Zuoz

CHRISTOPH HÄNSLI – «HAUPTSCHALTER»

Christoph Hänslis Arbeitsweise und seine künstlerische Stärke bestehen im konzeptuellen Angehen der Materie. Er nimmt alltägliche, vertraute Situationen auf und macht sie in seinen Werken sicht- und wahrnehmbar – auch für üblicherweise vorübereilende Passanten.

Auf einer Länge von 22 Metern lässt sich an den Wänden des Ausstellungsraums ein Gemälde abschreiten, das die Situation eines Abbruchhauses wiedergibt. Nutzlos gewordene Eingänge und Passagen dieses zum Abriss bestimmten Gebäudes sind mit alten Türen und Brettern verbarrikadiert.

Hier werden gegensätzliche räumliche Situationen einander gegenübergestellt: Christoph Hänsli holt mit dieser großflächigen Arbeit den Außenraum in den Innenraum, ruinöse, gemalte Architekturen drängen in den realen »white cube« und behaften ihn mit dem romantischen Mief von verlotterten Häuserzeilen. Hinter diesen gemalten Flächen lassen sich Abgründe erahnen und Geschichten von unsichtbaren Schicksalen imaginieren. Was sich wohl hinter den Türen abgespielt haben mag? Wo sich die ehemaligen Bewohnerinnen und Bewohner des Hauses nun wohl befinden? Versteht der Künstler sein Werk als eine Kritik am nicht nachhaltigen Abriss selbst oder interessiert er sich für die Geschichten der Menschen, die hier ausziehen mussten?

Der Künstler hält eine Häuserzeile, die einem anderen Bauprojekt weichen muss, malerisch fest. Die damit einhergehende vordergründige »Dokumentation«, die sich – beim Vergleich mit tatsächlich dokumentierenden Fotografien – als interpretativ herausstellt, spielt mit unserer Erinnerung und Fantasie und lässt den Betrachter verwundert, vielleicht sogar verwirrt zurück.

Christoph Hänsli's method and artistic strengths rest in his conceptual approach to material. He takes familiar everyday situations and makes them visible and palpable in his works, including for passers-by, who are usually in a rush.

A painting depicting a demolished house extends over twenty-two meters on the walls of the exhibition space. Unusable entrances and passageways in this condemned building are barricaded with old doors and boards.

Contrasting spatial situations are juxtaposed here: with this expansive piece, Christoph Hänsli brings an outdoor space indoors; painted architecture in ruins penetrates into the real white cube, tainting it with the stale romantic air of a run-down row of houses. Abysses can be conjectured behind these painted surfaces, and the stories of invisible fates are imaginable. What could have occurred behind these doors? Where are the former inhabitants of the building? Does the artist see his work as a critique of nonsustainable demolition itself, or is he interested in the stories of the people who were forced to move out?

The artist captures a row of houses that had to yield to another building project in the form of a painting. The associated ostensible documentation, which—compared with actual documentary photography—turns out to be interpretative, plays with the viewer's memory and imagination, leaving him or her somewhat surprised, and perhaps even a bit confused.

Christoph Hänsli, ohne Titel (Ausschnitt), 2009/10,
Acryl, Eitempera, MDF, Wabenkarton,
Gesamtgröße: 2,2 × 22,22 m

2012
SCHULHAUS GARTENHOF, ALLSCHWIL
Öffentlicher Projektwettbewerb
Gemeinde Allschwil

Die drei kompositorisch gruppierten Volumen bilden eine integrative Anlage und schaffen eine starke Identität für die neue Schule. Die Hauptnutzungen werden in separaten Gebäuden verortet und über die hochwassersichere »Plattform« miteinander verbunden, an der alle Eingänge angeordnet sind. Ausgehend vom Foyer werden die flexibel bespielbaren Lernlandschaften entlang von Lichthöfen und Freitreppen erschlossen.
—
GARTENHOF SCHOOL BUILDING, ALLSCHWIL
Public project competition
Municipality of Allschwil

The three buildings are composed to make up an integrative facility and create a strong sense of identity for the new school. The main uses are relegated to separate buildings connected to each other via a floodwater-safe "platform" serving all the entrances. Starting from the lobby, the learning landscapes, which can be used flexibly, can be accessed from atria and outside staircases.

2012–2014
MEHRFAMILIENHAUS GLADBACHSTRASSE, ZÜRICH
Studienauftrag auf Einladung, 1. Preis
Allianz Suisse Immobilien
—
GLADBACHSTRASSE APARTMENT BUILDING, ZURICH
Study contract by invitation, 1st prize
Allianz Suisse Immobilien

2012
SCHULHAUS SANDGRUBEN, BASEL
Projektwettbewerb nach Präqualifikation
Hochbauamt Kanton Basel Stadt
—
SANDGRUBEN SCHOOL BUILDING, BASEL
Project competition after prequalification
Building Authority, Canton of the City of Basel

2012
WOHNÜBERBAUUNG SONNENTALSTRASSE, DÜBENDORF
Studienauftrag auf Einladung, 2. Preis
Mobimo

Die Blockrandtypologie schafft klar definierte Straßenräume und eine innere (Hof-)Welt, die als intimer Rückzugs- und Aufenthaltsort dient. Die Grundrisse sind modular und kosteneffizient entwickelt, spezifische Ecklösungen bieten eine zusätzliche Vielfalt. Insgesamt entsteht ein prägnantes Wohngebäude, das durch seine Flexibilität und Nachhaltigkeit – Holzbetonverbundbauweise, Minergie-Standard – überzeugt und eine hohe Wohnqualität verspricht.
—
SONNENTALSTRASSE RESIDENTIAL
DEVELOPMENT, DÜBENDORF
Study contract by invitation, 2nd prize
Mobimo

The block perimeter typology creates clearly defined street spaces and a (inner courtyard) world that serves as an intimate space for purposes of retreat and socializing. The modular floor plans are designed to be cost efficient, and specific corner situations offer additional variety. The net effect is a striking residential building whose flexibility and sustainability—wood concrete composite construction, Minergie standard—make it a convincing combination and promise a high level of living quality.

2012
MASTERPLAN BALSBERG, OPFIKON/KLOTEN
Studienauftrag auf Einladung, engere Wahl
Priora Development
—
BALSBERG MASTER PLAN, OPFIKON / KLOTEN
Study contract by invitation, short list
Priora Development

2012
WOHNÜBERBAUUNG LERCHENBERGSTRASSE,
ERLENBACH
Studienauftrag auf Einladung
Migros Pensionskasse Immobilien
—
LERCHENBERGSTRASSE RESIDENTIAL
DEVELOPMENT, ERLENBACH
Study contract by invitation
Migros Pensionskasse Immobilien

2012
WOHNEN UND GEWERBE MANEGG, ZÜRICH
Testplanung
Privat
—
MANEGG RESIDENTIAL AND
COMMERCIAL SPACE, ZURICH
Test planning
Private

2012
HOCHHAUS ANDREASSTRASSE, ZÜRICH
Projektwettbewerb nach Präqualifikation
SBB Immobilien
—
ANDREASSTRASSE HIGH-RISE, ZURICH
Project competition after prequalification
SBB Immobilien

2012
UMBAU UND ERWEITERUNG MEDIENGEBÄUDE, ZÜRICH
Studienauftrag auf Einladung, engere Wahl
SRG SSR Generaldirektion
—
CONVERSION AND EXPANSION OF A MEDIA BUILDING,
ZURICH
Study contract by invitation, short list
SRG SSR General Management

27.01.–17.03.2012
BESSIE NAGER (1962–2009) – LES VOYAGEURS
IMMOBILES II, WERKE AUS DEM NACHLASS
Bessie Nager, Ausstellungsansicht Galerie Bob Gysin,
Zürich, 2012

Die Installation setzt sich aus verschiedenen Objekten zusammen, die einzelnen Teilen eines Zürcher Trams nachempfunden
sind. Aufgrund der veränderten Funktion erhalten diese aber
einen anderen, neuen Charakter, indem sie körperliche Befind-
lichkeiten im Zusammenhang mit dem Unterwegssein thematisieren. Stehen und einen Eindruck hinterlassen *(Trixi)* oder
Warten *(Wartehalle)*. Die Künstlerin fordert dazu auf, genauer,
zweimal, hinzusehen, um das Werk herumzugehen, um es nicht
nur optisch, sondern auch physisch zu erfassen. Der Betrachter wird Teil der Arbeit.
—
The installation consists of various objects modeled on individual parts of a Zurich tram. Yet due to their altered function, they
have a new and different character to the extent that they
address physical sensitivities in conjunction with being on the
move. Standing and leaving an impression *(Trixi)* or waiting
(Wartehalle [Waiting Hall]). The artist challenges the viewer to
take a more exact, second look and to walk around the work
for the purpose of experiencing it not only visually but physically
as well, becoming part of the work.

23.03.–19.05.2012
EBERLIMANTEL

19.05.–24.05.2012
ANINA SCHENKER – STAMPEDE – MAKING OF

01.09.–20.10.2012
CHRISTOPH SCHREIBER – VOM ANDERSWO

27.10.–24.11.2012
POSITION 3

2012– WOHNÜBERBAUUNG AREAL HARDTURM, ZÜRICH

Öffentlicher Projektwettbewerb, 1. Preis
Stadt Zürich
—
HARDTURM SITE RESIDENTIAL DEVELOPMENT, ZURICH
Public project competition, 1st prize
City of Zurich

Die Blockrandtypologie leitet von der Überbauung Hardturmpark zur à-Porta-Siedlung über und bildet einen integrativen Baustein im Quartier. Präzise formulierte Einschnitte und Zugänge gliedern das Volumen und schaffen räumliche Bezüge zum unmittelbaren Kontext. Das Gebäude erhält außen eine städtische, robuste Schale, während der Hof durch eine filigrane Leichtbaustruktur geprägt wird, die eine Atmosphäre von Geborgenheit und Wohnlichkeit schafft.

In zentralen Lagen stellt ein vielfältiger Nutzungsmix mit gewerblichen Einheiten die Voraussetzung für Identität und Öffentlichkeit dar. Im Erdgeschoss wurden deshalb flexible Gewerbeflächen und der Kindergarten angeordnet, während in den Obergeschossen rund 160 Wohnungen

Courtyard housing leads from the Hardturmpark building project to the à Porta settlement and forms an integrative building block in the quarter. Carefully defined recesses and accesses organize the volume and create spatial relationships to the immediate context. Outside, the building also has a robust urban shell, while the courtyard is marked by a delicate, lightweight structure, which creates a comfortable, sheltered atmosphere.

Centrally located areas require a multifaceted blend of residential, office, and retail units in order to create a sense of identity and appeal to the public. Hence the ground floor comprises flexible business spaces and a preschool, while around 160 apartments were developed for the upper floors that had to accommodate the noise emanating from the

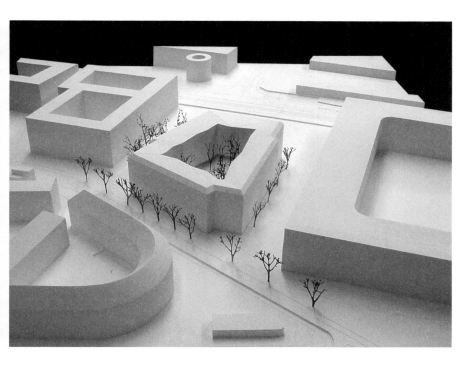

entwickelt wurden, die den Lärmimmissionen des angrenzenden Fußballstadions Rechnung tragen und für unterschiedlichste Wohnbiografien geeignet sind: Das Zweispänner-Grundmodul bietet durch die fließenden Raumsequenzen und doppelgeschossigen Räume spezielle Wohnqualitäten – und erfüllt gleichzeitig die geforderte Kosteneffizienz und den Minergie-P-Eco-Standard.

Anstelle der größtmöglichen Individualisierung der Flächen wurden sorgfältig gestaltete, gemeinschaftliche Bereiche ausgebildet. Durch bauliche und organisatorische Maßnahmen konnten diese Räume im Sinne der (Human) Ecology von Cedric Price mit den privaten Lebensräumen der Bewohnerinnen und Bewohner verknüpft und der Gemeinschaft ein adäquater Ausdruck verliehen werden.

Da eine konsequente Schichtentrennung den ökonomischen und ökologischen Aufwand im Falle einer Sanierung stark reduziert und einen vorzeitigen Abriss verhindern kann, wurden in der Planung unterschiedliche Systemvarianten untersucht und der gesamte Lebenszyklus betrachtet: So zeigte beispielsweise die Ökobilanzierung der Holzbetonverbundbauweise, dass im vorliegenden Projekt – im Vergleich zur konventionellen Massivbauweise – rund 1.600 Tonnen CO_2 eingespart werden können, was dem Heizwärmebedarf von circa 40 Jahren entspricht. Kombiniert mit den sozialen Qualitäten der gemeinschaftlichen Flächen und den Adaptionsmöglichkeiten der privaten Flächen wurde so die Basis für langfristig nachhaltiges Wohnen gelegt.

neighboring sports stadium and be suited to different lifestyles: flowing sequences of rooms and spaces that extend over two stories in the basic two-apartment modules ensure high indoor environment quality—and are at the same time cost efficient and meet the Minergie-P-Eco-Standard.

Instead of the greatest possible individualization of the spatial layout, carefully designed common areas were developed. Thanks to architectural and organizational measures, these spaces could be linked to the residents' private spaces in terms of Cedric Price's (human) ecology and adequate expression lent to the community.

Because a consistent separation of levels can greatly minimize economic and ecological costs in the event of redevelopment and can prevent a building from being demolished prematurely, a variety of different systems were examined in the planning phase and the entire life cycle taken into account. Thus, for instance, the ecological balance of the lightweight sawdust and concrete construction showed that in this project—compared to conventional massive construction—around 1600 tons of CO_2 could be saved, which corresponds with the heating requirements for about forty years. Combined with the social qualities of the community areas and the potential for adapting the private areas, the foundation was laid for long-term, sustainable living.

2., 4., 6. Obergeschoss/
3rd, 5th, 7th floor

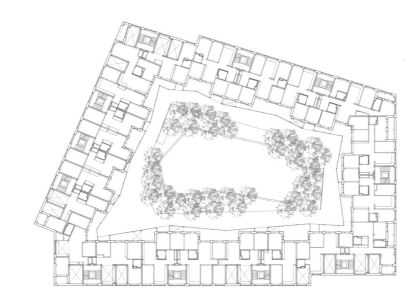

Erdgeschoss/
Ground floor

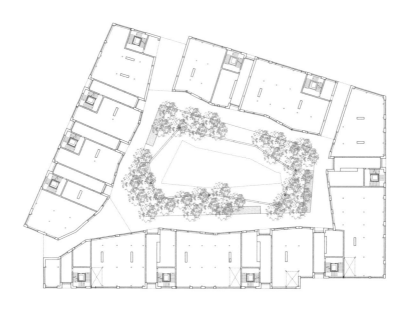

2012–   Wohnüberbauung Areal Hardturm, Zürich

2012–2018
ATELIER- UND BÜROGEBÄUDE, DE-DINSLAKEN

Projektwettbewerb nach Präqualifikation, 1. Preis
Stadt Dinslaken / RAG Montan Immobilien
—
OFFICE AND STUDIO BUILDING, DE-DINSLAKEN
Project competition after prequalification, 1st prize
City of Dinslaken / RAG Montan Immobilien

Lange waren Kohleförderung und Metallverarbeitung wirtschaftliche Grundlage für die Stadt, Spuren der Industrialisierung und der Kohlebahn bestimmen noch heute das Ortsbild. Der Neubau versinnbildlicht den Aufbruch in ein neues Zeitalter: weg von fossilen Energieträgern und hin zu erneuerbaren Ressourcen. Das kubische Volumen mit fassadenintegrierter Fotovoltaik bildet einen prägnanten Auftakt im ehemaligen Zechengebiet und wirkt als Pilotprojekt hinsichtlich Nachhaltigkeit. Durch die präzise Setzung am Windmühlenplatz hat es integrative Funktion und schafft – unterstützt durch das öffentliche Erdgeschoss – fließende Übergänge vom Außen- in den Innenraum. Ausgehend vom Foyer werden die oberen Geschosse über einen großzügigen Lichthof erschlossen, der eine einfache Orientierung und ein kommunikatives Raumgefüge mit viel Tageslicht ermöglicht – und als Frischluftreservoir dient: Die einzelnen Nutzer beziehen ihre Zuluft direkt ab dem Lichthof, nur die Abluft wird bei Bedarf mechanisch geführt. Die Geschossflächen können so langfristig flexibel bespielt und der Aufwand für die Technik minimiert werden.

For a long time, mining and metalworking were the city's economic foundation, and traces of industrialization and mining tracks still define the local image. The new building symbolizes a departure into a new era, away from fossil energy and toward renewable resources. The cubic volume with photovoltaics integrated into the façade constitutes an incisive beginning in the former mining area, and is an effective pilot project for sustainability. Its precise positioning on Windmühlenplatz gives it an integrative function and, supported by the publicly accessible ground floor, it creates fluid transitions from outdoor to indoor space. Starting in the foyer, a generous atrium provides access to the upper floors, allowing for simple orientation and a communicative spatial structure with a great deal of daylight, while also serving as a fresh-air reservoir: individual users get their supply air directly from the atrium, and only the spent air is mechanically expelled, as required. Hence the floor areas can provide long-term flexible usage, and the cost of technology is minimized.

Um den erhöhten Anforderungen an eine ressourcen-schonende Bauweise gerecht zu werden, ist gerade bei so ambitionierten Projekten wie in Dinslaken eine Verschiebung von Planungsleistungen in frühere Planungsphasen besonders sinnvoll. Der Einsatz quantitativer und qualitativer Bewertungs- und Planungsmethoden wie Variantenstudien, dynamischer Simulationen und Ökobilanzierungen der wichtigsten Bauteile sind die Voraussetzung für transparente und zielgerichtete Entscheidungsprozesse. Die Grundlage für den Erfolg eines integrativen Planungsprozesses stellt die Einbindung der entsprechenden Spezialisten bereits im Konzeptfindungsstadium dar. Deshalb wurden die verschiedenen Konzepte und Strategien in der Wettbewerbsphase im Dialog mit den Energie- und Nachhaltigkeitsplanern diskutiert und bewertet. Als Verantwortliche und Impulsgeber des Entwurfs benötigen die Architektinnen und Architekten dabei ein vertieftes Verständnis für die grundlegenden Prinzipien und Strategien des ressourcenschonenden Bauens, da eine Verknüpfung von energetischen und ökologischen Themen mit architektonischen und gesellschaftlichen Aspekten erforderlich ist.

Die langfristige Betrachtung ist dabei ein oftmals vernachlässigter Aspekt. Dazu gehören unter anderem die Sicherstellung einer guten Zugänglichkeit der technischen Installationen, der Einsatz von wartungsarmen und mit geringem Aufwand zu reinigenden Oberflächen sowie von einheitlichen Apparaten und Leuchtmitteln mit hoher Lebensdauer. Auch die Überprüfung und Kontrolle zur Qualitätssicherung durch Messungen auf der Baustelle und nach Baufertigstellung ist ein häufig

In order to do justice to the increased demands for construction methods that conserve resources, it makes particular sense, especially in ambitious projects such as this in Dinslaken, to shift planning achievements into early planning phases. The use of quantitative and qualitative evaluation and planning methods—such as variant studies, dynamic simulations, and the ecological balancing of the most important building components—are necessary for transparent, targeted decision processes. In order for an integrative planning process to succeed, it must include the respective specialists as early as the concept development stage. Therefore, the various concepts and strategies were discussed and assessed in a dialogue with energy and sustainability planners during the competition phase. As the individuals responsible for and who initiate the design, the architects need a deeper understanding of the fundamental principles and strategies of resource-conserving construction, as it is essential to link energy and ecological issues with architectural and social aspects.

Long-term consideration is often a neglected aspect. This includes, among other things, securing clear access to technical installations, the use of low-maintenance, easy-to-clean surfaces, and highly durable, uniform equipment and lighting with a long lifetime. Quality assurance measures, such as measurements at the construction site and after the building has been completed, are also a frequently undervalued aspects of the process. By consistently controlling the assumptions and calculations on which planning was based, errors during a building's execution can be recognized

unterbewerteter Aspekt des Prozesses. Durch eine konsequente Kontrolle der in der Planung zugrunde gelegten Annahmen und Berechnungen können Fehler bei der Ausführung rechtzeitig erkannt und behoben werden. Bei der Planung innovativer Konzepte ist es empfehlenswert, ein Monitoring als festen Bestandteil des Planungsprozesses zu etablieren. Unter anderem auch aus diesem Grund überwiegen die Vorteile von Labels wie Minergie-Eco oder DGNB gegenüber den oft ins Feld geführten Nachteilen.

Viel entscheidender für die gesamthafte Qualität eines Projektes ist aber, dass die Planung sich nicht auf die Erreichung von Labels oder Benchmarks beschränkt, sondern ein übergeordnetes Nachhaltigkeitskonzept für den Betrieb entwickelt wird, das gelebt und wo nötig optimiert wird. Das Büro- und Ateliergebäude in Dinslaken zeigt exemplarisch die Einbeziehung unterschiedlichster Themen und deren interdisziplinäre Ausarbeitung. Denn nur so war es möglich, ein Plusenergie-Gebäude zu entwickeln, das alle gestellten Anforderungen in ein Gleichgewicht bringt und als Gesamtsystem die hohen Nachhaltigkeitsansprüche erfüllt.

and eliminated in time. When planning innovative concepts, it is advisable to make monitoring an inherent part of the planning process. This is also one of the reasons that the advantages of labels such as Minergie-Eco or DGNB outweigh the disadvantages they invoke.

Far more crucial to a project's overall quality, however, is that the planning is not simply limited to achieving a label or benchmark. Instead, an overarching concept for sustainable operations has to be developed—one that can be lived and optimized when necessary. The office and studio building in Dinslaken is exemplary for the inclusion of diverse themes and their interdisciplinary processing. Only in this way was it possible to develop an energy plus building that balances all of the demands and, as a holistic system, fulfills the high expectations of sustainability.

Hybridlüftung
Fotovoltaikfassade
Grundrisstypologien/
Hybrid ventilation
Photovoltaic façade
Floor plan typologies

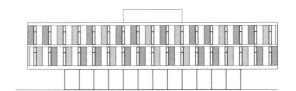

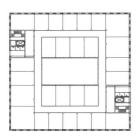
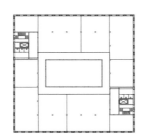
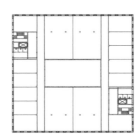
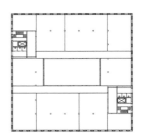

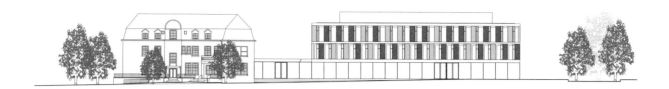

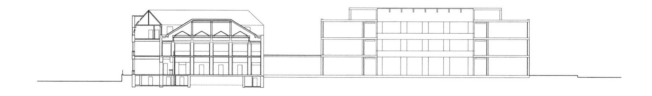

Erdgeschoss/
Ground floor

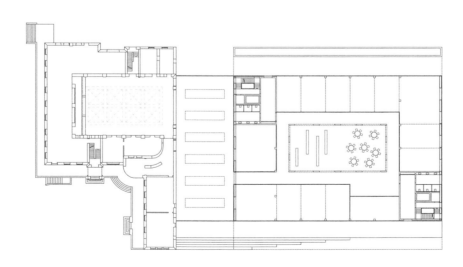

2012–2018   Atelier- und Bürogebäude, DE-Dinslaken

ANINA SCHENKER – STAMPEDE

Gedanken kommen und gehen, manifestieren sich harmonisch oder chaotisch, verwirren, schrecken auf, sind fokussiert oder lassen nicht mehr los in Strömungen, einem Schwarm gleich. Analog verhält sich der Austausch von Gedanken, in Wort und Text, Diskussionen können eine Dynamik entwickeln oder bleiben stotterig und ungelenk. Die Serie *… Yesterday … Today … Tomorrow …* besteht aus reduzierten Tagebucheinträgen, konkreten, kontinuierlichen, abstrakt eingefangenen Gedanken. Die Künstlerin führt in Linien aus, was sie festhalten will. Je nach Konzentration, Zustand und persönlichem Ergehen variieren die Intensität und der Duktus des Pinselstrichs.

Die von der Decke hängende installative Arbeit *Schwaermen* setzt sich aus 600 aus Polyurethan gegossenen Hippocampi zusammen. Der Hippocampus, Teil des limbischen Systems, eingebettet zwischen der linken und rechten Hirnhälfte, überführt den Gedächtnisinhalt aus dem Kurzzeit- in das Langzeitgedächtnis. Diese Bausteine der Physis steuern Abläufe und Reaktionen, die zu unserer Identität beitragen. In natura sind die Objekte, die für die Gedanken und die Erinnerung stehen, winzig klein. Frei vergrößert und nachempfunden, werden sie zu bizarren Gebilden.

Durch die Zusammenführung der einzelnen Objekte zu einem Schwarm wird die Assoziation des kollektiven Gedächtnisses hervorgerufen. Dieses wird im Gehirn als Ort, in dem räumliche Vorstellungen entwickelt werden, generiert. Die Spirale wiederum kann zurückgeführt werden auf Fibonacci, der sich im Spätmittelalter explizit mit der Zahlenfolge und deren visueller Umsetzung auseinandersetzte. Die dreidimensionale Ausführung ist das Schneckenhaus. Raum wird nicht gebaut, er wächst biologisch und wird auf äußerst nachhaltige Art und Weise wieder zu Staub.

Thoughts come and go, manifest harmoniously or chaotically, confuse and frighten, are focused or no longer let loose in currents, like a swarm. The exchange of ideas in word and text behaves analogously; conversations can develop a dynamic or remain stammering and clumsy. The *… Yesterday … Today … Tomorrow …* series consists of reduced journal entries; concrete, continuous, and abstractly ensnared thoughts. The artist executes that which she wants to captures in the form of lines. The intensity and ductus of the brushstrokes vary depending on her level of concentration and personal state of mind.

The installation *Schwaermen* (Swarming) suspended from the ceiling consists of six hundred hippocampi cast in polyurethane. The hippocampus, a part of the limbic system embedded between the left and right cerebral hemispheres, transfers memory content from short-term to long-term memory. These physical building blocks control the procedures and reactions that contribute to our identity. In real life the objects that stand for thought and memory are tiny. Freely enlarged and adapted, they turn into bizarre entities.

The assembling of these individual objects into a swarm evokes an association with collective memory. This is generated in the brain as the place where spatial concepts are developed. The spirals can in turn be traced back to Fibonacci, who explicitly addressed questions concerning number sequences and their visual realization. The three-dimensional execution is the snail shell. Space is not built but grows biologically, ultimately turning to dust in a highly sustainable way.

Anina Schenker, Schwärmen, 2012,
Polyurethan, Silch

ANDREA WOLFENSBERGER – WAVEFORM

Die Ausstellung *Waveform* – als Wellenform wird die grafische Darstellung eines Audio- oder anderen elektrischen Signals bezeichnet – vereinigt Objekte und Skulpturen, die unterschiedlichen formalen Charakter haben. Allen Werken gemeinsam ist die Komponente Klang, hervorgebracht durch die menschliche Stimme.

Andrea Wolfensberger überträgt das akustische Medium Schall in das optische und haptische Medium Skulptur. So werden zweidimensionale grafische Darstellungen zu räumlichen Gebilden, ursprünglich ephemere Schallwellen werden körperlich sichtbar. Die landschaftsähnlichen Modelle sind Sonogramme oder Klangfelder, die durch die Überlagerung zweier visualisierter gesprochener Worte gebildet wurden.

Die Klangfäden setzen das *Kleine Gedicht für große Stotterer* (1934) von Kurt Schwitters bildlich um. Kurt Schwitters maß als Urvater der »spoken word poetry« der Rhythmik und dem Klang ebenso viel Bedeutung bei wie dem Wortsinn. Den Rotationskörpern liegt ausschließlich ein Wort zugrunde. Hören und Zeit tauchen als wichtige Begriffe im Vokabular der Künstlerin auf, die Auseinandersetzung mit Sprache und deren Visualisierung stehen im Zentrum von Andrea Wolfensbergers Schaffen.

Das Publikum wird in Andrea Wolfensbergers Universum entführt. Ihm wird vor Augen geführt, wie räumlich der Klang der Sprache sein kann. Durch die Verbindung von Hören und Sehen wohnt den stummen Objekten visueller Klang inne, die Betrachterin oder der Betrachter versucht die Arbeiten in Klang und Schall zurückzuführen.

The *Waveform* exhibition—the title references the graphic representation of an audio or other electronic signal—brings together objects and sculptures featuring different formal characters. But what they all share is the component of sound generated by the human voice.

Andrea Wolfensberger translates the acoustic medium of sound into the visual and haptic medium of sculpture. Two-dimensional graphic representations are hence turned into spatial objects that make the originally ephemeral sound waves visible physically. The landscape-like models are sonograms or sound fields formed by superimposing two visualized spoken words.

The threads of sound render *Small Poem for Big Stutterers* (1934) by Kurt Schwitters. As the forefather of spoken word poetry, Kurt Schwitters placed the same importance on the rhythm and sound of his works as on their literal meaning. The basis of the rotation bodies is a single word. Hearing and time emerge as important concepts in the vocabulary of the artist, who focuses on the examination of language and its visualization in her creative work.

The public is abducted into Andrea Wolfensberger's universe and shown how spatial the sound of language can be. The silent objects have an inherent visual sound through the connection of hearing and vision, and viewers attempt to translate the works back into sounds.

Andrea Wolfensberger, Ausstellungsansicht
Galerie Bob Gysin, Zürich, 2012

2013
ALTERSZENTRUM HEINRICHSBAD, HERISAU
Öffentlicher Projektwettbewerb, 4. Preis
Stiftung Altersbetreuung Herisau

Der Erweiterungsbau wird als kompaktes Volumen realisiert,
das mit dem Bestand eine symbiotische Einheit bildet, den
prächtigen Garten erhält und sich durch die Schnittlösung gut in
die Topografie einfügt. Im Innern entstehen einladende Rundläufe, die durch viel Tageslicht und Sitznischen geprägt sind und
auf den Pflegegeschossen eine wohnliche Intimität schaffen.
—
HEINRICHSBAD CENTER FOR THE ELDERLY, HERISAU
Public project competition, 4th prize
Stiftung Altersbetreuung Herisau

The extension is a compact building that forms a symbiotic unit
with the existing stock, maintains the magnificent garden,
and blends in well with the topography thanks to the section developed as a design solution. Inviting circular walkways inside
with seating niches suffused by a wealth of daylight create a cozy
intimacy in the care units.

2013
WOHNÜBERBAUUNG BÄNKLEN NORD-OST, KILCHBERG
Projektwettbewerb nach Präqualifikation, 3. Preis
Gemeinde Kilchberg
—
BÄNKLEN NORD-OST RESIDENTIAL DEVELOPMENT,
KILCHBERG
Project competition after prequalification, 3rd prize
Municipality of Kilchberg

2013–2015
MEHRFAMILIENHAUS ÜBERLANDSTRASSE,
DÜBENDORF
Direktentwicklung
Generalica
—
ÜBERLANDSTRASSE APARTMENT BUILDING,
DÜBENDORF
Direct development
Generalica

2013
SCHULHAUS ZEHNTENHOF, WETTINGEN
Projektwettbewerb nach Präqualifikation, 3. Preis
Gemeinde Wettingen
—
ZEHNTENHOF SCHOOL BUILDING, WETTINGEN
Project competition after prequalification, 3rd prize
Municipality of Wettingen

2013–2017
GESUNDHEITSZENTRUM, DIELSDORF
Gesamtleistungswettbewerb nach Präqualifikation, 1. Preis
Zweckverband Gesundheitszentrum Dielsdorf

Der kompakte Erweiterungsbau bewirkt einen ökonomischen
Landverbrauch und schafft mit dem Bestand betriebliche
Synergien. Die öffentlichen Nutzungen – Physiotherapie, Bibliothek, Mehrzweckraum u. a. – und die Verwaltung sind als Sockel
akzentuiert. Darüber liegen die Pflegegeschosse, die viel-
fältige Rundläufe um Lichthöfe bieten und wahlweise als Einer-
und Zweierzimmer oder für Alterswohnungen genutzt werden
können. In Kombination mit der konsequenten Systemtrennung,
der vorfabrizierten Holzelementfassade und dem Minergie-
Standard entsteht eine ganzheitliche Lösung für hochwertiges
Wohnen im Alter.
—
HEALTH CENTER, DIELSDORF
Overall performance competition after prequalification, 1st prize
Zweckverband Gesundheitszentrum Dielsdorf

The compact extension is marked by an economical use of land,
and creates operational synergies with the existing stock.
The public usages—including physiotherapy, library, and multipurpose spaces—and the administration accentuate the base
of the building. Above this are the care units, which feature varied
circular walkways around atria. The care units can alternatively
accommodate one or two patients, or can be used as apartments for the elderly. In combination with the rigorous separation
of systems, the prefabricated wood-element façade, and the
Minergie standard, a holistic solution has been created for high-
quality living at an advanced age.

2013–2020
ALTERSZENTRUM IM GEEREN, SEUZACH
Projektwettbewerb nach Präqualifikation, 1. Preis
Zweckverband Alterszentrum Im Geeren

Abgeleitet aus der ortsbaulichen Recherche und den betrieblichen Anforderungen wurde eine Strategie der inneren Verdichtung verfolgt. Die Erweiterungsbauten ergänzen den Bestand zu einer kompakten Gesamtanlage, die einen ökonomischen Landverbrauch bewirkt, den Minergie-Standard erfüllt und sehr großzügige Außenräume entstehen lässt. Im Innern werden die Bestands- und Erweiterungsbauten durch übersichtliche Raumfolgen miteinander vernetzt.

—

IM GEEREN CENTER FOR THE ELDERLY, SEUZACH
Project competition after prequalification, 1st prize
Zweckverband Alterszentrum Im Geeren

A strategy of internal condensation has been pursued here based on local architectural research and the operational requirements. The extensions augment the existing stock as a compact overall facility based on an economical use of the land, the Minergie standard, and make for spacious outdoor areas. The extensions are linked with the existing building stock via clearly arranged sequences of rooms.

2013–2014
JUSTIZVOLLZUGSANSTALT LA STAMPA, LUGANO
Testplanung auf Einladung
Hochbauamt Kanton Tessin

—

LA STAMPA CORRECTIONAL FACILITY, LUGANO
Test planning by invitation
Building Authority, Canton of Tessin

2013–2014
POLIZEI- UND SICHERHEITSZENTRUM, SCHAFFHAUSEN
Testplanung auf Einladung
Hochbauamt Kanton Schaffhausen

—

POLICE AND SECURITY CENTER, SCHAFFHAUSEN
Test planning on invitation
Building Authority, Canton of Schaffhausen

2013
UMBAU UND ERWEITERUNG SCHULE BURGHALDE, BADEN
Projektwettbewerb nach Präqualifikation
Stadt Baden

—

CONVERSION AND EXPANSION OF BURGHALDE SCHOOL, BADEN
Project competition after prequalification
City of Baden

09.02.–30.03.2013
GEORG AERNI – EL JARDÍN DE LOS CICLOPES

08.06.–20.07.2013
TERESA CHEN – DEATH OF A BUTTERFLY

26.10.–23.11.2013
POSITION 4

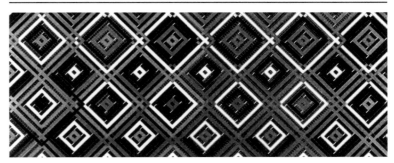

30.11.2013–18.01.2014
MATTHIAS BOSSHART – YABANE
Matthias Bosshart, Nach Giulio Romano: Entwurf für eine Kassettendecke im Palazzo del Tè, Mantua, 2012

Die Bildtafeln von Matthias Bosshart zeigen, dass sein Interesse seit geraumer Zeit der Materialität des Films als Informationsträger gilt und nicht der direkten Wiedergabe bewegter Bilder. Der Künstler verschränkt das Medium Film mit der Malerei, indem er 16- und 35-mm-Filmstreifen in strenger Ordnung auf Verbundplatten montiert und diese mit Lackfarben zusätzlich gliedert. Der Blick wandert zwischen dem filmischen Mikro- und dem geometrischen Makrokosmos.

—

Matthias Bosshart's picture panels demonstrate that he has been interested in the materiality of film as a carrier of information for quite some time, and not in the direct playback of moving images. The artist interweaves the medium of film with painting by mounting 16mm and 35mm film strips in a strict arrangement on composite panels, which he further structures with varnish. The viewer's gaze wanders between the filmic microcosm and the geometrical macrocosm.

2013–2018
WOHNÜBERBAUUNG
BURG, SCHENKON

Projektwettbewerb nach
Präqualifikation, 1. Preis
Gemeinde Schenkon
—
BURG RESIDENTIAL
DEVELOPMENT, SCHENKON
Project competition after
prequalification, 1st prize
Municipality of Schenkon

Der imposante Wald mit der Burgruine und die herrliche Sicht auf den Sempachersee bilden den malerischen Rahmen für dieses Pilotprojekt, das zum Leuchtturm hinsichtlich Nachhaltigkeit werden soll. Die Setzung in zwei Gebäudereihen und die polygonale Form der Volumen schaffen fließende Raumsequenzen, die zwischen innerem Zusammenhalt und Durchlässigkeit zum Kontext changieren. Durch die subtile Anordnung der Bauten bleiben die topografischen und geomorphologischen Qualitäten des Ortes erhalten. In Kombination mit den unterschiedlichen Geschossigkeiten entsteht ein austariertes Ensemble, das ein gutes Gleichgewicht zwischen landschaftlicher Integration, Geotopschutz und baulicher Dichte bietet. Auch die Wege sind so angelegt, dass die Siedlung mit dem

The imposing forest with the castle ruins and the splendid view of the Sempachersee form the picturesque framework for this pilot project, which is meant to become a beacon for sustainability. Placing the buildings in two rows and the polygonal form of their volumes create fluid sequences of space that alternate between their inner cohesion and their context-related permeability. The subtle arrangement of the buildings maintains the topographical and geomorphological qualities of the site. In combination with the various numbers of stories, this creates a perfectly balanced ensemble that gives equal weight to the integration of landscape, geotopical protection, and architectural density. Even the paths are laid out so that the neighborhood is linked to the context, making

Kontext vernetzt wird und informelle Begegnungen mit Nachbarn innerhalb und außerhalb möglich werden.

Die Balance von Individualität und Gemeinschaft war zentrales Thema auf mehreren Ebenen. Mehr noch, die Bewohnerinnen und Bewohner sollten diese Balance in Abhängigkeit von der aktuellen Lebenssituation immer wieder neu ausloten können. Die Vielfalt städtebaulicher (Zwischen-) Räume und außenräumlicher Angebote sowie deren Aneignungsmöglichkeiten und Wandelbarkeit durch die Bewohner bieten Wahlmöglichkeiten auf Siedlungsebene. Im Innern der Gebäude werden zusätzliche soziale Angebote gemacht: Kollektiv nutzbare Räume entlang der Treppenhäuser schaffen eine attraktive Mitte und bieten unterschiedlichste Wege der Aneignung, die jede Hausgemeinschaft selbst steuern kann. Und schließlich können die eigenen vier Wände durch die Verfügbarkeit verschiedener Ausbaustandards und das frei wählbare Wohnlayout individuell gestaltet werden.

Bei der Betrachtung von Baustoffen kann unterschieden werden in Umweltwirkungen und Ressourcenbedarf. Die lokalen und globalen Auswirkungen auf die Umwelt können mithilfe einer Ökobilanz und Messungen zur Luftqualität in den Innenräumen beurteilt werden. Der Ressourcenbedarf lässt sich durch die Ermittlung der grauen Energie beziehungsweise den Primärenergieinhalt sowie den Anteil an erneuerbaren Baustoffen abschätzen.

Neben dieser quantitativen Beurteilung ist die Dauerhaftigkeit der Baustoffe und Konstruktionen

it possible for neighbors to meet informally both indoors and outdoors.

The balance between individuality and community was a major theme on several levels. Moreover, residents should be able to continually test this balance, depending on their current living situations. The variety of urban (intermediate) spaces and outdoor activities, as well as the residents' opportunities to appropriate and change things, mean that they have choices in determining their environment. Inside, there are other possible opportunities for social interaction: common rooms alongside the stairwells are an attractive center and can be utilized in a variety of ways, depending on what the residents of each building prefer. And finally, with the availability of different fit-out standards and the free choice of layouts, each apartment can be designed individually.

Looking at the construction materials, one can differentiate between their impact on the environment and the extent of their demand on resources. The local and global effects on the environment can be evaluated with the help of a life cycle assessment and by measuring air quality indoors. The demand for resources can be estimated by investigating the embodied energy or the primary energy contents, as well as the amount of renewable construction materials.

Besides this quantitative assessment, the durability of the construction materials and the structures themselves are of major significance. The structural formation has to ensure that the roofs and façades are weatherproof, and optimize the life

von großer Bedeutung. Die baukonstruktive Ausbildung muss eine hohe Witterungsbeständigkeit der Dächer und Fassaden ermöglichen und die Lebensdauer der Oberflächen optimieren. Da die Voraussetzungen und technischen Möglichkeiten für die Rezyklierung von Baustoffen zum Zeitpunkt des zu erwartenden Rückbaus nur schwer abzuschätzen sind, bietet es sich für die Planung an, nicht primär die Qualität des Recyclings zu betrachten, sondern auf die Rückführung in den technischen Materialkreislauf zu fokussieren. Günstig wirken sich hierfür sortenreine Bauabfälle und recyclinggerechte Konstruktionen aus wie beispielsweise gefügte oder mechanische Verbindungen, da sie – im Vergleich zu stofflichen Verbindungen wie Kleben oder Schweißen – ohne grundsätzliche Einschränkungen lösbar sind.

Für die Wohnüberbauung in Schenkon wurde deshalb eine systemgetrennte Holzbetonverbundbauweise gewählt, die hinsichtlich grauer Energie, Speichermasse, Brandschutz, Unterhalt und Rezyklierbarkeit Vorteile bietet. Der Rohstoff Holz wird dabei – neben seinen ökologischen Vorteilen – auch als Stimmungsträger genutzt: Unbehandelte Holzoberflächen strahlen Wärme aus und werden wie die Bewohner im Laufe der Jahre Patina ansetzen und Geschichten des Gebrauchs erzählen.

span of the surfaces. Because it is difficult to estimate in advance the conditions and technical possibilities for recycling building materials at the expected time of demolition, it makes sense if the plan does not primarily focus on the quality of the recycling but on returning the materials to the technological cycle. This profits from single-origin building waste and recyclable structures that have been joined or connected mechanically—as compared to, for example, physical connections such as gluing or welding—as they can be separated without any essential limitations.

For the housing development in Schenkon, we therefore opted for a building method using a wood and concrete composite that is detached from the remaining system and which offers numerous advantages in terms of embodied energy, storage capacity, fire protection, maintenance, and recyclability. At the same time, besides its ecological advantages, wood is also used to create atmosphere: untreated wooden surfaces radiate warmth and, just like the residents, over the course of the years will take on a patina and tell tales of its usage.

Umgang mit Landschaftsraum/
Treatment of landscape

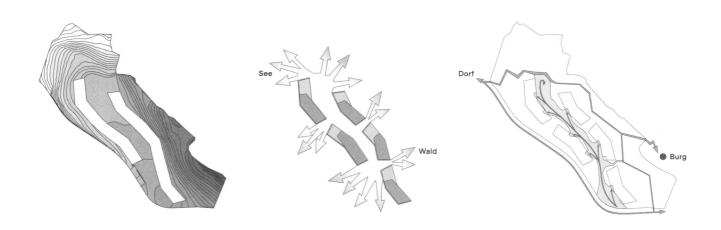

Längsschnitt/
Longitudinal section

1., 2. Obergeschoss,
Attikageschoss/
2nd, 3rd floor, attic

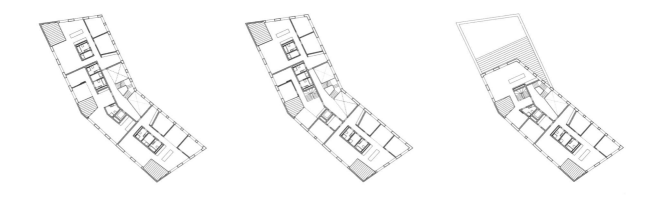

2013
VERWALTUNGSGEBÄUDE RGU, DE-MÜNCHEN

Projektwettbewerb nach Präqualifikation, engere Wahl Landeshauptstadt München
—
RGU ADMINISTRATIVE BUILDING, DE-MUNICH
Project competition after pre-qualification, short list
State Capital of Munich

Beim Ersatzneubau für das Referat für Gesundheit und Umwelt RGU stand das Thema Stadtreparatur im Vordergrund, da das bestehende Gebäude als Fremdkörper wirkte. Das umfangreiche Raumprogramm wird in einer vielfältigen Raumfigur umgesetzt, die sich städtebaulich integriert, die betrieblichen Anforderungen erfüllt und zugleich die Besonderheiten der Nutzung und deren Aufgabe im öffentlichen Leben ablesbar macht. Die Höhenentwicklung hält die Sichtachse zur Frauenkirche frei und schafft präzise Übergänge zu den Nachbarbauten – sowohl im Straßenraum als auch auf der Hofseite. Krippe und Kindergarten werden als Hofgebäude ausgebildet und setzen die Serie bestehender Hofgebäude fort. Die Erweiterung des Männerwohnheims an der Schleißheimerstraße

Urban repair was the primary theme during the planning of the new replacement building for the Department of Health and the Environment (RGU), as the existing building looked out of place. The extensive space allocation plan is realized in a spatial figure that fits in with the surrounding architecture, meets operations demands, and at the same time highlights the special features in terms of its usage and the task it performs in public life. The building's height preserves the view of the Frauenkirche and creates integrating transitions to the neighboring buildings, both on the street and on the courtyard side. A daycare center and a preschool are housed in a courtyard building and continue the series of existing courtyard buildings. The expansion of the men's hostel on Schleissheimerstrasse

vermittelt zwischen den angrenzenden Nachbarbauten und schafft im Innern eine Struktur, die von hoher Funktionalität und Aufenthaltsqualität geprägt ist.

Der unterschiedliche architektonische Ausdruck der drei Hauptnutzungen stärkt deren städtebauliche Eigenheiten und schafft Gebäude, die untereinander und mit dem Kontext im Dialog stehen. Hierbei reflektieren die Gebäudesilhouette und die Gliederung in Sockel, Mittelpartie und Dachabschluss ortstypische Merkmale. Die Eingänge in den Erdgeschossen und eingestreute »Schaufenster« in den Obergeschossen schaffen Akzente in den ansonsten ruhigen und regelmäßigen Fassaden.

Das Freiraumkonzept unterstützt die städtebauliche Grundhaltung des Weiterbauens vorhandener Stadtstrukturen und sorgt für eine zusätzliche Vernetzung mit dem Quartier. Zur Straßenseite wird der öffentliche Raum in der Logik der übergeordneten Planung der Dachauerstraße weitergeführt. Zum Hof wird das Thema des Gartenhofes ausgearbeitet. Entlang der Wegeverbindung zwischen Maßmannpark und Schleißheimerstraße reiht sich eine Abfolge von Orten auf, die immer wieder zum Aufenthalt einladen.

Insgesamt entsteht ein identitätsstiftendes und integratives Gebäudeensemble, das jeder Nutzung gerecht wird, einen CO_2-neutralen Betrieb ermöglicht und durch die gute Durchwegung und hohe Aufenthaltsqualität der Außenräume weitere Anliegen der Mitarbeiter, Besucher und Anwohner abdeckt.

mediates between the adjacent buildings and creates an interior structure that is highly functional and offers its lodgers high-quality accommodations.

The different architectural expression of the three main structures reinforces their individual features and creates buildings that are in a dialogue with each other and the surrounding context. Here, the structure's silhouette and its division into base, mid-section, and roof termination reflect typical local features. The entrances on the ground floors and interspersed "shop windows" on the upper floors create accents in the otherwise quiet and regular façades.

The open-space concept supports the basic urban-planning attitude toward continuing to build existing urban structures and ensures the building's interconnectedness with the quarter. Facing the street, public space is carried on according to the logic of the overarching planning of Dachauerstrasse. A garden will be laid out in the courtyard. Passers-by are invited stop and linger at several points long the path linking Massmannpark and Schleissheimerstrasse.

Overall, this is an integrative building ensemble that establishes identity. It is suited to any type of use, enables CO_2-neutral operations, and the good system of paths and high quality of the outdoor spaces fulfill the needs of employees, visitors, and residents alike.

Ansicht Südwest/
Southwest elevation

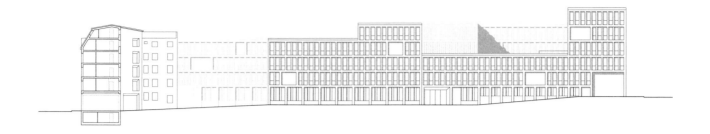

Erdgeschoss/
Ground floor

Längsschnitt/
Longitudinal section

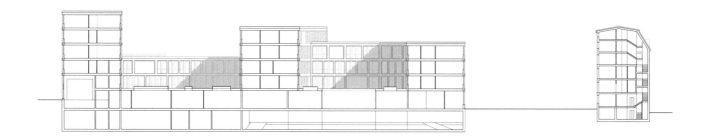

2. Obergeschoss/
3rd floor

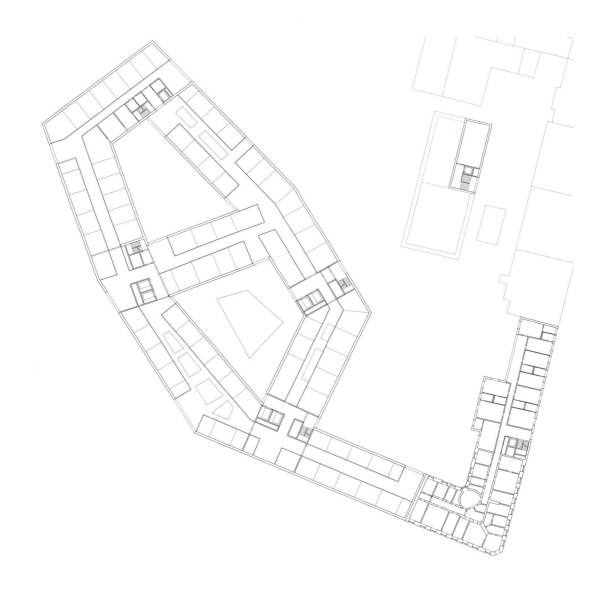

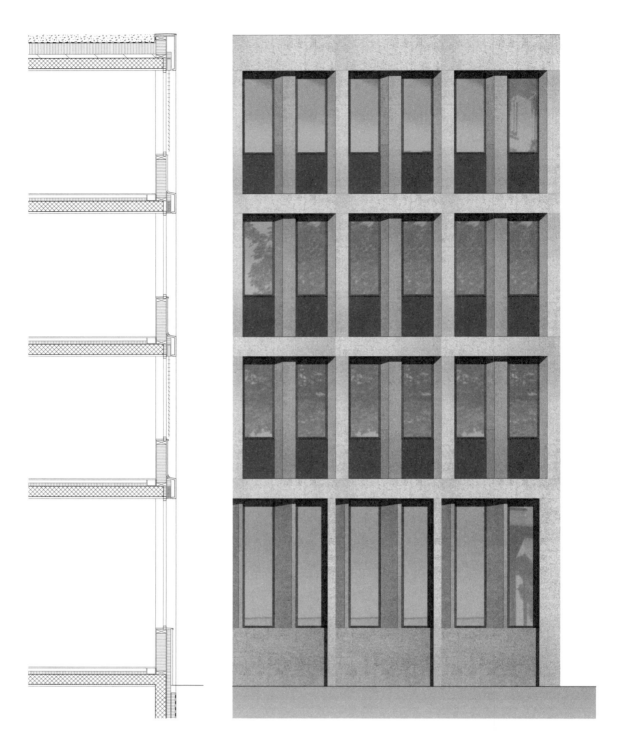

2013
LAKESIDE SCIENCE
& TECHNOLOGY PARK,
AT-KLAGENFURT

Projektwettbewerb nach
Präqualifikation, 1. Ankauf
Lakeside Science &
Technology Park GmbH
—
LAKESIDE SCIENCE &
TECHNOLOGY PARK,
AT-KLAGENFURT
Project competition after
prequalification, 1st design
purchase
Lakeside Science &
Technology Park GmbH

Bei Klagenfurt entsteht ein neues Entwicklungsgebiet mit hohem synergetischem Potenzial. Aus dem Konglomerat von Universität, Landschaft und Gewerbe wird ein Masterplan entwickelt, der landschaftliche und städtische Komponenten zu einem identitätsstiftenden Ensemble zusammenführt. Das Freiraumkonzept setzt sich aus unterschiedlichen topologischen Bestandteilen zusammen: Hauptelement ist ein landschaftliches Rückgrat, welches als großzügiger Boulevard die schon bestehenden Elemente des Lakeside Parks mit dem neuen Areal verbindet. Der Boulevard wird zur Erschließung genutzt, aber bewusst auch als linearer Parkraum mit einem schattigen Baumdach aus unterschiedlichsten einheimischen Baumarten ausgebildet. Gleich einem Landschaftsarboretum avanciert der Boulevard zum veritablen Naturraum.

A new area with a great deal of synergetic potential is being developed near Klagenfurt. A master plan was devised out of the conglomerate of university, landscape, and industry that brings together rural and urban components to form an ensemble that establishes identity. The open-space concept is made up of different topological elements: the main element is a landscaped spine, a generous boulevard that links the existing elements of Lakeside Park with the new site. The boulevard serves access purposes, but is deliberately designed to be a linear parking space with a roof of shade trees comprised of a wide variety of native trees. Like a landscape arboretum, the boulevard advances to become a veritable natural space.

The placement of the building creates fluid sequences of space that in terms of context alternate

Die Setzung der Gebäude schafft fließende Raumsequenzen, die zwischen innerem Zusammenhalt und Durchlässigkeit zum Kontext changieren. Die Höhenentwicklung rhythmisiert die einzelnen Bauabschnitte und schafft eine bessere Orientierung. Die Parkgaragen werden als kostengünstige Hochbauten integriert und mit blühenden Kletterpflanzen berankt, die jahreszeitenabhängig unterschiedlich in Erscheinung treten. Das Innere der Gebäudegruppe wird mit einer Reihe von »Gartenzimmern« bespielt, die zum Aufenthalt einladen und darüber hinaus zur Retention des anfallenden Oberflächenwassers benutzt werden. Ausgeführt als Senken und bepflanzt mit Bäumen für wechselfeuchte Standorte – Erlen, Weiden, Birken – können sie trockenen Fußes auf erhöht geführten Wegen betreten und gequert werden.

Die Haupteingänge sind attraktiv am zentralen Außenraum gelegen. Ausgehend vom einladenden Foyer werden die Obergeschosse entlang der Lichthöfe erschlossen, die als Raumerlebnis, informeller Treffpunkt, Tageslichtspender und Plenum (Lüftungskonzept) gleichermaßen dienen. Die flexibel nutzbaren Büro- und Seminarflächen werden mit repetitiv angeordneten vorfabrizierten Fassadenelementen überzogen, die den Zusammenhalt und die Körperhaftigkeit der Gebäude unterstützen. Eingestreute Fotovoltaikmodule versinnbildlichen dabei den Nachhaltigkeitsanspruch und schaffen durch ihre Farbigkeit eine sinnlich-verspielte Ausstrahlung. Für die restlichen opaken Flächen wird Holz aus der Region eingesetzt.

between internal coherence and transparency. The building's height creates a rhythm among the individual sections of the building and a better sense of direction. The parking garages are inexpensive, integrated high-rises covered in blooming vines that change their appearance depending on the season. The interior of the group of buildings has a row of "garden rooms" that invite one to linger, and may also be used for their retention of surface water. Designed as basins and planted with trees for wetdry sites—alder, willow, and beech—one can walk along or cross them without getting one's feet wet on raised paths.

The main entrances are attractively placed at the central outdoor space. Starting with an inviting foyer, the upper floors run along the atrium, which serves as experiential space, informal meeting place, provider of daylight, and an assembly room (ventilation concept). Designed for flexible use, the offices and classrooms are covered with recurring, prefabricated façade elements that reinforce the uniformity and physicality of the building. Interspersed photovoltaic modules symbolize sustainability, and their color creates a sensual, playful radiance. Wood from the region was used for the remainder of the opaque surfaces.

4., 5. Obergeschoss/
5th, 6th floor

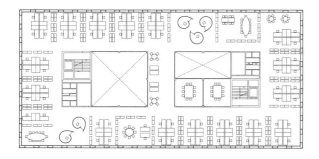 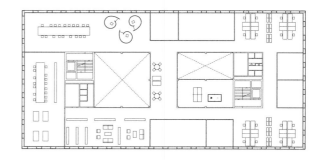

2., 3. Obergeschoss/
3rd, 4th floor

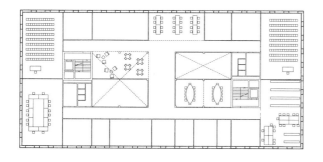 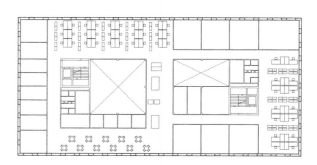

Erdgeschoss, 1. Obergeschoss/
Ground floor, 2nd floor

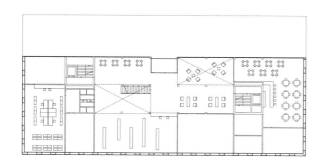 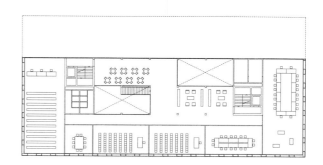

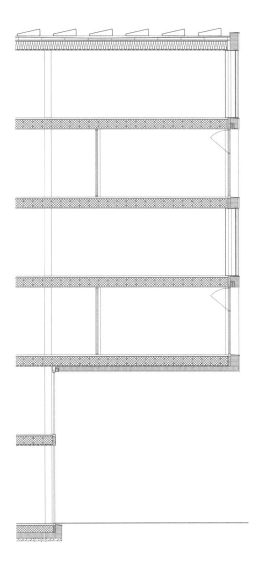

2013   Lakeside Science & Technology Park, AT-Klagenfurt

2013–2018
ALTERSWOHNEN MIT SERVICE, HERRLIBERG

Projektwettbewerb nach Präqualifikation, 1. Preis Gemeinde Herrliberg
—
RETIREMENT LIVING WITH SERVICE, HERRLIBERG Project competition after prequalification, 1st prize Municipality of Herrliberg

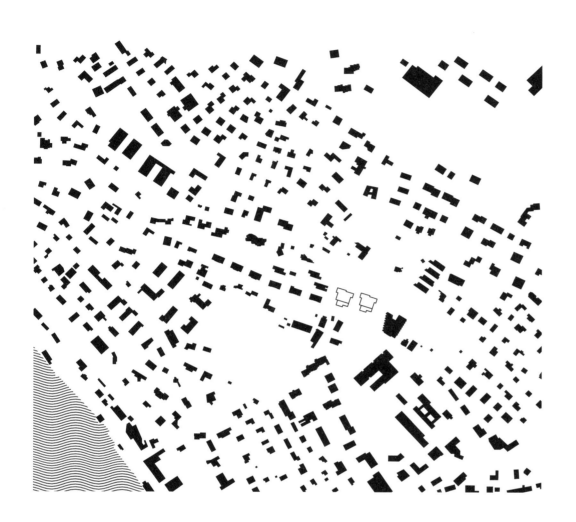

Die landschaftliche Qualität, die betrieblichen Anforderungen und der hohe Nachhaltigkeitsanspruch bilden die Ausgangslage für das Projekt in Herrliberg. Die bauliche Dichte wurde sorgfältig ausbalanciert, um den Anforderungen hinsichtlich Integration, Wohnqualität und Wirtschaftlichkeit zu genügen.

Das umfangreiche Raumprogramm wird in zwei Gebäude mit einem verbindenden Sockel aufgeteilt, dazwischen fließt die Topografie hindurch. Der Außenraum gliedert sich in drei Bereiche unterschiedlicher Gestaltung und Nutzungsintensität: Richtung Straße wird ein sickerfähiger, rollstuhlgängiger Belag ausgebildet, der die Besucher und Bewohner empfängt und entlang des öffentlichen Sockels führt. Aufweitungen und Verengungen definieren Bereiche unterschiedlicher Aufenthalts-

The quality of the rural setting, operational requirements, and the high demand for sustainability were the starting points for the project in Herrliberg. The condensed architecture was carefully balanced in order to meet the requirements of integration, quality of living, and economic efficiency.

The extensive space was divided into two buildings with a connecting base, with the topographical features flowing in between the two. The exterior space is divided into three areas with different designs and intensity of use. Toward the street, permeable, wheelchair-accessible paving was laid that runs along the public base that receives visitors and residents. The width of the pavement expands and contracts to define different areas for spending time. The Büelhältlibach flows between the retirement and nursing home and

qualität. Zwischen dem Alters- und Pflegheim und den Alterswohnungen fließt der Büelhältlibach hindurch, begleitet von verspielt angeordneten Baumgruppen und gequert von einem filigranen Steg. Hangaufwärts wird eine Blumenwiese mit informellen Wegen ausgebildet, die zum Weinberg überleitet und so einen großzügigen und malerischen Rahmen für die Gebäude darstellt.

Die öffentlichen Nutzungen sind sowohl für den internen als auch externen Besuch attraktiv angeordnet und hindernisfrei über die einladende Vorzone erschlossen. Anschließend an die großzügigen Eingänge lassen sie ein kompaktes und übersichtliches Raumgefüge entstehen, das die beiden Gebäude verbindet. Durch die Ausbildung von Lichthöfen verfügt auch diese innere Erschließung über viel Tageslicht. Die Wohnungen in den Obergeschossen sind alle von gleichwertiger Qualität und partizipieren durch die Staffelung der Gebäude an der Seesicht. Die modulare Struktur ermöglicht die gewünschten 2,5- bis 4,5-Zimmer-Wohnungen und eine große Zahl an Schaltzimmern, die eine langfristige Anpassungsfähigkeit des Wohnungsmixes gewährleisten.

Indem eine sehr kompakte Fünfspänner-Typologie entwickelt wurde, konnten die eingesparten Erschließungsflächen mit gemeinschaftlichen Räumen kompensiert werden. Diese können entweder bei Bedarf in Anspruch genommen werden – Werkräume, Ateliers, Gästezimmer – oder ganzjährig gemeinsam genutzt werden und bieten so willkommene hausinterne Treffpunkte.

the senior citizens' apartments, crossed by a delicate footbridge and accompanied by playfully organized groups of trees. Sloping upward is a meadow of flowers with informal paths that lead to the Weinberg, providing a generous and picturesque frame for the building.

Public amenities are attractively arranged for both indoors and outdoors and freely accessible via the inviting front areas. Adjacent to the generous entryways is a compact, neat arrangement of rooms that links the two buildings. Atria provide a great deal of daylight for the interior space. The apartments on the upper stories are of equal quality and ensure views of the lake thanks to the terracing of the buildings. The modular structure allows for apartments ranging from two-and-a-half to four-and-a-half rooms, and a large number of variable spaces guarantee that the mix of apartments can also be altered over the long term.

Developing a very compact five-apartment typology allowed compensating for economizing on access areas with common rooms. These can be used as needed—as workrooms, studios, guest rooms—or used commonly throughout the year as welcome interior meeting points.

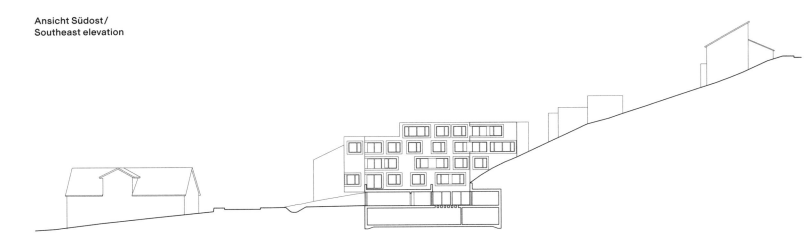

3. Obergeschoss /
4th floor

Erdgeschoss /
Ground floor

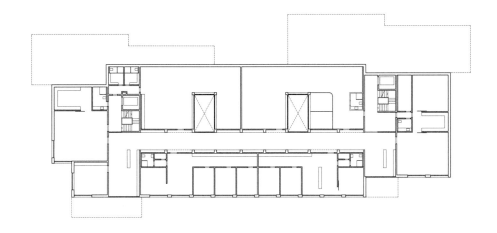

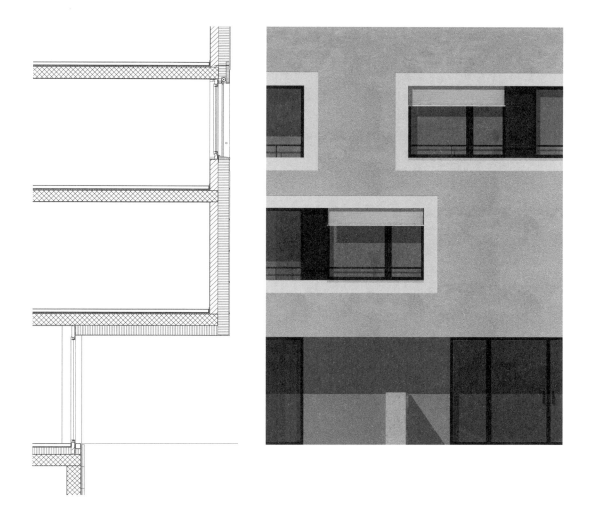

　　　　　　　　　　2013–2018　　Alterswohnen mit Service, Herrliberg

DOMINIQUE LÄMMLI

Intermediale und interdisziplinäre Arbeiten mit einem starken Bezug zur Forschung in den Bereichen Zeichnung/Malerei, Kunst und Globalisierung sowie Methodenreflexion sind seit Jahren ein Kennzeichen von Dominique Lämmlis Schaffen.

Ein verbindendes Element der aktuellen Werke ist das Interesse der Künstlerin an der gleichzeitigen Offenlegung unterschiedlicher Betrachtungsweisen und Bezugspunkte. So ist die neunteilige Papierarbeit *Detected Worlds from Above,* die aus vielen Schichten und verschiedensten Farbmaterialien besteht, inspiriert von Wahrnehmungs- und Meldeanlagen, die unsere Welt mehr oder weniger detailliert von oben observieren, vermessen und gliedern.

Die malerisch gehaltenen Papierarbeiten *Watery Landscapes* spielen mit ambivalenten Vorstellungen von Wasser, bedingt durch naturnahe, aber auch verschmutzte Wasserlandschaften. Farbtöne wie Braun und Gelb lassen auf Verschmutzung schließen, können aber ihren Ursprung auch in torfhaltigem Grund haben. Trotz der trüben Farbgebung ist dort das Wasser natürlich rein.

Mit dem gezielten Einsatz von Farbe, Texturen und dem Ausnutzen der Eigenheiten der verschiedenen Medien oder Farbmaterialien gelingt es Dominique Lämmli, Geschichten zu erzählen. Wir tauchen ein in das Universum der Künstlerin.

Intermedia and interdisciplinary works with strong links to research in the fields of drawing/painting, art, and globalization as well as methodological reflections have long been attributes of Dominique Lämmli's creative work.

A connecting element in her recent works is the artist's interest in simultaneously revealing differing ways of viewing things and points of reference. The nine-part work on paper *Detected Worlds from Above,* which comprises numerous layers and diverse colored materials, was inspired by detection and alarm devices that observe, measure, and structure our world in a more or less detailed fashion.

The painted works on paper in *Watery Landscapes* play with ambivalent notions of water, attributable to near-natural or even polluted water landscapes. Colors such as brown and yellow indicate pollution but can also have their origins in ground containing peat, yet the water is naturally clean despite the murky colors.

Dominique Lämmli manages to tell stories through the targeted use of color, texture, and the exploitation of the characteristics of a variety of media. We become immersed in the artist's universe.

Dominique Lämmli, Ausstellungsansicht
Galerie Bob Gysin, Zürich, 2013

CHRISTOPH BRÜNGGEL

Mit verschiedenen künstlerischen Medien gelingt es Christoph Brünggel, Flüchtigkeit und Polaritäten in beständige Aggregatzustände zu überführen und als materielle Dimension fassbar zu machen.

Die Werkgruppen – auf den ersten Blick divergent erscheinend – kreisen um die Polaritäten Formierung und Auflösung, Chaos und Ordnung. Auch dem Sichtbarmachen von Zeit, der flüchtigsten Dimension überhaupt, kommt in den Arbeiten von Christoph Brünggel große Bedeutung zu. Entsprechend versteht er seine Werke immer auch als Speicher und Orte der Erinnerung.

Die Installation *How to Completely Disappear* setzt sich aus vom Wetter verdrehten Zaunbalken zusammen. Verwitterung und Transformation sind an der minimalistischen Struktur direkt ablesbar. Die Vergänglichkeit spitzt sich durch die Anordnung der Balken buchstäblich zu und verdichtet sich in einem Fluchtpunkt zum Paradox einer gebündelten Auflösung.

Das Verhältnis von Chaos und Ordnung liegt den drei großformatigen Papierarbeiten zugrunde. Die am oberen Bildrand exakte geometrische Ordnung der Quadrate beginnt sich unterschiedlich stark aufzulösen und endet am unteren Rand in einem vermeintlichen Chaos. Inspiration zur Komposition ist allerdings die Computergrafik *Schotter* von Georg Nees, ein mathematischer Algorithmus aus den 1960er-Jahren. Er ist das Ergebnis eines strukturierten Einsatzes von Zufallsgeneratoren zur Bildfindung.

Through the use of diverse artistic media, Christoph Brünggel succeeds in translating ephemerality and polarities into durable aggregate states and make them palpable as a material dimension.

The groups of works, which appear divergent at first glance, revolve around the polarities of formation and dissolution, order and chaos. The artist's works place a great deal of importance on the visualization of time, the most ephemeral of all dimensions, and he accordingly also sees his art as a store and sites of memory.

The installation *How to Completely Disappear* is assembled from weather-beaten fence timber. Weathering and transformation are immediately readable in the minimalist structure. Transience is literally intensified through the arrangement of the beams, solidifying in a vanishing point into the paradox of bundled dissolution.

The three large-format works on paper are based on the relationship between chaos and order. The meticulous geometrical arrangement of the squares on the upper edges begins to dissolve to differing degrees and ends at the lower edges in would-be chaos. The piece, however, was inspired by the computer graphic *Schotter* (Gravel) by Georg Nees, a mathematical algorithm from the sixties. Its composition is the result of the structured usage of a random generator.

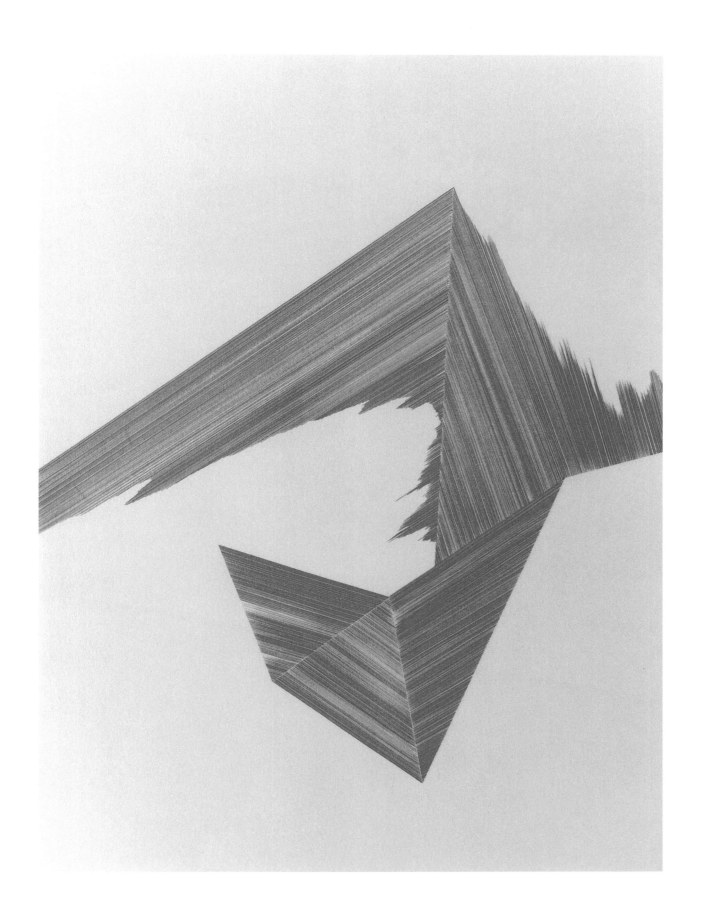

Christoph Brünggel, Room for the Dark to Walk Around #2, 2013
Nächste Doppelseite: Christoph Brünggel,
Ausstellungsansicht Galerie Bob Gysin, Zürich, 2013

2014
UMBAU DENKMALSCHUTZOBJEKT IM LEE,
WINTERTHUR
Planerwahlverfahren, 2. Rang
Baudirektion Kanton Zürich

Die Schulanlage der Gebrüder Pfister ist im Inventar der Schutzobjekte von überkommunaler Bedeutung aufgeführt, weshalb
unter dem Ansatz »so viel wie nötig, so wenig wie möglich« eine
austarierte Gesamtlösung entwickelt wurde. Die Fassaden
wurden energetisch saniert, das Dach ausgebaut und die Pausen-
hallen polyvalent nutzbar gemacht: Die gewünschten Gruppen-
räume können mit schalldämmenden Vorhängen und modularen
Möbeln in unterschiedlicher Größe umgesetzt werden. Der
ursprüngliche Charakter der Hallen bleibt erhalten, die Eingriffs-
tiefe ist minimal.
—
CONVERSION OF THE LANDMARKED BUILDING
IM LEE, WINTERTHUR
Contract award procedure, 2nd rank
Building Direction, Canton Zurich

The Pfister Brothers school complex is listed in the inventory of
landmarked buildings as being of supra-municipal importance,
which is why a balanced solution was sought with the approach
"as much as needed, as little as possible." The façades were
thermally overhauled, the roof was extended, and the recess halls
were made multifunctional: the group rooms can be provided
with sound-insulation curtains and modular furniture of various
sizes. The original character of the halls has been retained
with a minimum level of intervention.

2014
HEILPÄDAGOGISCHES ZENTRUM, GOLDAU
Projektwettbewerb nach Präqualifikation, 2. Preis
Hochbauamt Kanton Schwyz
—
REMEDIAL HEALTH CENTER, GOLDAU
Project competition after prequalification, 2nd prize
Building Authority, Canton of Schwyz

2014
HAUPTSITZ UND WERKAREAL, BUCHS (AG)
Projektwettbewerb nach Präqualifikation
IB Aarau
—
MAIN HEADQUARTERS AND WORKSHOP SITE,
BUCHS (AG)
Project competition after prequalification
IB Aarau

2014
SCHULHAUS DORF, SUHR
Projektwettbewerb nach Präqualifikation
Gemeinde Suhr
—
VILLAGE SCHOOL BUILDING, SUHR
Project competition after prequalification
Municipality of Suhr

2014
KASERNE AUENFELD, FRAUENFELD
Projektwettbewerb nach Präqualifikation
armasuisse

Die bestehenden Strukturen der Kaserne Auenfeld werden
gestärkt und zu klaren Nutzungsclustern weiterentwickelt. Eingriffe in den Bestand werden minimiert aus Gründen der
Wirtschaftlichkeit und des Bauens unter Betrieb. Insgesamt
entsteht eine übersichtliche Gesamtanlage mit optimalen
Betriebsabläufen, die sowohl nach Zwischenetappen als auch
im Endausbau attraktive Arbeits- und Wohnbedingungen
ermöglicht und problemlos den Minergie-P-Standard erfüllt.
—
AUENFELD BARRACKS, FRAUENFELD
Project competition after prequalification
armasuisse

The existing structures of the Frauenfeld barracks were reinforced and developed to constitute clear use clusters. Interventions in the existing fabric were kept to a minimum for economic reasons and in order to maintain operations during
the construction phase. The result is a neatly arranged facility
with optimal operational processes that in the interim stages
as well as the completed construction enables attractive working
and living conditions, while easily fulfilling the Minergie-P
standard.

2014–2018
BÜRO UND PRODUKTION FRAUENFELDERSTRASSE,
WINTERTHUR
Projektwettbewerb nach Präqualifikation, 1. Preis
Baltensperger und 3-Plan AG

Die brachliegende Industrieparzelle wird mit zwei differenzierten
Volumen bespielt, die zwischen dem Gleisfeld und der Baum-
allee vermitteln und die beiden Hauptnutzer attraktiv ausrichten.
Die Produktionshallen sind als modulares System in Holzbau-
weise gestaltet, das den Minergie-P-Eco-Standard erfüllt, lang-
fristig flexibel ist und durch die unterschiedlichen Raumhöhen
und Oberlichter stimmungsvolle Arbeitsräume bietet.
—
FRAUENFELDERSTRASSE OFFICE AND
PRODUCTION, WINTERTHUR
Project competition after prequalification, 1st prize
Baltensperger and 3-Plan AG

The fallow industrial lot will be furnished with two differentiated
buildings that mediate between the railroad tracks and Baum-
allee, providing an attractive solution for both of the main users.
The production halls are designed as a modular system in
wood that fulfills the Minergie-P-Eco-Standard. It is flexible over
the long term, and the varying room heights and skylights make
for workspaces full of atmosphere.

2014
WOHNÜBERBAUUNG FATZER AREAL, ROMANSHORN
Projektwettbewerb nach Präqualifikation
Fatzer AG
—
FATZER SITE RESIDENTIAL DEVELOPMENT,
ROMANSHORN
Project competition after prequalification
Fatzer AG

2014
ALTERSZENTRUM SUNNEGARTE, BUBIKON
Projektwettbewerb nach Präqualifikation
Zentrum Sunnegarte AG
—
SUNNEGARTE CENTER FOR THE ELDERLY, BUBIKON
Project competition after prequalification
Zentrum Sunnegarte AG

2014–2015
UMBAU PFLEGEZENTREN, RIKON UND TURBENTHAL
Gesamtleistungswettbewerb nach Präqualifikation, 2. Rang
Zweckverband Pflege und Betreuung Mittleres Tösstal

Abgeleitet aus der Bestandsanalyse und den betrieblichen
Anforderungen wird eine Strategie mit optimalem Kosten-Nutzen-
Verhältnis verfolgt. Der ausgewiesene Raumbedarf wird innerhalb des Volumens umgesetzt und die bestehende Struktur
möglichst umfassend weitergenutzt. Das Gebäude präsentiert
sich so nach der Sanierung als modernes Pflegezentrum, das
großzügige Räume, übersichtliche Abfolgen und kurze Wege
aufweist und problemlos den Minergie-Standard erfüllt.
—
CONVERSION OF NURSING CENTERS,
RIKON AND TURBENTHAL
Overall performance competition after prequalification,
2nd rank
Zweckverband Pflege und Betreuung Mittleres Tösstal

A strategy of optimum cost-benefit was pursued starting from
an analysis of the existing stock and the operational requirements. The identified space required will be achieved within the
building, further utilizing the existing structure as much as
possible. Following renovation, the modern nursing center will
feature spacious rooms, clearly defined sequences, and short
paths, easily fulfilling the Minergie standard.

2014
WOHNEN UND GEWERBE LINDENAREAL, STECKBORN
Projektwettbewerb nach Präqualifikation
Stadt Steckborn
—
LINDEN SITE RESIDENTIAL AND
COMMERCIAL SPACE, STECKBORN
Project competition after prequalification
City of Steckborn

2014
WOHNÜBERBAUUNG LEUTSCHENBACH, ZÜRICH
Öffentlicher Projektwettbewerb
Stadt Zürich

Das Projekt entwickelt eine eigenständige Typologie, die sich mit dem Kontext vernetzt, einen starken inneren Zusammenhalt hat und die übergeordneten Außenräume – Leutschenpark, Riedgraben, Innerer Garten – einbezieht. Die beiden Areale werden mit jeweils drei Gebäuden bespielt, die zusammen ein Ensemble bilden. Die Setzung im Grundriss schafft in Kombination mit der Höhenstaffelung austarierte räumliche Sequenzen mit differenzierten sozialen Nachbarschaften. Die Dachflächen der abgestuften Volumen werden kollektiv genutzt. So entsteht trotz hoher Dichte eine breite Palette an Räumen und Bezügen, die eine eigene gemeinschaftliche Atmosphäre erzeugen, ohne sich dabei dem Kontext zu verschließen.
—
LEUTSCHENBACH RESIDENTIAL DEVELOPMENT, ZURICH
Public project competition
City of Zurich

The project develops a distinct typology that is linked to the context, has a strong internal cohesion, and includes the overriding exterior spaces: Leutschenpark, Riedgraben, Innerer Garten. Three buildings were constructed on each of the two sites to form an ensemble. In combination with the terraced heights of the buildings, the placement in the ground plan created balanced sequences of spaces with differing social adjacencies. The roofs of the graduated volumes are used collectively. Thus, despite the high density we designed a broad palette of spaces and relationships that create a community atmosphere of their own, without sealing them off from the context.

2014
ALTERSZENTRUM PFLEGIMURI, MURI
Projektwettbewerb nach Präqualifikation
Verein Pflegimuri

Das Grundstück liegt prominent an der Nordwestecke des Klosterareals Muri. Als Teil dieses national bedeutenden Geländes musste der Neubau hohe gestalterische Anforderungen im Sinne des sogenannten Umgebungsschutzes erfüllen. Abgeleitet aus der ortsbaulichen Recherche wurde ein einfacher und klarer Baukörper vorgeschlagen, dessen Setzung zum einen das Hedigerhaus erhält und zum andern die Gesamtwirkung des Klosters nicht beeinträchtigt. Die Fassade des Neubaus erinnert entfernt an einen dreidimensionalen Setzkasten, der klare Umrisse hat und gleichzeitig ein großes Spektrum an Eindrücken bietet.
—
PFLEGIMURI CENTER FOR THE ELDERLY, MURI
Project competition after prequalification
Pflegimuri Association

The property is prominently located on the northwestern corner of the Muri Abbey. As part of this property, which is important for the whole country, the new building has to meet the high design standards of the so-called perimeter protection regulations. Taken from the research done into local architecture, we proposed a clear structure whose placement would retain the Hedigerhaus on the one hand, and on the other not diminish the overall effect of the abbey itself. The façade of the new building remotely recalls a three-dimensional display case with clear outlines and at the same time provides a wide range of impressions.

2014–2018
UMBAU WOHNHÄUSER SONNENBERGSTRASSE, THALWIL
Planerwahlverfahren, 1. Preis
Swiss Re
—
CONVERSION OF APARTMENT BUILDINGS, SONNENBERGSTRASSE, THALWIL
Contract award procedure, 1st prize
Swiss Re

2014–2015
ALTERSZENTRUM DREI TANNEN, WALD
Projektwettbewerb nach Präqualifikation
Stiftung Drei Tannen
—
DREI TANNEN CENTER FOR THE ELDERLY, WALD
Project competition after prequalification
Stiftung Drei Tannen

25.01.–15.03.2014
KARIN SCHWARZBEK
Karin Schwarzbek, Ohne Titel 2013

Ein Themenfeld, mit dem sich Karin Schwarzbek beschäftigt, sind Landschaftskonzepte. Die Leinwand und die Ränder thematisieren das Horizontale, aber auch den Bildraum. »Landschaftskonzept« beinhaltet lediglich eine Idee: Karin Schwarzbek bildet keine Landschaft ab, sondern bearbeitet Erinnerungen an Bilder, die während des Malens auftauchen. Auch das Thema Körper ist wichtig, sowohl der Kleidkörper als auch das Bild als Objektkörper.
—
Landscape concepts are one of the thematic fields with which Karin Schwarzbek deals. The canvas and the edges not only address horizontal but pictorial space as well. "Landscape concept" conveys merely an idea: the artist does not depict landscapes but while painting deals instead with the memories she has of images of them. The theme of the body is likewise important—both the dress body as well as the picture as an object body.

22.03.–17.05.2014
NIKLAUS RÜEGG – THE DUCK WITH IRON PANTS

2014
HOCHSCHULGEBIET ETH UND UNIVERSITÄT, ZÜRICH

Testplanung nach
Präqualifikation
Bildungsdirektion Kanton
Zürich
—
ETH AND UNIVERSITY
SITE, ZURICH
Test planning after pre-
qualification
Department of Education,
Canton of Zurich

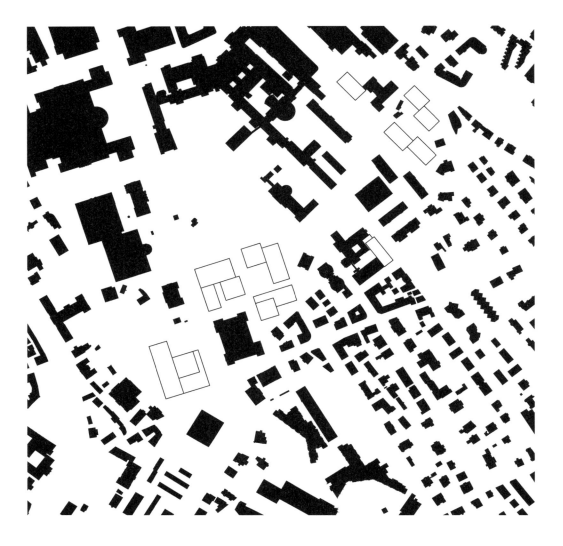

Mit der Bebauungsstudie wurden Vorschläge für die Entwicklung von vier großen Arealen mitten im Hochschulgebiet erarbeitet. Zielsetzung war es, spezifische städtebauliche Lösungen aufzuzeigen, Lernlandschaften zu planen und Etappierungsszenarien auszuloten. Relevante Schlüsselthemen hierbei waren der Umgang mit Dichte und Freiräumen, Maßstabssprüngen und Silhouetten. Die Denkmalschutzobjekte wurden im Zusammenhang mit der Identität des Gebiets und den Nutzerbedürfnissen detailliert untersucht, um über deren Erhalt, Abbruch oder Umnutzung entscheiden zu können.

Beim Schanzenberg wird das neue Volumen so platziert, dass die historisch wertvollen Gärten weitgehend erhalten werden können und keine

The building study proposed the development of four large areas in the midst of the university area. The goal was to point out specific planning solutions, design educational landscapes, and sound out a variety of stages. In this connection, relevant key themes were the treatment of density and open spaces, leaps in scale, and silhouettes. The landmarked buildings were carefully investigated with reference to the identity of the area and the needs of users, so that decisions could be made about maintaining, demolishing, or renovating them.

At the Schanzenberg, the new building was placed in such a way that the historical gardens could be largely retained and it would not rise to dominate the cityscape. At the Wässerwies, an ensemble

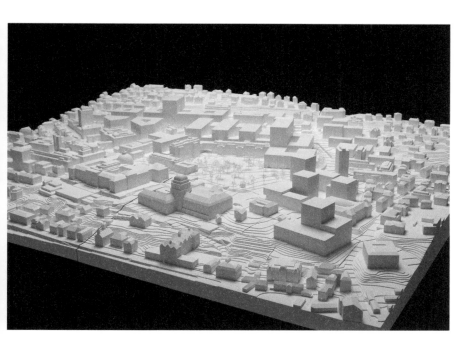

dominante Stadtkrone entsteht. Bei der Wässerwies wird ein Ensemble aus drei in der Höhe differenzierten Volumen entwickelt, das Richtung Straßenraum eine Plaza aufspannt und im Innern einen halböffentlichen Hof ausbildet. Beim Zentrum für Zahnmedizin ergänzt und klärt das Neubauvolumen die bestehende Anlage, ohne dabei die denkmalgeschützten Bauten zu beeinträchtigen. Beim Gloriarank wird ein Konglomerat aus mehrheitlich kleinteiligen Volumen vorgeschlagen, das einen integrativen Übergang ins Wohnquartier und den Erhalt fast aller historischen Gebäude leistet. Als Kopfgebäude leitet das Hochhaus in die neue Sternwarten-Allee über und vermittelt zu den geplanten Neubauten des Universitätsklinikums.

Die Gebäudesetzungen schaffen eine Vielzahl von Nutzungsmöglichkeiten mit platzartigen, eher urbanen Flächen wie auch park- und gartenartigen Räumen. Das Gesamtgefüge lebt von verschiedenen Angeboten und den Möglichkeiten, sich innerhalb kurzer Zeit in ganz unterschiedliche Bereiche zu begeben. Dabei standen Großzügigkeit, Ruhe und Vielfalt an erster Stelle bei der Freiraumkonzeption. Großzügigkeit schaffen die neuen Alleen entlang der Rämi- und Gloriastraße. Ruhe bringen die beiden Parkanlagen Uni-Park und Schanzenberg-Park, die in ihrer maximalen Größe beibehalten werden. Vielfalt entsteht in der Schaffung neuer und in der Verknüpfung bestehender Räume und Wege.

Aufgrund dieser präzisen Verortung des Neuen im Bestand konnten trotz großem Nutzungsdruck städtebauliche und außenräumliche Qualitäten etabliert werden, die die Geschichte des Ortes nachhaltig fortschreiben.

consisting of three volumes of different heights was developed, setting up a plaza facing the street area and forming a semipublic courtyard inside. At the dentistry center, the new buildings supplement and clarify the existing area without impairing the landmarked buildings. A conglomerate of several small-component volumes were proposed for the Gloriarank, producing a integrative transition to the residential quarter and retaining nearly all of the historical buildings. As the main building, the high-rise leads to the new Sternwarten Allee and serves as a link to the new buildings being planned for the university hospital.

The placement of the buildings creates a number of different opportunities for use, with square-like, rather urban areas as well as park and garden-like spaces. The entire ensemble is enlivened by various amenities and ways to get to very different areas within a short period of time, whereby calm and variety were of prime importance in the conception of generous open space. The new alleyways along Rämistrasse and Gloriastrasse create a sense of spaciousness. The two parks, Uni Park and Schanzenberg Park, make for a sense of calm, and their maximum size was retained. Diversity comes from creating new spaces and paths and linking them to those already in place.

Thanks to the precise placement of the new buildings among the existing ones, despite heavy usage we were able to establish urban-planning and exterior-space qualities that will uphold the history of the site.

Längsschnitt Wässerwies/
Longitudinal section Wässerwies

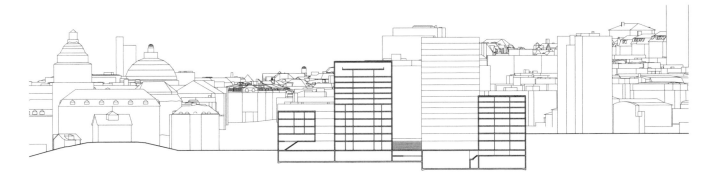

Erdgeschoss/
Ground floor

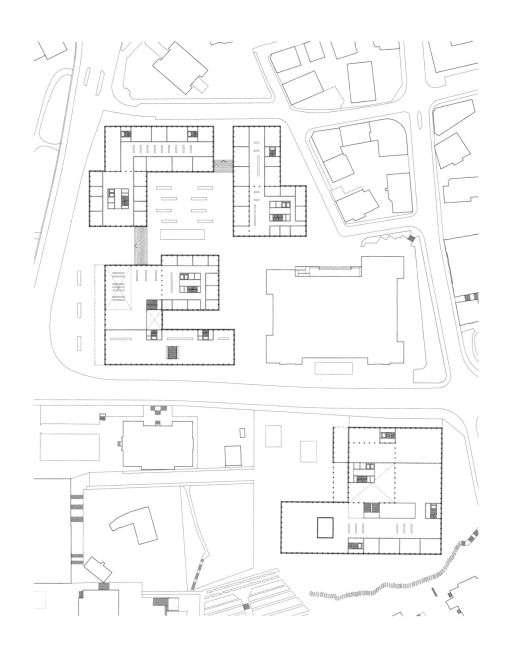

Querschnitt Schanzenberg/
Cross section Schanzenberg

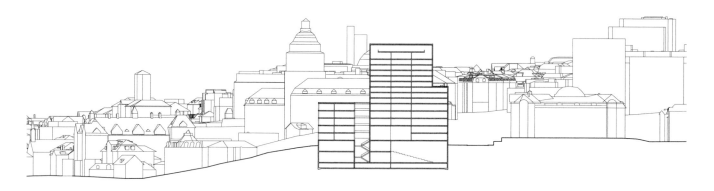

Obergeschoss/
Upper floor

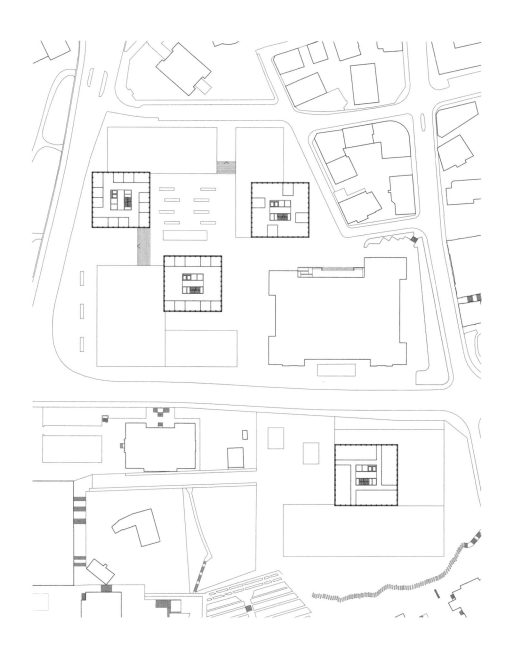

2014   Hochschulgebiet ETH und Universität, Zürich

2014–2018
SUURSTOFFI AREAL OST, ROTKREUZ

Städtebaulicher Wettbewerb
auf Einladung, 1. Preis
Zug Estates AG
—
SUURSTOFFI SITE (EAST),
ROTKREUZ
Urban planning competition on
invitation, 1st prize
Zug Estates AG

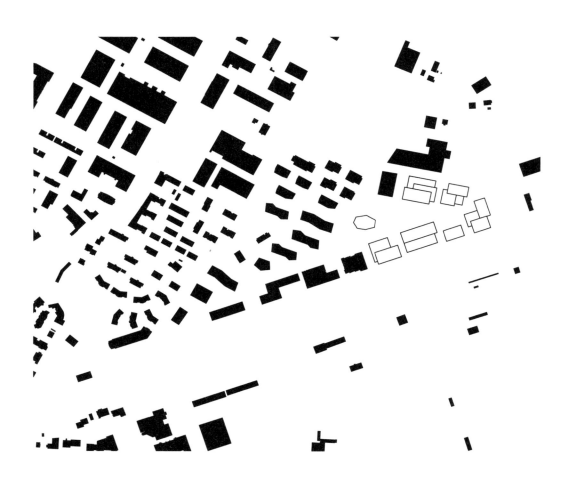

Beim Bahnhof Rotkreuz entsteht in kürzester Zeit auf den Arealen Suurstoffi West und Ost auf einer rund 100.000 m² großen Parzelle ein neues Quartier. Solche großflächigen Entwicklungen innerhalb einer kurzen Zeitspanne bringen andere Aufgaben und Anforderungen an Nachhaltigkeit mit sich als das Bauen in langsam wachsenden Strukturen. Ein Gespür für die zeitliche Dimension sowie das Mitdenken von Spielräumen und Appropriations-prozessen sind essenziell.

Für den östlichen Arealbereich wurde ein Masterplanverfahren veranlasst, dessen siegreiches Projekt die Grundlage für den Bebauungsplan Suurstoffi Ost bildete. Dieser Bebauungsplan wurde im Rahmen einer Testplanung hinsichtlich Identität, Struktur, Typologie und anderem konkretisiert: Sechs Gebäude besetzen den Rand des Geländes und spannen einen zentralen Freiraum auf, das Wohnhochhaus steht als Solitär an der Schnittstelle

Within a very short period of time, a new quarter will emerge on approximately 100,000 m² in the areas of the west and east phases of Suurstoffi, near the Rotkreuz train station. These kinds of large-scale developments within a short period of time entail other tasks and requirements for sustainability than are found in the construction of slow-growth structures. A feel for time is essential, as is keeping in mind scope and appropriation processes.

A master plan process was initiated for the eastern section, and the winning project formed the basis for the zoning map for East Suurstoffi. This map was made more concrete in terms of identity, structure, typology, and other things during a test plan phase. Six buildings occupy the periphery of the area and span a central open space; the apart-ment high-rise stands alone at the intersection between west and east. Flexible utilization of floor space and carbon-neutral operations contribute

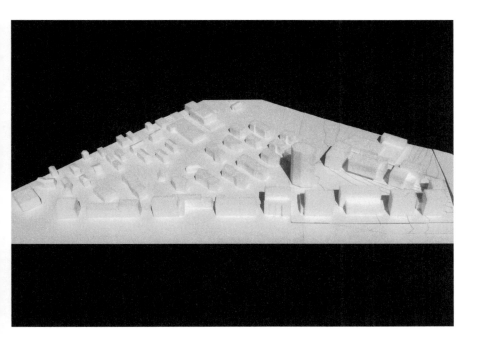

zum Areal West. Die flexible Nutzbarkeit der Geschossflächen und der CO_2-freie Betrieb sorgen für die ökologische und ökonomische Nachhaltigkeit. Ergänzend wurden im Innern stimulierende Räume für Hochschul- und Dienstleistungsnutzungen und unterschiedliche Wohntypologien entwickelt, die generationenübergreifend und für unterschiedliche soziale Schichten geeignet sind.

Das Suurstoffi Areal Ost zeigt exemplarisch, dass das Planen in gewachsenen und intakten städtebaulichen Gefügen von der Regel immer mehr zur Ausnahme wird. In den verdichteten Kernzonen vieler Städte und Gemeinden sind auf städtebaulicher Ebene häufig nur kleine und präzise Eingriffe notwendig, um eine Verbesserung der bestehenden Situation zu erreichen. Der Großteil der Aufgabenstellungen befindet sich in den heterogenen und oft identitätsarmen Strukturen unserer Ballungsräume oder auf zu transformierenden ehemaligen Industriearealen mit ihren großmaßstäblichen Ordnungen. Hier bedarf es einer vertieften Recherche und identitätsstiftender Strategien, sei es durch den Neubau selbst oder in Kombination mit dem Aufwerten und Vernetzen bestehender Strukturen.

Dabei ist für das Herausbilden von Identität die Eigenständigkeit und Integrität des Gebauten zentrale Voraussetzung, entsprechend kann Architektur nicht allein aus dem Kontext abgeleitet werden. Spannende Räume und innere Einheit entstehen durch gezielte und geschickte Setzungen von Gebäuden, die – auch aufgrund ihrer Nutzung – einen positiven Beitrag für ihr Umfeld leisten. Dies bedeutet, sich in das bestehende Ökosystem einzufügen, ein neues, gleichwertiges zu gestalten

to ecological and economic sustainability. In addition, stimulating spaces for use by higher education and service providers as well as different types of apartments were developed for the interior; these spaces are cross-generational and suited to different social classes.

The east phase of the Suurstoffi site is exemplary for the fact that planning in mature, intact urban areas is not the rule but increasingly becoming the exception. In the high-density cores of many cities and communities only small, precise interventions are necessary on the urban planning level in order to improve the existing situation. Most of the problems are in the heterogeneous structures in our metropolitan areas that often lack an identity of their own, or in former industrial zones with their large-scale systems, which require transformation. Here, more intense research and identity-forming strategies are needed, either through the new building itself or in combination with the upgrading and connecting of existing structures.

Here, the independence and integrity of the building is a major requirement for the creation of identity; accordingly, architecture alone cannot be derived from the context. Interesting spaces and internal unity are created by the deliberate, clever placement of buildings whose utility allows them to make positive contributions to their surroundings. This means integrating them into the existing ecological system, designing something new and of equal value, and at the same time attempting to create optimum conditions for long-term, functional coexistence in dense urban areas. Besides the fact that a new volume is being added, social aspects are

und zugleich zu versuchen, die optimalen Voraussetzungen für ein langfristig funktionierendes Zusammenleben in verdichteten städtebaulichen Strukturen zu schaffen. Neben der volumetrischen Einfügung in die Umgebung sind gesellschaftliche Aspekte relevant: Um die Akzeptanz und die Nutzbarkeit der geschaffenen Flächen durch Bewohnerinnen und Bewohner, Nutzerinnen und Nutzer zu erhöhen, ist die Ausbildung spezifischer Innen- und Außenräume mit hoher Aufenthaltsqualität und einer vielfältigen räumlichen Differenzierung notwendig. Dazu gehören neben der klaren sozialen Zonierung und der Vermeidung von reinen Abstandsflächen eine gute Orientierung und Adressbildung.

Masterpläne bieten hierbei eine Möglichkeit, diese Aspekte frühzeitig zu thematisieren und langfristig zu sichern. Beim Suurstoffi-Areal Ost in Rotkreuz konnten innerhalb der vorgegebenen Rahmenbedingungen zahlreiche Nutzungsszenarien und städtebauliche Setzungen entwickelt werden. Ein Beleg dafür, dass die im Masterplan definierten Regeln Spielräume zulassen und gleichzeitig die inhaltlichen Schwerpunkte sicherstellen.

also relevant. In order to increase acceptance and the use of the new spaces by residents and other users, it is necessary to cultivate specific indoor and outdoor spaces where people like to linger, while at the same time creating multifaceted spatial differentiation. Besides clear social zoning and the avoidance of pure clearances, this requires good orientation and address generation.

Master plans offer a chance to examine these aspects early on and to safeguard them over the long term. Within the given framework, numerous usage scenarios and solid urban-planning placements could be developed for the east phase of the Suurstoffi site in Rotkreuz. This is testified to by the fact that the rules defined in the master plan allow for scope while at the same time securing content-related priorities.

Städtebauliche Studien/
Urban studies

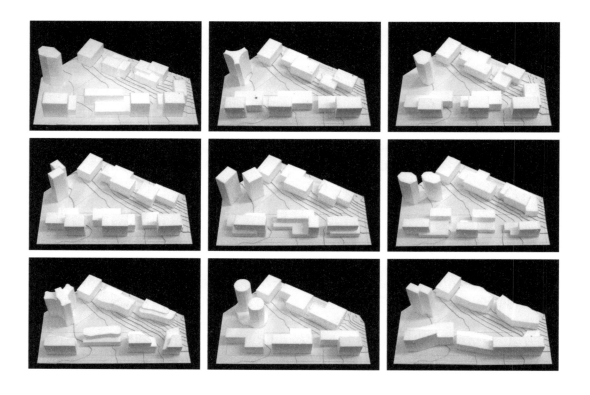

Querschnitte durch die
einzelnen Gebäude/
Cross sections through
the individual buildings

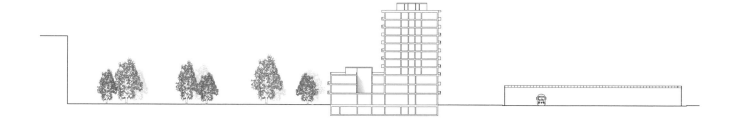

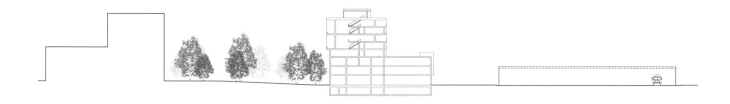

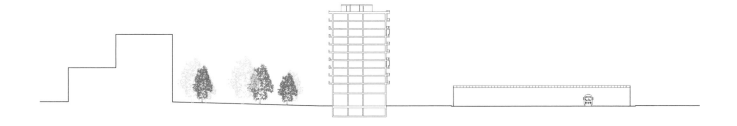

2014–2018   Suurstoffi Areal Ost, Rotkreuz

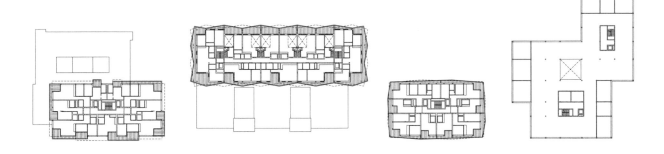

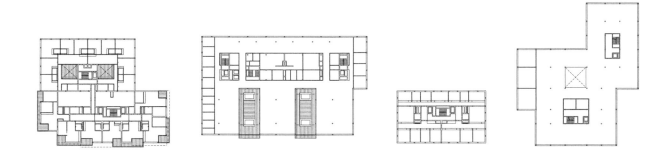

Erdgeschoss /
Ground floor

MIRIAM STURZENEGGER – CONTAINER

Miriam Sturzeneggers Grafitzeichnungen auf kleineren oder größeren Gipsplatten zeigen Raumentwürfe und sind des Lichteinfalls und ihrer Objekthaftigkeit wegen an die Wand gelehnt. Trotz ihrer Leichtigkeit werden die klaren Linien zu architektonischen Konstrukten.

Als raumdominierendes Element baut sich eine frei stehende, aus hochformatigen Modulen zusammengefügte Wand auf, deren Rückseite, ein Gerüst aus feinen Aluminiumprofilen, sichtbar bleibt. Die Modulplatten bestehen aus Styropor, einseitig überzogen mit einer dünnen, spiegelglatten Gipsschicht, auf deren Oberfläche Unterschiede in Helligkeit und Glanz hervortreten. Die Wand ist sowohl temporäre architektonische Größe wie auch Bild: ein Display, das seinen Herstellungsprozess zeigt, in welchem sich zudem der Ausstellungsraum spiegelt und das dadurch Fragen zum räumlichen Kontext aufwirft.

Auf dem Boden arrangierte Gruppen von grau gescheckten Platten dokumentieren als Negativabguss die von Materialablagerungen überzogenen Oberflächen ehemaliger Arbeitsunterlagen und werden selbst zu Materialkörpern. Durch die horizontale Präsentation stellen die Objekte den Bezug zum Arbeitstisch als ursprüngliche Funktion der Vorlageplatten her. Löcher und Risse evozieren reliefartige Landschaftlichkeit, eine subtile Haut, in die sich der Prozess der Aneignung eingeschrieben hat. Im Gegensatz dazu entwickelt der Gipsträger eine skulpturale Dimension und wird als physische Größe auch zu einer wichtigen inhaltlichen Frage. Die Künstlerin interessiert sich für Raum und die Erfahrung des Raumes sowie das Verhältnis zwischen gebauter Struktur mit ihrer physischen Präsenz und dem im Zeigen gleichzeitig Abwesenden.

Miriam Sturzenegger's graphite drawings on smaller or larger sheets of plasterboard show spatial designs and are leaned against the wall on account of the incidence of light and their objectuality. Despite their lightness, the clear lines become architectural constructs.

The space is dominated by a freestanding wall assembled from portrait-format modules whose reverse sides, a framework consisting of fine aluminum profiles, remains visible. The surfaces of the Styrofoam module panels are coated on one side with a thin, glassy layer of plaster on which differences in brightness and radiance are noticeable. The wall is both a temporary architectural entity as well as a picture, a display that reveals how it was produced as well as reflecting the exhibition space, thus raising questions concerning the spatial context.

The groups of spotted gray panels arranged on the floor document, in the form of negative casts, the deposit-covered surfaces of former support material and have themselves become material bodies. By being presented horizontally, the objects reference their former purpose as workbenches. Holes and cracks evoke a relief-like allusion to landscape, a subtle skin onto which the process of appropriation has inscribed itself. By contrast, the plaster substrate has developed a sculptural dimension, and as a physical entity it also becomes an important question with respect to content. The artist is interested in space and the experience of space as well as the relationship between the built structure to its physical presence and the simultaneous absence being shown.

Miriam Sturzenegger, Ausstellungsansicht
Galerie Bob Gysin, Zürich, 2014

RAY HEGELBACH –
SPATIAL IS NOT SPECIAL

Was kann Malerei? Und was kann ein Bild? Fragen wie diese führen Ray Hegelbach zur Auseinandersetzung mit Räumlichkeit und damit, wie eine Illusion derselben in der zweidimensionalen Darstellung gleichzeitig erschaffen und gebrochen werden kann. Der Künstler arbeitet ausschließlich mit den »Nichtfarben« Schwarz und Weiß und arrangiert diese in reduzierten Formen und Motiven auf der Leinwand so, dass sofort Assoziationen an Raumgefüge generiert werden. Die starken Hell-Dunkel-Kontraste entfalten bisweilen ausgeprägte Sogwirkung. Übereinandergelagerte Malschichten vermitteln Tiefe. Gleichzeitig aber wird der Überblick über die verschiedenen Konstruktionsebenen, die alle auf dieselbe Fläche transportiert werden, durch die komplexen Verschachtelungen wieder verwehrt. Immer wieder erhalten wir Einblick hinter die Kulissen, wo leere Leinwände und Rückseiten, einzelne Bestandteile und Konstruktionsprinzipien offengelegt werden.

Ray Hegelbach untersucht nicht nur das Medium mit dessen eigenen Mitteln, sondern thematisiert parallel dazu ebenso die Rahmenbedingungen, in denen Malerei für gewöhnlich entsteht und anschließend präsentiert wird. Die Leinwand wird zum Raum für komplexe Analysen. Dass die Ausstellung zudem installativen Charakter erhält, darf diesbezüglich nicht weiter erstaunen.

Die suggerierte Nähe zum klassischen Trompe-l'œil kann sich durch die unpräzise Anwendung und die dominierende Präsenz der Materialität nicht vollständig manifestieren. So interessiert sich der Künstler eben gerade nicht für die Täuschung, sondern für die Dekonstruktion der Illusion und somit für das »Bloßstellen« der Malerei als sie selbst. Näher als die Illusionsmalerei stehen dem Künstler hingegen surreale Raumkompositionen, etwa nach Giorgio de Chirico.

What can painting do? And what can a picture do? Questions such as these have led Ray Hegelbach to examine spatiality and how an illusion of spatiality can be simultaneously created and broken in a two-dimensional depiction. The artist works solely with the "non-colors" of black and white, arranging them in reduced forms and motifs on the canvas in such a way that associations with spatial structures are immediately aroused. The strong chiaroscuro contrasts often unfold a pronounced suction effect. Overlapping layers of paint convey a sense of depth. But at the same time the viewer is again denied an overview of the various construction levels, all of which are transported onto the same surface, due to the complex interleavings. We are frequently allowed to take a look behind the scenes, where blank canvases and their reverse sides, individual components, and construction principles are revealed.

The artist not only investigates the medium with its own means but simultaneously addresses the conditions under which paintings are generally produced and subsequently presented. The canvas becomes a space for complex analyses. It is therefore not surprising that the exhibition moreover has installation character.

The suggested proximity to classic trompe-l'oeil painting cannot completely manifest due to the imprecise application and the dominating presence of the materiality. As such, Hegelbach is less interested in optical illusions than in the deconstruction of illusion itself and hence in "unmasking" painting, showing it for what it is. In this sense, he is closer in spirit to the surreal spatial compositions of a Giorgio de Chirico than to trompe-l'oeil painting.

Ray Hegelbach, Ausstellungsansicht
Galerie Bob Gysin, Zürich, 2014

POSITION 5

In *Position 5,* der fünften Edition der Ausstellungs-reihe *Position,* liegt der Fokus der Werkauswahl auf Höhe und dem Einbeziehen des Raumvolumens.

Der Arbeit *Ohne Titel* von Kathrin Affentranger wohnt ein fragmentarisches und temporäres Element inne. Die Balance der zugespitzten ver-schiedenfarbigen Speere – zugleich bedrohlich aggressiv in den Raum eindringend und harmlos bunt – ist zwar gewährleistet, dies könnte sich aber ändern. Durch die Fragilität der an der Wand platzierten und an Wurfgeschosse erinnernden Objekte erfährt der Raum eine Transformation. Er scheint in die Höhe zu wachsen, einem unendli-chen Oben entgegen.

Beim Performancekünstler Gregory Hari ste-hen nicht laute Gesten oder plakative Präsenz im Vordergrund, primär »ist« er. Seine Anwesenheit manifestiert sich unaufdringlich, aber unübersehbar. Seine stummen Aktionen sind geprägt durch Nar-ration, einen Anfang und ein Ende, in diesem Fall einen Weg, dazwischen spielt sich etwas ab. Gregory Hari steigt auf seinem Weg auf die Jakobs-leiter, die nicht im Himmel endet, sondern auf dem Mezzanin, das er erklimmt.

Häufig sind es Beobachtungen im Außenraum, die Jessica Pooch veranlassen, Arbeiten zu ge-nerieren. Für *Position 5* schuf sie eine neue Arbeit, in der das alltägliche Mit- und Nebeneinander im öffentlichen Raum eine zentrale Rolle spielt. Ausge-hend von Mülleimerdeckeln im Stadtraum Zürich entwickelte sie Strukturen, die zum Verweilen ein-laden und gleichzeitig als Ablage und Display dienen für eine Fotoarbeit, in der sie Aufnahmen von Zug-fahrten auf die Aluminiumdosen von Energydrinks druckte. Ihr Werk kontextualisiert den Stadtraum und ist geprägt vom Interesse für das im gesell-schaftlichen Rahmen agierende Individuum und für die Schnittstellen von Privatem und Öffentlichem.

In *Position 5,* the fifth edition of the *Position* series of exhibitions, the focus of the selected works was placed on height and the integration of the room volume.

Kathrin Affentranger's work *Untitled* possesses an inherent fragmentary and temporary element. While the balance of the sharpened multicolored spears—which intrude into the space in an equally aggressive and colorfully harmless way—is main-tained, this condition is subject to change. The space undergoes a transformation through the fra-gility of the objects placed against the wall that recall missiles. It seemingly grows upward toward an infinite above.

Loud gestures or a conspicuous presence is not at the core of the work by the performance artist Gregory Hari; he "is" first and foremost. His attendance manifests in an undemonstrative manner, and his silent actions are shaped by a narrative, a beginning and an end, in this case a path. Some-thing takes place in between. Hari climbs Jacob's ladder on his path, which does not lead to heaven but to the mezzanine level instead.

Jessica Pooch's works are often inspired by observations made outdoors. For *Position 5* she created a new work in which the way individuals interrelate and coexist in public space on a day-to-day basis plays a central role. Starting off with garbage can lids from Zurich's urban space, she developed structures that invite the viewer to linger and which at the same time serve as a repository and display for a photographic work in which she printed pictures from train trips on the aluminum cans of energy drinks. Her work contextualizes urban space and is shaped by an interest in the individual operating in a social framework, as well as in the interfaces between the public and private spheres.

Position 5, Ausstellungsansicht
Galerie Bob Gysin, Zürich, 2014
Nächste Doppelseite:
Performance Gregory Hari

CHRISTOPH SCHREIBER – NACHBILDER & AUGENLIDERZUCKEN

Während früheren Arbeiten von Christoph Schreiber ein fast surrealistischer Charakter innewohnt, sind die aktuellen bearbeiteten Fotos eher enigmatisch. Dabei lassen sich drei Ebenen ausmachen: Eine Sphäre des Alltäglichen, eine des zeitlichen und eine des digitalen Raumes. Gegensätzliches – Weite und Nähe, Zeit und Augenblick – wird thematisiert und vereint. Zudem ist ein starkes malerisches Moment zu erkennen. Diese Komponenten entwickeln eine suggestive Kraft, die zum Innehalten animiert. Weder didaktische Belehrung noch die Vermittlung von Informationen interessieren hier den Künstler: Im Vordergrund steht die genuine Erfahrung vor dem Kunstwerk.

Es ist nicht einfach, Christoph Schreibers Arbeiten kunsthistorisch zu verankern. Das surrealistische Moment früherer Arbeiten ist einer Abstraktion und Assoziationen evozierenden Bildkomposition gewichen. Der rote Faden zieht sich durch das gesamte hier präsentierte Werk: Das Bild fungiert als Bild, als konstitutives Merkmal dieser Arbeiten.

Der Künstler versteht sich als Bildforscher. Obgleich die Verankerung im Hier und Jetzt Christoph Schreiber wichtig ist, versucht er in seinem Schaffen, Dinge jenseits des Sag- und Sichtbaren erfahrbar zu machen. Hilfreich sind ihm dabei Situationen, in denen uns etwas sowohl fremd wie vertraut ist. Im Gegensätzlichen findet sich die Reibung, die das Leben ausmacht. Darüber will der Künstler möglichst viel in Erfahrung bringen.

While Christoph Schreiber's earlier works have intrinsic Surrealist character, his recent edited photographs are rather enigmatic. Three levels can be identified: an everyday sphere, a temporal one, and a sphere of digital space. Contrasts—distance and proximity, time and moment—are addressed and brought together. A strong painterly element is also discernible. These components develop a suggestive force that animates the viewer to pause and linger. The artist is not interested in didactic instruction or conveying information. Focus is placed on the genuine experience before the work of art.

It is not easy to categorize Schreiber's works in terms of art history. The Surrealist element of his earlier works has given way to pictorial compositions that evoke abstraction and associations. The golden thread that weaves its way through all the works presented here is the fact that the picture functions as a picture, as a constitutive feature of these works.

The artist sees himself as a picture researcher. Although being anchored in the here and now is important for Christoph Schreiber, in his works he tries to make things palpable beyond the speakable and visible. What are helpful in this respect are situations that are both familiar and foreign. Contrasts represent the friction that makes life matter. The artist wishes to learn as much about this as possible.

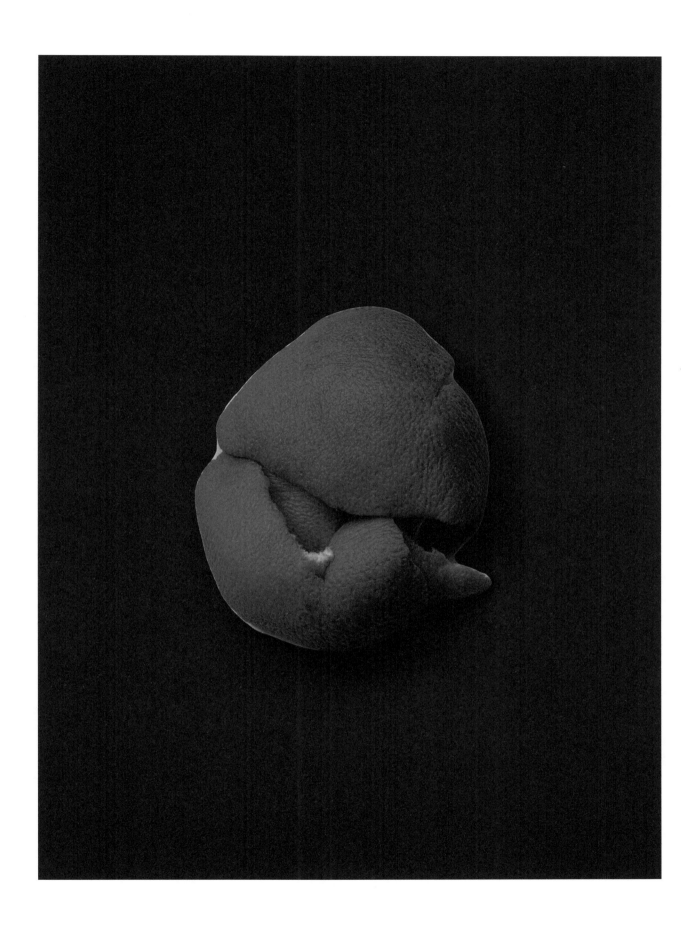

Christoph Schreiber, Lambdaprint auf Aluminium,
gerahmt, 31 × 22 cm, 2014
Nächste Doppelseite: Ausstellungsansicht
Galerie Bob Gysin, Zürich, 2014

2015
MASTERPLAN ZECHE WESTERHOLT, DE-GELSENKIRCHEN
Testplanung auf Einladung, 1. Preis
Stadt Gelsenkirchen / Stadt Herten / RAG Montan Immobilien

Auf dem ehemaligen Gelände der Zeche Westerholt wird eines
der ersten europäischen Entwicklungsareale entstehen, dessen
Ziele und Strategien sich vollumfänglich am Leitbild der Kreis-
laufwirtschaft orientieren. Die bestehenden Gebäude und Infra-
strukturelemente werden mit einfachen Maßnahmen zwischen-
und umgenutzt, neue Gebäude hinzugefügt und mit dem
Kontext vernetzt. Die Neue Zeche Westerholt und der Stadtteil-
park Hassel verbinden sich so als »Labor des Wandels« zu
einer räumlichen, funktionalen und ökologischen Einheit, in der
die Spuren aus verschiedenen Epochen sichtbar bleiben
und nutzbar gemacht werden.
—

**WESTERHOLT COAL MINE MASTER PLAN,
DE-GELSENKIRCHEN**
Test planning by invitation, 1st prize
City of Gelsenkirchen / City of Herten / RAG Montan Immobilien

At the site of the former Westerholt coal mine, one of the first
European development sites will be built to completely attune its
goals and strategies to the circular economy. The existing buildings and infrastructure will be repurposed by means of simple
measures, with new buildings added and integrated into the
context. The New Westerholt Mine and the Hassel neighborhood
park will combine to constitute a "laboratory of change" in a
spatial, functional, and ecological unit in which the traces of various epochs remain visible and are made usable.

2015
SCHULHAUS DORF, MUHEN
Projektwettbewerb nach Präqualifikation, 3. Preis
Einwohnergemeinde Muhen
—

VILLAGE SCHOOL BUILDING, MUHEN
Project competition after prequalification, 3rd prize
Municipality of Muhen

2015–2016
UMBAU LELIEGRACHT, NL-AMSTERDAM
Direktentwicklung
Privat
—

CONVERSION LELIEGRACHT, NL-AMSTERDAM
Direct development
Private

2015–
UMBAU HIF GEBÄUDE HÖNGGERBERG, ZÜRICH
Projektwettbewerb nach Präqualifikation,
Entscheid ausstehend
ETH Zürich
—

**CONVERSION OF HIF BUILDING, HÖNGGERBERG,
ZURICH**
Project competition after prequalification,
decision pending
ETH Zurich

2015–
NEUE STEINERMÜHLE, ALBERSWIL
Direktentwicklung
Privat

Die Neue Steinermühle, 1865 erbaut, ist die erste Industriemühle
der Schweiz und Teil eines historischen Siedlungsensembles
in der Kulturlandschaft Kastelen. Aufgrund unzureichender Fun-
damentierung und zu geringer Geschosshöhen wurde ein
Ersatzneubau notwendig, der die Volumetrie des Originals nach-
bildet und als »Abguss« neu interpretiert. Die strenge Fassa-
dengliederung wird übernommen und durch asymmetrische
Elemente und unterschiedliche Oberflächenstrukturen span-
nungsvoll ergänzt. Im Innern entsteht eine langfristig flexible Primärstruktur, die eine Nutzung als Hotel und Wohngebäude
zulässt. Der Energiebedarf wird zu 100 % erneuerbar mit Strom
und Wärme aus Flusswasser gedeckt.
—

NEUE STEINERMÜHLE, ALBERSWIL
Direct development
Private

The New Steiner Mill, built in 1865, was the first industrial mill
in Switzerland and a part of the historical settlement ensemble
in the Kastelen cultural landscape. Because of its insufficient
foundation and lack of floor height, a decision was made to build
a new replacement building that reproduces the volumetry
of the original and reinterprets it as a "casting." The strict organization of the façade will be retained and augmented in an
intriguing way by means of asymmetric elements and different
surface structures. A primary structure—flexible in the long
term—will be created to allow its use as a hotel and residential
building. Energy demand will be covered one hundred percent
by renewable electricity and heat from river water.

2015–
GENERATIONENHAUS NEUBAD, BASEL
Studienauftrag auf Einladung, Entscheid ausstehend
Oekumenischer Verein Generationenhaus Neubad
—
NEUBAD GENERATION HOUSE, BASEL
Study contract by invitation, decision pending
Oekumenischer Verein Generationenhaus Neubad

2015–
WOHNÜBERBAUUNG ETTENFELDSTRASSE, ZÜRICH
Studienauftrag auf Einladung, 1. Preis
Elektro Compagnoni AG

Der Landschaftsraum des Katzenbachs sowie die heterogene
Bebauungsstruktur bilden die Ausgangslage für die städtebauliche Setzung. Die polygonalen Baukörper schmiegen sich
in die unregelmässige Grundstücksgeometrie und erhalten
die ortstypische Qualität der Durchgrünung und Durchlässigkeit.
Die unterschiedlichen Gebäudehöhen des Kontextes werden
mit der differenzierten Gebäudesilhouette aufgenommen. Insge-
samt entsteht ein integratives Ensemble, das sich mit dem
Umfeld vernetzt, einen starken inneren Zusammenhalt hat und
die Lagequalitäten des Grundstücks nutzt.
—
ETTENFELDSTRASSE RESIDENTIAL
DEVELOPMENT, ZURICH
Study contract by invitation, 1st prize
Elektro Compagnoni AG

The landscape area of Katzenbach and the heterogeneous
building development form the starting point for the urban setting.
The polygonal volumes nestle into the irregular plot geometry
and preserve the typically local quality of greening and permeability. The different building heights of context are taken with
the differentiated building silhouette. Overall, this is an integrative building ensemble that links with the environment, has
a strong internal cohesion and uses the location qualities of
the site.

28.03.–30.05.2015
CHRISTOPH HÄNSLI – PETRAS LETZTE SPUR
Christoph Hänsli, Verloren (aus der Serie A_108), 2013/2014

Es geht um Schrauben, verloren gegangen und gesammelt auf
Landstraßen oder in Städten. Davon fasziniert, dass diese nun
irgendwo fehlen und dort eine bestimmte, wenn auch unwesent-
liche Funktion nicht mehr erfüllen, hat Christoph Hänsli begonnen, die Fundstücke zu malen. Die verlorenen Schrauben sind im
Bild wieder dingfest gemacht, werden in einen rätselhaften
Kontext gesetzt und erfahren so einen Wandel ihrer ursprüng-
lichen Bedeutung.
—
It is about screws, lost and found on rural roads or in cities.
Fascinated by the fact that they might be missing somewhere,
where they no longer serve a specific albeit inessential purpose, Christoph Hänsli began painting these objets trouvés. The
lost screws are made manifest again in the pictures, where
they are placed in an enigmatic context and thus experience the
transformation of their original use.

2015–
CAMPUS HSLU ARCHITEKTUR UND TECHNIK, HORW
Testplanung nach Präqualifikation, Entscheid ausstehend
Finanzdepartement Kanton Luzern
—
CAMPUS HSLU ARCHITECTURE
AND TECHNOLOGY, HORW
Test planning after prequalification, decision pending
Finance Department, Canton of Luzern

06.06.–18.07.2015
CARMEN PERRIN – PLASTICITÉS

28.08.–17.10.2015
JAN HOSTETTLER – ZWEIFEL

27.11.2015–23.01.2016
MATTHIAS BOSSHART

2015
MEDIENGEBÄUDE CAMPUS FREIMANN, DE-MÜNCHEN

Projektwettbewerb nach
Präqualifikation
Bayerischer Rundfunk
—
FREIMANN CAMPUS MEDIA
BUILDING, DE-MUNICH
Project competition after
prequalification
Bayerischer Rundfunk

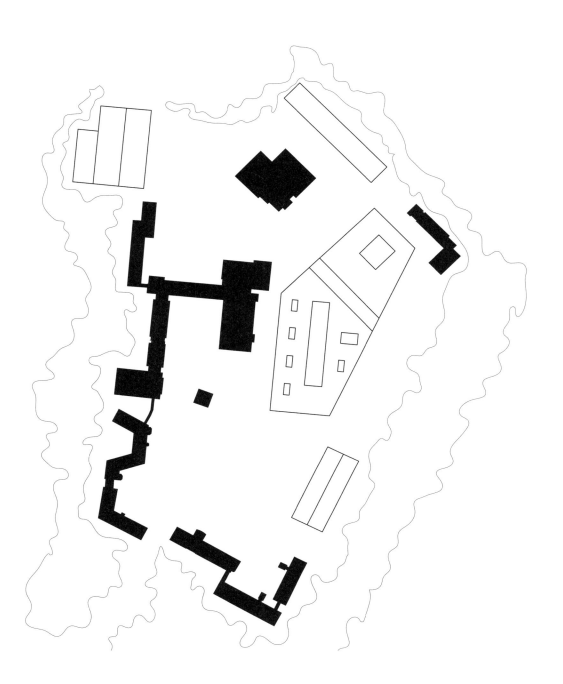

Der Entwurf schafft die Voraussetzungen, dass der Bayerische Rundfunk seinen trimedialen Reformkurs optimal umsetzen und seine Kräfte bündeln kann. Vernetzung, Austausch und Flexibilität werden als entscheidende Kriterien erachtet, um in einer sich ständig wandelnden Medienlandschaft hochwertige Inhalte erarbeiten und vermitteln zu können. Das Projekt erfüllt höchste Nachhaltigkeitsansprüche, indem die einzelnen Gebäude integral konzipiert

The design creates the conditions for the Bayerischer Rundfunk to be capable of implementing its trimedia reform course in an optimal way and pool its strengths. Networking, exchanges, and flexibility are regarded as crucial criteria needed in order to work on and broadcast top-quality content in a constantly changing media landscape. The project fulfills the highest expectations of sustainability, because the individual buildings are conceived

und miteinander zu einem Gesamtsystem verbunden werden – unter Einbezug regenerativer Energien, grauer Energie, Regenwassernutzung, Wärmerückgewinnung und Ausgleichsflächen für Pflanzen und Tiere.

Der städtebauliche Masterplan bewahrt die Einzigartigkeit des Ortes und stärkt die Campus-Atmosphäre, indem die Bestandsbauten mit sinnfälligen Neubauten zu einem Gesamtensemble ergänzt werden. Im Innern formiert sich eine neue Mitte, die als verkehrsfreier Aufenthalts- und Erholungsraum nutzbar ist. Grüninseln mit Baumgruppen strukturieren und definieren diesen Freiraum und lassen in Ausdehnung und Dichte gleichzeitig park- und platzartige Flächen und vielgestaltige Freiraumsequenzen entstehen. Mit Bezug auf die Nutzung im Erdgeschoss bieten sich baumbestandene Kiesbelagsinseln zum Aufenthalt an. Außerhalb des Erschließungsrings knüpfen lockere Baumsetzungen an die bestehende Waldkulisse der Isarauen an und sorgen für einen kontinuierlichen Übergang.

Aktualitätenzentrum und Wellenhaus bilden zusammen mit dem Haus 2 an zentraler Position das »journalistische Dreieck«. Das doppelgeschossige Foyer leitet über in ein kaskadenartig gestaltetes Atrium, das als kommunikatives Bindeglied zwischen Fernsehen und Hörfunk dient und die einzelnen Abteilungen miteinander vernetzt. Die Philosophie einer offenen Arbeitslandschaft wird in einer hochflexiblen Raumstruktur umgesetzt, die alle Optionen für die Zukunft offen hält. Diese Gedanken des Wandels und des Austauschs finden sich auch im architektonischen Ausdruck wieder: Die Glasfassade schafft eine Atmosphäre der Offenheit und Transparenz. Der sich je nach Tages- und Jahreszeit verändernde Landschaftsraum spiegelt sich darin und ermöglicht immer wieder neue Ansichten und Stimmungen, die den Journalisten den Fluss der Zeit vergegenwärtigen.

integrally and can be linked to each other to create an overall system while including regenerative energy, embodied energy, rainwater conservation, heat recovery, and ecological compensation zones for plants and animals.

The master plan retains the site's uniqueness and reinforces the campus atmosphere by supplementing the existing buildings with manifestly new buildings to create a complete ensemble. Inside, there is a new center that can be used as traffic-free space for lounging and resting. Green islands with groups of trees structure and define this open space; by means of expansion and contraction they create areas that resemble parks and squares, as well as sequences of open space that can be used in a variety of ways. On the ground floor, gravel-paved islands with trees can be used as lounges. Outside of the access ring, casual groups of trees form links to the existing forest setting of the meadow areas along the Isar, while providing continual transition.

Along with the second building, the news center and broadcasting building form the centrally positioned "journalistic triangle." The two-story lobby leads to an atrium with a cascading design, which serves as a communicative link between television and radio, while connecting the individual departments with one another. The philosophy behind an open work space has been realized in a highly flexible spatial construct that keeps all options for the future open. These notions of transformation and exchange are reflected in the architecture: the glass façade creates an atmosphere of openness and transparency. The surrounding landscape, which alters depending on the time of day or year, is also reflected in this, and makes for consistently new views and atmosphere that for the journalists bring to mind the river of time.

2015   Mediengebäude Campus Freimann, DE-München

Längsschnitt/
Longitudinal section

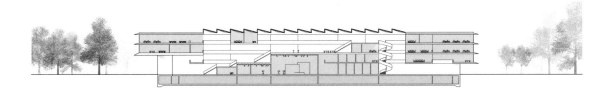

Querschnitt/
Cross section

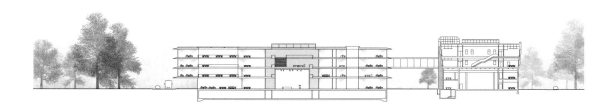

Erdgeschoss, 1. Obergeschoss/
Ground floor, 2nd floor

Westfassade/
West façade

Nordfassade/
North façade

2., 3. Obergeschoss/
3rd, 4th floor

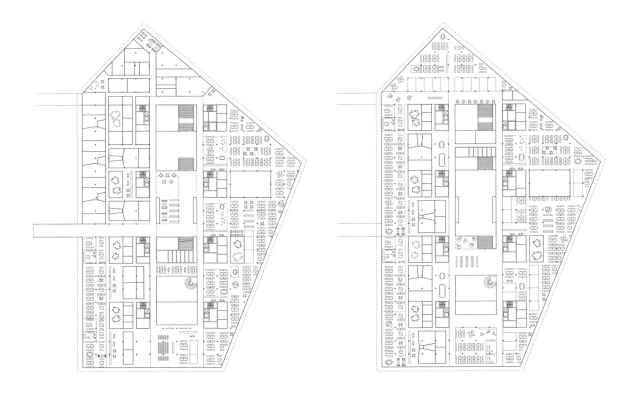

2015   Mediengebäude Campus Freimann, DE-München

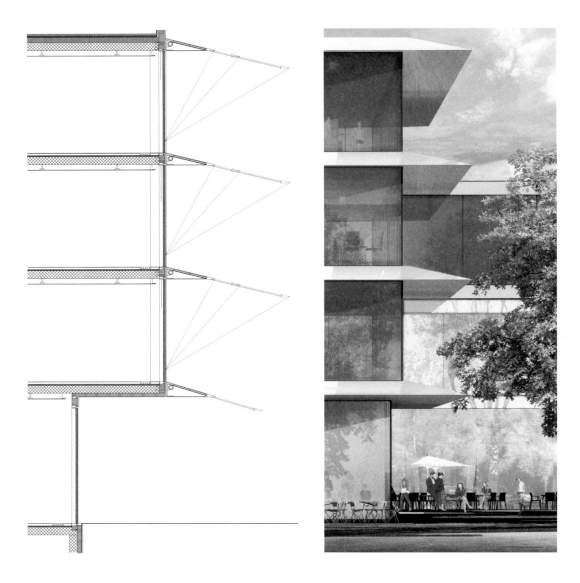

GEORG AERNI – PARTITIONS

Nach Hongkong, Tokio und Mumbai richtet Georg Aerni mit seiner neuen Serie *Partitions* den Blick auf die Stadt Shanghai. Was in seinen vorangegangenen Serien möglich war, das Erfahren der Grenzen des öffentlichen Bereichs, blieb ihm in Shanghai verwehrt. Die Struktur Shanghais wird nämlich wie jene anderer chinesischer Städte bestimmt durch große zusammengehörende Gebäudeanlagen, welche nach außen durch Mauern, Zäune, Hecken abgeschlossen sind und ausschließlich durch ein meist bewachtes Portal betreten werden können. Diese Abschottung ist von der sozialen Schicht der Bewohner unabhängig und im Städtebau des Landes traditionell tief verwurzelt. Die »gated communities« chinesischer Prägung mit gleichförmigen, nach Süden ausgerichteten Bauten, verfügen oft über ein inneres Straßennetz und Grün- beziehungsweise Erholungsflächen. Ihre Introvertiertheit macht die große gesellschaftliche Bedeutung der Familie und des Kollektivs deutlich.

Der offen zugängliche Restbereich der Stadt, die Straße, ist hingegen reiner Funktionsraum für Verkehr und Kommerz ohne repräsentative Aufgabe. Seit der Einleitung von Wirtschaftsreformen in den 1980er-Jahren wächst Shanghai kontinuierlich in die Höhe und Breite: Altbauquartiere weichen – oft durch Zwangsumsiedlungen – großflächigen Hochhauskomplexen, und der Stadtrand verschiebt sich nach außen, da es nur wenige topografische Einschränkungen gibt.

Georg Aernis Serie *Partitions* zeigt diese baulichen Umwälzungen, indem temporäre Bauelemente zahlreiche Arbeiten formal wesentlich strukturieren. Die in seinen Fotografien allgegenwärtigen Abgrenzungen sieht der Künstler als bedeutsame Zeichen, die auf die Eigenart der chinesischen Raumkultur verweisen.

After Hong Kong, Tokyo, and Mumbai, Georg Aerni turned his attention to Shanghai in his new series entitled *Partitions.* In his previous series he was able to experience the boundaries of the public sector, but he was prevented from doing so in Shanghai. Like other Chinese cities, Shanghai's structure is shaped by large-scale, connected building complexes that are closed off to the outside by means of walls, fences, and hedges and can only be accessed by passing through a usually guarded gateway. This partitioning is unrelated to the social stratum of the inhabitants and a tradition deeply rooted in the country's urban development. The Chinese version of the gated community features uniform buildings oriented toward the south that often contain an internal network of roads and parks or recreational areas. Their introversion highlights the major social significance of the family and the collective.

By contrast, the openly accessible remaining parts of the city, the streets, are purely functional spaces for traffic and commerce and void of any representative intention. Shanghai has continuously grown upward and outward since the introduction of China's economic reforms in the eighties: districts with older buildings vanish—their inhabitants often forced to relocate—and are replaced by expansive high-rise complexes. The city's borders extend ever outward, because there are only few topographical limitations.

Georg Aerni's *Partitions* series illustrates these constructional upheavals by structuring many of the works in formal terms with temporary building elements. The artist sees the ubiquitous boundaries in his photographs as important signs that reference the specific character of the Chinese culture of space.

Georg Aerni, Ausstellungsansicht
Galerie Bob Gysin, Zürich, 2015

Georg Aerni, Hua Xia Gao Jia Lu, 2013,
Pigment Inkjet-Print, 114 × 150 cm

Georg Aerni, Nan Bei Gao Jia Lu II, 2013,
Pigment Inkjet-Print, 65 × 86 cm

GEORGE STEINMANN

George Steinmann zählt zu den wenigen Pionieren, die sich früh, in den 1990er-Jahren, vom künstlerischen Feld aus eingehend mit den Voraussetzungen und möglichen Formen zukunftsfähiger gesellschaftlicher Entwicklung auseinandersetzten.

Der Künstler versteht seine Kunst als Grundlagenforschung, als »ein Denken und Handeln, das nicht mit den Kategorien Trennung und Polarisierung operiert, sondern systemische Zusammenhänge sucht«. Im Vordergrund stehen dynamische Prozesse und Zusammenhangsbewusstsein. In all seinen Werken erweitert er die sozialen, ökonomischen und ökologischen Grundsätze der Nachhaltigkeit um die »Metaebene« der ästhetischen Dimension. Der Künstler ist davon überzeugt, dass ein Paradigmenwechsel hin zu einer zukunftsfähigen Gesellschaft ohne die Wissensform Kunst nicht möglich ist.

Das 1983 für das Kunsthaus Zürich konzipierte und 1989 im Pori Art Museum sowie 2014 im Kunstmuseum Thun erneut installierte Werk *Das fossile Zeitalter* setzt sich zusammen aus einem Gleisstück – wie es für Eisenbahnstrecken verlegt wird –, bei dem Anthrazitkohle anstelle von Schotter Verwendung findet, und aus leuchtoranger Farbe, appliziert auf die Gleisfahrspur. Die Installation verweist damit auf die vor gut dreißig Jahren begonnene, intensive Diskussion über fossile Energie, die heute noch an Brisanz und Notwendigkeit gewonnen hat, zumal Kohle, Erdöl oder Erdgas in absehbarer Zeit erschöpft sein werden. George Steinmann schafft ein symbolisches Bild, das sich auf diesen intensiven Diskurs bezieht. Das Schienenfragment steht für die kurze Zeitspanne, die dem fossilen Zeitalter im Vergleich zur ganzen Erdgeschichte zukommt und verweist dadurch auch auf eine andere Zeitkultur.

George Steinmann is one of the few pioneers who from early on, in the nineties, addressed the conditions and possible forms of sustainable social development from an artistic perspective.

Steinmann sees his art as basic research, as "a thinking and acting that does not operate with the categories of division and polarization but instead sees systemic nexuses." Focus is placed on dynamic processes and an awareness of context. In all of his works, the artist expands the social, economic, and ecological principles of sustainability to encompass the "meta level" of the aesthetic dimension. He is convinced that a paradigm shift toward a sustainable society is impossible without the discipline of art.

Conceived in 1983 for the Kunsthaus Zürich and exhibited again at the Pori Art Museum in 1989 and at the Kunstmuseum Thun in 2014, *The Fossil Age* is made up of a bright orange section of railroad track placed on a bed of anthracite coal instead of gravel. The installation consequently references the intense discussion concerning fossil fuel that began about thirty years ago and is now more topical and necessary than ever, particularly since the earth's supply of coal, crude oil, and natural gas will exhaust itself in the foreseeable future. George Steinmann has created an emblematic image that references this passionately debated question. The section of track symbolizes the brief time span allocated to the fossil age compared to the entire history of the earth, in this way pointing to a different culture of time.

George Steinmann, Das fossile Zeitalter, 1983
Ausstellungsansicht, Kunstmuseum Thun, 2014

ANHANG
—
APPENDIX

BIOGRAFIEN/ BIOGRAPHIES

Bob Gysin + Partner BGP steht seit der Gründung 1976 für zukunftsgerichtete Architektur und zählt in der europäischen Architekturszene zu den Pionieren im nachhaltigen Bauen. Kreativität und Innovation sind dabei ebenso wichtig wie die ganzheitliche Betrachtung einer Aufgabe auf allen Ebenen der Nachhaltigkeit: sozial, ökologisch, energetisch und wirtschaftlich – und unter Einbezug des gesamten Lebenszyklus.

Vorträge, Jury- und Expertentätigkeiten und der Energiesalon – eine Diskussionsplattform zum Thema Architektur, Kunst und Nachhaltigkeit – dokumentieren den Anspruch, gesellschaftliches Engagement und kulturelle Relevanz miteinander zu verbinden. BGP wurde mit zahlreichen nationalen und internationalen Architekturpreisen ausgezeichnet.

—

Bob Gysin + Partner BGP have stood for forward-looking architecture since the office's founding in 1976 and count among the pioneers of sustainable building in the European architecture scene. Creativity and innovation are as important as a holistic approach that attends to all aspects of sustainability—social, environmental, economic, and energy-related—including the entire life cycle.

Lectures, jury activity, consultancy work, as well as the Energiesalon—a platform for discussing issues related to architecture, art, and sustainability—document our interest in combining social involvement with cultural relevance. BGP have received numerous national and international architecture awards.

Die Galerie Bob Gysin GBG hat sich seit der Gründung 1971 als visionäre Galerie in der Kunstszene der Schweiz etabliert. Das Programm umfasst sowohl junge, noch wenig bekannte Künstlerinnen und Künstler als auch national anerkannte Namen. Inhaltlich nimmt das Thema »Raum« – sei es als gebauter oder geistiger – eine wichtige Stellung ein.

Viele heute bedeutende Schweizer Künstlerinnen und Künstler wurden langfristig betreut, was in den vergangenen Jahren vielen Künstlern – unter anderem Roman Signer, Adrian Schiess oder Carmen Perrin – mit zum internationalen Durchbruch verholfen hat. Mit dem Ausstellungszyklus *Positionen* werden außerhalb des normalen Galerieprogramms besondere Ausstellungen im Sinne der Kunstförderung veranstaltet. Viele Ausstellungen werden mit Begleitveranstaltungen im Bereich der Literatur, Musik und Gesellschaft erweitert.

—

Since its founding in 1971, the Galerie Bob Gysin GBG has established itself in the Swiss art scene as a visionary gallery. It represents young, lesser-known artists as well as nationally recognized names. In terms of content, the theme of space—be it built or mental—occupies an important position.

Numerous Swiss artists whose reputations are now well established have received long-term support from the gallery. In recent years this has helped many of them—including Roman Signer, Adrian Schiess, and Carmen Perrin—to achieve their international breakthroughs. With *Positions,* special presentations are organized outside the scope of the gallery's normal series of events for the purpose of promoting the arts. Many of the exhibitions are supplemented by supporting programs in the areas of literature, music, and society.

Geschäftsleitung BGP
Bob Gysin, Marco Giuliani (r), Rudolf Trachsel (l)

Leitung Galerie GBG
Marion Wild

Team BGP

Hubertus Adam studierte an der Universität Heidelberg Kunstgeschichte, Philosophie und Archäologie. Seit 1992 freiberuflicher Kunst- und Architekturhistoriker sowie Architekturkritiker für diverse Fachzeitschriften und Tageszeitungen, vor allem für die *Neue Zürcher Zeitung.* 1996/97 Redakteur der *Bauwelt* in Berlin, 1998–2012 Redaktor der *archithese* in Zürich. Seit 2010 künstlerischer Leiter des S AM Schweizerisches Architekturmuseum in Basel, seit 2013 gesamtverantwortlicher Direktor.
—
Hubertus Adam studied art history, philosophy, and archaeology at the University of Heidelberg. He has worked since 1992 as a freelance art and architecture historian, as well as an architecture critic for a range of journals and newspapers, chiefly the *Neue Zürcher Zeitung.* In 1996/97 he was the editor of *Bauwelt* in Berlin, and from 1998 to 2012 the editor of *archithese* in Zurich. In 2010 he became the artistic director of S AM Swiss Architecture Museum in Basel, of which he has been the director since 2013.

Angelus Eisinger studierte an der Universität Zürich Volkswirtschaftslehre und promovierte dort in Sozial- und Wirtschaftsgeschichte. In seiner Habilitation an der ETH Zürich beschäftigte er sich dann mit der Wirkungsgeschichte von Städtebau und Planung in der Schweiz. Zwischen 2008 und 2013 war er Professor für Geschichte und Kultur der Metropole an der HafenCity Universität in Hamburg. Daneben war er in Beratung und Konzeptarbeit tätig. Seit 1. April 2013 ist er Direktor der Regionalplanung Zürich und Umgebung. Verschiedene Buchpublikationen zu Fragen der Stadt- und Städtebauentwicklung sowie zum Thema Planung.
—
Angelus Eisinger studied economics at the University of Zurich, where he received his Ph.D. in social and economic history. In his postdoctoral dissertation at the ETH Zurich he addressed the historical impact of urban planning in Switzerland. Between 2008 and 2013 he was professor of metropolitan history and culture at HafenCity University Hamburg. He furthermore worked in consulting and concept development. He has been the director of the City of Zurich's RZU—Regional Planning for Zurich and the Surrounding Area since April 1, 2013. He has published various books on issues surrounding urban development as well as on the subject of planning.

Köbi Gantenbein ist Chefredaktor von *Hochparterre,* Zeitschrift für Architektur und Design. Er studierte Soziologie und arbeitete als Wissenschaftler für den Nationalfonds. Er war Reporter bei der *Bündner Zeitung* und fürs Schweizer Radio. Er hat *Hochparterre* mitbegründet und ist dessen Verleger. Er schrieb etliche Bücher zum Bauen in den Alpen, ist Träger des Zürcher Journalistenpreises und lebt und arbeitet in Zürich und Fläsch.
—
Köbi Gantenbein is the editor-in-chief of *Hochparterre,* a journal for architecture and design. He studied sociology and worked as a researcher for the Swiss National Science Foundation. He was a reporter for the *Bündner Zeitung* and for Schweizer Radio. He co-founded *Hochparterre,* of which he is also the publisher. Gantenbein has written several books on construction in the Alps, is a recipient of the Zürcher Journalistenpreis, and lives and works in Zurich and Fläsch.

Manfred Hegger studierte Architektur, Systemtechnik und Ökonomie in Stuttgart, Berlin und London. Er ist Architekt und Vorstandsvorsitzender der HHS Planer + Architekten AG in Kassel. Von 2001 bis 2014 war er ordentlicher Universitätsprofessor für Entwerfen und energieeffizientes Bauen am Fachbereich Architektur der Technischen Universität Darmstadt. Neben vielen beratenden Tätigkeiten, unter anderem für die UNEP, die OECD und die EU und Beiratstätigkeiten für Internationale Bauausstellungen in Hamburg und Thüringen, war er von 2010 bis 2013 Präsident der Deutschen Gesellschaft für Nachhaltiges Bauen (DGNB). Seine Arbeiten erhielten zahlreiche Preise und Auszeichnungen. Publikationen zu Architektur, Energie und Nachhaltigkeit.
—
Manfred Hegger studied architecture, systems engineering, and economics in Stuttgart, Berlin, and London. He is an architect at and the CEO of HHS Planer + Architekten AG in Kassel. From 2001 to 2014 he was professor of design and energy-efficient construction in the architecture department of the Technische Universität Darmstadt. Alongside consultancy work for, among others, the UNEP, the OECD, and the EU as well as work on advisory committees for international building exhibitions in Hamburg and Thuringia, from 2010 to 2013 he was president of the German Sustainable Building Council (DGNB). His work has been honored with numerous prizes and awards. He has published on the subjects of architecture, energy, and sustainability.

Gerhard Mack studierte Germanistik, Geschichte, Politologie, Philosophie und Anglistik in Konstanz und Oxford. 1988 Promotion mit einer Studie zur Farce. Seit Anfang 2002 Redaktor für Kunst und Architektur bei der *NZZ am Sonntag.* Zuvor Kulturredaktor bei *St. Galler Tagblatt* und *Weltwoche* und freie Kritikertätigkeit für verschiedene Zeitungen und Zeitschriften. Zahlreiche Publikationen zu Architektur, Kunst, Literatur und Theater, unter anderem *Œuvres complètes Herzog & de Meuron* sowie Monografien zu Hans Josephsohn und Rémy Zaugg.

—

Gerhard Mack studied German, history, political science, philosophy, and English in Konstanz and Oxford. He received his Ph.D. in 1988 with a study on farce. He has been the editor for art and architecture at the *NZZ am Sonntag* since early 2002. Prior to that, he was the features editor at the *St. Galler Tagblatt* and the *Weltwoche,* and did freelance work as a critic for various magazines and newspapers. He has authored numerous publications on architecture, art, literature, and theater, including *Œuvres complètes Herzog & de Meuron,* as well as monographs on Hans Josephsohn and Rémy Zaugg.

DANK /
ACKNOWLEDGMENTS

Bob Gysin + Partner
BGP Architekten
Galerie Bob Gysin GBG

Unser Dank gilt allen Mitarbeiterinnen und Mitarbeitern, die durch ihr Engagement die Architektur von BGP und die Kunstgalerie GBG mitprägen und mitgestalten. Gegenwärtig umfasst unser Team 45 Personen. / We would like to express our thanks to all of our staff members. With their committed work they have helped shape the architecture of BGP and the GBG art gallery. Our team currently comprises forty-five people.

Bob Gysin, Marco Giuliani, Rudolf Trachsel

Franz Aeschbach, Sebastian El khouli, Marcel Knoblauch, Christian Zehnder

Binta Anderegg, Marine Badan, Mara Barzaghini, Christian Baumberger, Cathy Blattner, Ricco Brechbühl, Vojin Davidovic, Anna Devigili, Nadine Grossmann, Sandra Hauser, Nadja Heitz, Patrick Hitzberger, Kaspar Horber, Samuel Käch, Anthoula Katsiana, Sarah Merten, Laura Müller, Renato Parpan, Michela Pestoni, Petros Polychronis, Norman Prinz, Michelle Reichmuth, Marco Schützinger, Adrian Schweizer, Rosario Segado, Arulmathy Thiruarul, Vincent Traber, Barbara Urben, Marina Urben, Cora Völlnagel, Sinisa Vugrin, Marc Wehner, Stephan Wieland, Marion Wild, Patrick Wildberger, Regula Wüst, Robert Zierke, Christoph Zille

Weitere Informationen /
Additional information
www.bgp.ch

Wir danken unseren Planungspartnern für die vertrauensvolle Zusammenarbeit und die Unterstützung dieses Buchprojekts / We thank our planning partners for their trustful cooperation and their support of this book project

3-Plan Haustechnik AG, Winterthur

Amstein + Walthert AG, Zürich

Appert Zwahlen Partner AG, Cham
APT Ingenieure GmbH, Zürich
Aschwanden & Partner AG, Rüti
b + p baurealisation ag, Zürich
Basler & Hofmann AG, Zürich
Beratende Ingenieure Scherler AG, Zürich

Beratende Ingenieure SCHERLER AG
Ihr Partner für Elektroplanung | Gebäudeautomation | Beratung | Bauleitung

EK Energiekonzepte AG, Zürich
Ernst Basler + Partner AG, Zürich
Hager Partner AG, Zürich
Koepflipartner GmbH, Luzern
Meier + Steinauer Partner AG, Zürich
Raderschallpartner AG, Meilen
Sulzer + Buzzi Baumanagement AG, Steinhausen-Zug
Suisseplan Ingenieure AG, Zürich
Studio Vulkan GmbH, Zürich
Vetschpartner AG, Zürich
Vogt Landschaftsarchitekten AG, Zürich
WaltGalmarini AG, Zürich

Zusätzlich danken wir auch folgenden Institutionen und Unternehmen für die Unterstützung der vorliegenden Publikation / We furthermore thank the following institutions and companies for their support of the present publication

Elektrizitätswerke des Kantons Zürich (EKZ), Zürich
EnergieSchweiz, Ittigen

Ernst Schweizer AG, Hedingen
Forbo-Giubiasco SA, Giubiasco
Gross Generalunternehmung AG ZH, Wallisellen

GROSS

IDC AG Zentralschweiz, Sarnen
K-Atelier, Architekturmodellbau, Zürich
Kvadrat AG, Zürich
Pro Helvetia, Schweizer Kulturstiftung, Zürich

prohelvetia

Truninger AG, Zürich
Zumtobel Licht AG, Zürich

VERÖFFENTLICHUNGEN /
BIBLIOGRAPHY
Auswahl / Selection

Edition DETAIL
2012
Nachhaltige Wohnkonzepte /
Entwurfsmethoden und
Prozesse
Holistic Housing / Concepts,
Design Strategies and
Processes
Sustainable Building Design
Studio MSA Münster
In Zusammenarbeit mit /
In collaboration with Bob Gysin
+ Partner BGP
Autoren / Authors Hans Drexler
Sebastian El khouli

Niggli Verlag
2011
*Sechs Beiträge zum nach-
haltigen Bauen /* Sammel-
edition von Baumonografien
im Schuber
*Six Contributions on Sustain-
able Building /* Selection
of Monographs in Slipcase

1995
Départ pour l'image /
Denken über Zusammenhänge
von Architektur und Kunst
Deutsch / German

Birkhäuser Verlag
2003
luxusWohnen / Projekte von
BGP zum individualisierten
Wohnungsbau und 9 Essays
luxuryLiving / Projects by BGP
for Individualised House
Construction and 9 Essays

Holcim Foundation
2007
*Research Center in Switzer-
land /* Eawag Forum Chriesbach
Englisch / English

Edition René Furer
2008
Ein Glashaus / Eawag Forum
Chriesbach
Deutsch / German

Bundesamt für
Konjunkturfragen
1991
Architektur im Dialog /
Impulsprogramm Bau –
Erhaltung und Erneuerung
Deutsch / German

Edition Bob Gysin
+ Partner BGP
2015
Nachhaltig Bauen /
Gedanken und Positionen zur
Verantwortung der Architektur
Sustainable Construction /
Thoughts and Positions on the
Responsibility of Architecture

Integrativer Landmark /
Elbarkaden in der HafenCity
Hamburg
Integrative Landmark /
Elbarkaden in HafenCity
Hamburg

Wohnen in der Stadt /
Ersatzneubau an der Freie-
strasse Zürich
City Living / Replacement
Building in Freiestrasse Zurich

Ganzheitlich gedacht /
Wohnen im Alter in
Köschenrüti Zürich
Holistic Thinking / Housing for
the Elderly in Köschenrüti
Zurich

Ein neues Ganzes /
Umbau und Erweiterung Haus
Tabea Horgen
A New Whole / Conversion
and Extension of House Tabea
Horgen

2012
Licht, See und Sonne /
Wohnüberbauung Wädenswil
Lakeview and Sunlight /
Residential Buildings
Wädenswil

2011
*Stadtskulptur aus Be-
ton /* Town House Zürich
*Concrete Sculpture in the
City /* Town House Zurich

Lichtmaschine /
Tagesstätte Dielsdorf
Light Dynamo / Day-Care
Center Dielsdorf

Wohnen im Alter /
Alterszentrum Neue Lanzeln
Stäfa
Residence for the Elderly /
Neue Lanzeln Senior Citizens'
Center Stäfa

Wohnen im Park /
Fehlmann Areal Winterthur
Living in a Park / Fehlmann
Site Winterthur

2006
Ein nachhaltiger Neubau /
Eawag Forum Chriesbach
A Sustainable New Building /
Eawag Forum Chriesbach

Wohnen in der Sommerau /
Zürich Witikon
Living in Sommerau /
Zurich Witikon

Wohnen im Andreaspark /
Zürich Leutschenbach
Living in Andreaspark / Zurich
Leutschenbach

2005
Schulanlage Zentrum /
Küsnacht
School Complex Zentrum /
Küsnacht

2004
Wohn- und Geschäftshäuser /
Zürich Nord
*Residential and Commercial
Buildings /* Zurich Nord

2003
*Produktions- und Büro-
gebäude /* Hinwil
*Production and Office
Building /* Hinwil

1990
Arbeiten 1984–1990 /
Monografie
Deutsch / German

1984
Arbeiten 1980–1984 /
Monografie
Deutsch / German

Weitere Veröffentlichungen in
Büchern / Publications in Books

2015
»Elbarkaden Hafencity
Hamburg«
*Jahrbuch Energieeffizienz
in Gebäuden,* VME,
S. / pp. 299–304

»Wenn Städtebau, Konstruk-
tion, Energie und Mobilität ein
Ganzes bilden«
Schweizer Energiefachbuch,
Kömedia Verlag, S. / pp. 38–42

2014
»Ensemble Elbarkaden
Hafencity«
*Jahrbuch Architektur in
Hamburg,* Junius Verlag,
S. / pp. 106–110

2013
»Eawag Forum Chriesbach«
Sustainable & Green Building,
Hi-Design Publishing,
S. / pp. 68–81

2012
»Wohn- und Atelierhaus«
Das beste Einfamilienhaus,
Archithema Verlag,
S. / pp. 53–57

»Raum und Licht: Wenn alles
stimmig ist«
Schweizer Energiefachbuch,
Kömedia Verlag, S. / pp. 85–89

»Mitten in der Wüste und
richtig nachhaltig«
Schweizer Energiefachbuch,
Kömedia Verlag, S. / pp. 19–21

2011
»Minergiehaus in Zürich«
Häuser des Jahres, Callwey
Verlag, S. / pp. 250–255

»Ein Zürcher Hafenprojekt in
Hamburg«
Schweizer Energiefachbuch,
Kömedia Verlag, S. / pp. 19–23

2010
»Forum Chriesbach –
Die Rentabilität stimmt«
Schweizer Energiefachbuch,
Kömedia Verlag,
S. / pp. 160–162

2009
»Green Building in Switzerland«
Green Building Trends Europe,
Island Press, S. / pp. 37–38

»Main Building Eawag Empa«
Energy Design for Tomorrow,
Edition Axel Menges,
S. / pp. 204–207

»Harmonische Integration im
gewachsenen Kontext«
Betonatlas, Vieweg+Teubner
Verlag, S. / pp. 240–243

»Longus Production Building«
Factory Design, Braun Publishing, S. / pp. 14–17

»From Black Box to Clear Cube«
Clear Glass, Braun Publishing,
S. / pp. 106–109

»Radiator Ribs«
Clear Glass, Braun Publishing,
S. / pp. 242–245

2008
»Beispiel 15 – Institutsgebäude
Dübendorf, CH«
Energie-Atlas, Birkhäuser
Verlag, S. / pp. 240–242

»Verdichtungsprozesse im
Villengürtel«
Jahrbuch Winterthur,
Stiftung Edition Winterthur,
S. / pp. 82–84

»Eawag Forum Chriesbach«
Architettura Sostenibile, Skira
Editore, S. / pp. 136–141

2007
»Forum Chriesbach: Graue
Energie und Stromverbrauch
gleichbedeutend«
Schweizer Energiefachbuch,
Kömedia Verlag,
S. / pp. 174–178

INTERVIEWS / INTERVIEWS

2015
»Das Repertoire des
Architekten«
Tec21, 26–27 / 2015,
S. / pp. 28–31

2013
»Essay: Besser bauen als
Auftrag«
NZZ Domizil, 17.05.2013,
S. / p. 2

2012
»Minergie«
Radio 1, 17.12.2012, Audio

»Primat der Nachhaltigkeit«
*Architektur Bauen + Hand-
werk*, S. / pp. 20–25 / 218–223

»Ein Pionier des Nachhaltigen
Bauens«
SonntagsZeitung, Beilage
Immobilien, 10.06.2012,
S. / pp. 97–98

2011
»Werkschau«
intelligent bauen, 09/2011,
S. / pp. 62–63

2010
»Der nachhaltige Denker«
die baustellen, 03/2010,
S. / pp. 6–12

»Kopenhagen – Bauen nach
dem Klimagipfel«
Architektur + Technik,
02/2010, S. / p. 15

»Nachhaltigkeit und die Stadt«
Hochparterre / Swissbau,
Video

2009
»Energieeffizienz verändert
das Gesicht der Stadt«
Radio DRS 2, Reflexe,
13.11.2009, Audio

2008
»Architekten und Planer sind
auch Generalisten«
Haustech, 09/2008,
S. / pp. 33–35

»Die Bedeutung von Tageslicht
in der Architektur«
Immobilia, 11/2008,
S. / pp. 15–17

2007
»Wohlfühlatmosphäre mit
gutem Gewissen«
Architektur + Technik,
05/2007, S. / pp. 10–12

»Energie und Nachhaltigkeit«
Architektur + Technik,
05/2007, S. / pp. 15–20

2006
»Im besten Fall ist es auch
Kunst«
NZZ am Sonntag, 10.12.2006,
S. / p. 51

2002
»Am Anfang war ein grossarti-
ges Kellergewölbe«
Hochparterre, 6–7/2002,
S. / p. 69

1998
»Portrait«
SF DRS, Next, 21.06.1998,
Video

VORTRÄGE / LECTURES
Auswahl / Selection

2015
AktivPlus Symposium,
Stuttgart

Wohnforum, ETH Zurich

2014
Fachtagung Nachhaltiges
Bauen, Ludwigsburg

Consense Forum Bauen,
Stuttgart

Wohnforum, ETH Zurich

2013
IBA-Konferenz, Hamburg

Symposium Nachhaltige
Bauprozesse, ETH Zurich

CPI Expertentag, Aarau

BAU – Die Zukunft des Bauens,
Munich

2012
NZZ Real Estate Days, Zurich

Bau- und Energiemesse, Bern

CRB-Kongress, KKL Luzern

Fachtagung Ecobau, Biel

GNI KNX Green Building,
Zurich

2011
OAR-Kongress, Bukarest

UIA-Kongress, Tokyo

Energie – aber wie? Stuttgart

UIA-Kongress, Budapest

2010
Sichtbeton-Tagung, Burgdorf

UBS Arts Forum, Thun

Baukongress, KKL Luzern

Architekturtage, Freiburg i. Br.

Brenet Status-Seminar, Zurich

Sustainable Development,
Amsterdam

contractworld, Hannover

2009
Energy Efficient Buildings,
New Dehli

High Tech I Low Tech I No Tech,
Hamburg

Architecture for a Sustainable
Future, Darmstadt

2008
Architekturforum GET Nord,
Hamburg

BDA-Symposium Nachhaltiges
Bauen, Bremen

Sustainable Construction
Systems, São Paolo

Brenet Status-Seminar, Zurich

Glasstec Sonderschau,
Düsseldorf

Green Construction Kongress,
Berlin

Integrale Gebäudeplanung,
Munich

Tageslicht und Architektur,
ETH Zurich

2007
Klimadesign-Kongress,
Bregenz

Workshop Nullenergie,
Eberswalde

Workshop Zero Energy
Building, Singapore

Sustainability Congress,
Holcim Foundation, Shanghai

2006
SZFF Trends Fassadenbau-
Kongress, Zurich

2005
Novatlantis Bauforum, Basel

AUSZEICHNUNGEN /
AWARDS
Auswahl / Selection

2015
Graubünden Holz Sonderpreis
Grisons Wood Special Award

2014
BDA Hamburg Architektur-
preis / 2. Preis
BDA Hamburg Architecture
Award / 2nd prize

Deutscher Nachhaltigkeits-
preis / Top 3
German Sustainability Award /
Top 3

FIABCI Prix d'Excellence
Deutschland / 3. Preis
FIABCI Prix d'Excellence
Germany / 3rd prize

2013
Age Award / 1. Preis
Age Award / 1st prize

2012
AIT Award / Engere Wahl
AIT Award / Short list

2011
Holcim Award »Afrika Mittlerer
Osten« / Anerkennungspreis
Holcim Award »Africa Middle
East« / Recognition Award

BMWi Award Bundes-
ministerium für Wirtschaft und
Energie / 1. Preis
BMWi Award of the Federal
Ministry for Economic Affairs
and Energy / 1st prize

Prix Evenir / Anerkennungspreis
Prix Evenir / Recognition Award

2010
Prime Property Award /
Auszeichnung
Prime Property Award / Mention

2008
Gebäudetechnik-Award /
1. Preis
Building Services Technology
Award / 1st prize

AIT Office Application
Award / Innovativstes Konzept
AIT Office Application Award /
Most Innovative Concept

Premio Internazionale
Architettura Sostenibile /
Sonderpreis
International Prize for
Sustainable Architecture /
Special mention

Marketing + Architektur
Award / Sonderpreis
Marketing + Architecture
Award / Special mention

Prime Property Award /
Nomination
Prime Property Award /
Nomination

2007
World Clean Energy Awards /
Nomination
World Clean Energy Awards /
Nomination

Contractworld Award /
Engere Wahl
Contractworld Award /
Short list

Tageslicht-Award / 1. Preis
Daylight Award / 1st prize

Watt d'Or Award Bundesamt
für Energie / 1. Preis
Watt d'Or Award Swiss
Federal Office of Energy /
1st prize

2006
Swisspor Innovationspreis /
1. Preis
Swisspor Innovation Award /
1st prize

Schweizer Solarpreis / 1. Preis
Swiss Solar Award / 1st prize

Architekturpreis Reiners
Stiftung / Anerkennungspreis
Reiners Stiftung Architecture
Award / Recognition Award

2003
Innovationspreis Architektur
und Technik / Anerkennungspreis
Innovation Award Architecture
and Technology / Recognition
Award

Baupreis Zürcher Oberland /
1. Preis
Award Zürcher Oberland /
1st prize

GALERIE BOB GYSIN

Die Galerie Bob Gysin hat in den letzten 44 Jahren zahlreiche Künstler unterstützt und einigen zum internationalen Durchbruch verholfen.

In dieser Zeit wurden in der Galerie über 250 Ausstellungen kuratiert, die Galerie hat an vielen internationalen Kunstmessen teilgenommen, weit über 100 Kunstkataloge herausgegeben und Künstlerbücher mitfinanziert. Viele Ausstellungen wurden in Zeitungen und Zeitschriften, im Radio und Fernsehen rezensiert.

Mit den zahlreichen Ausstellungen und öffentlichen Begleitveranstaltungen in Form von Diskussionsforen zu Kunst, Architektur, Musik und Literatur hat sich die Galerie zu einem Begegnungsort entwickelt, der weit über die Stadt Zürich ausstrahlt.

—

Over the past forty-four years, the Galerie Bob Gysin has supported many artists and aided some of them in achieving their international breakthrough.

During this period, the gallery curated more than 250 exhibitions, participated in numerous international art fairs, and published and cofinanced far more than 100 art catalogues and art books. Many of the exhibitions were reviewed in newspapers and magazines, on the radio, and on television.

With its numerous exhibitions and accompanying public events in the form of discussion forums on art, architecture, music, and literature, the gallery has developed into a venue that radiates far beyond the city of Zurich.

IMPRESSUM / COLOPHON

Mitarbeit / Collaboration
Bob Gysin + Partner
BGP Architekten /
Galerie Bob Gysin GBG
Bob Gysin, Franz Aeschbach,
Binta Anderegg, Christian
Zehnder, Marion Wild, Sarah
Merten

Herausgeber / Editor
Gerhard Mack

Texte von / Texts by
Hubertus Adam, Angelus
Eisinger, Köbi Gantenbein,
Manfred Hegger, Gerhard
Mack, BGP, GBG

Lektorat / Copyediting
Anja Schrade (Deutsch /
German)
Rebecca van Dyck (Englisch /
English)

Übersetzungen Deutsch–
Englisch / Translations
German–English
Ben Carter (Eisinger, Hegger,
Autorenbiografien / authors'
biographies), Allison Moseley
(Vorwort, Nachhaltig bauen,
lange Projekttexte Werkver-
zeichnis / foreword, Sustain-
able Building, long project texts
in index of works), Geoffrey
Steinherz (Titel und Kurztexte
Werkverzeichnis / titles, short
project texts in index of works),
Michael Wolfson (Adam,
Gantenbein, Mack, Texte zu
den Galerieausstellungen /
gallery exhibition texts)

Grafische Gestaltung
und Satz / Graphic design
and typesetting
Bruno Margreth, Laura Vuille

Schrift / Typeface
Lee

Verlagsherstellung / Production
Heidrun Zimmermann

Reproduktionen /
Reproductions
Repromayer, Reutlingen

Druck und Buchbinder /
Printing and binding
DZA Druckerei zu Altenburg
GmbH, Altenburg

© 2015 Hatje Cantz Verlag,
Ostfildern; Bob Gysin + Partner
BGP Architekten, Zürich;
Galerie Bob Gysin GBG, Zürich;
Autoren und Fotografen /
authors and photographers

© 2015 für die abgebildeten
Werke von / for the reproduced
works by Christoph Hänsli,
Dominique Lämmli, Kathrin
Affentranger, Adrian Schiess,
George Jürg Steinmann: VG
Bild-Kunst, Bonn / ProLitteris,
Zürich; sowie bei den Künst-
lern und ihren Rechtsnach-
folgern / as well as the artists
and their successors

Erschienen im / Published by
Hatje Cantz Verlag
Zeppelinstrasse 32
73760 Ostfildern
Deutschland / Germany
Tel. +49 711 4405-200
Fax +49 711 4405-220
www.hatjecantz.com
Ein Unternehmen der Ganske
Verlagsgruppe
A Ganske Publishing Group
company

Hatje Cantz books are
available internationally at
selected bookstores.
For more information about
our distribution partners
please visit our homepage at
www.hatjecantz.com

ISBN 978-3-7757-4009-8
Printed in Germany